ORIGAMI

A milenar arte das dobraduras

Escrituras Editora e Distribuidora de Livros Ltda.
Rua Maestro Callia, 123 Vila Mariana 04012-100
São Paulo, SP – Telefax: (11) 5082-4190
e-mail: escrituras@escrituras.com.br
site: www.escrituras.com.br

Coordenação editorial
Raimundo Gadelha

Produção gráfica
Sidnei Simonelli

Fotos
Raimundo Gadelha

Projeto gráfico e capa
Wildiney Di Masi

Preparação de originais
Joana Canêdo

Impressão
Lis Gráfica

Dados Internacionais de Catalogação na Publicação (CIP)
(Câmara Brasileira do Livro, SP, Brasil)

Genova, Carlos
Origami: a milenar arte das dobraduras / Carlos Genova. – São Paulo : Escrituras Editora, 2001.

ISBN: 85-86303-89-5

Bibliografia

1. Origami I. Título.

01-0763 CDD-736.982

Índice para catálogo sistemático:
1. Origami : Papel : Atividades criativas: Artes 736.982

Impresso no Brasil
Printed in Brazil

Carlos Genova

ORIGAMI

A milenar arte das dobraduras

4ª edição

escrituras
São Paulo, 2004

SUMÁRIO

Um ilimitado universo de possibilidades encontra-se contido no discreto pedaço de papel quadrado usado para dobrar origamis. Ali escondem-se formas inesperadas, ainda que vislumbráveis, podendo variar de vigorosos animais, até complexas figuras geométricas intelectualmente estimulantes.

Lillian Oppenheimer
fundadora do New York Origami Center

Introdução

Dobrar papel para compor formas pode ser um simples e ingênuo passatempo. Mas pode significar muito mais. As dobraduras podem abrir as portas de um universo onde estão presentes a arte, a ciência, a disciplina, a religiosidade, entre outros.

Mergulhe nas páginas deste livro e descubra quais dessas possibilidades são mais atraentes para você. Boa viagem.

Um pouco de história

No ano 105 d.C., T'sai Lao, intendente no palácio do imperador chinês, começou a misturar cascas de árvore, panos e redes de pesca para substituir a sofisticada seda utilizada para escrever. Com certeza, ele não poderia imaginar a utilização que a humanidade faria desse invento chamado Papel. O império chinês manteve segredo sobre suas técnicas de fabricação durante séculos, pois exportava esse material a preços altos. Mas todos sabem que segredo é difícil de guardar e, cedo ou tarde, se revela. Assim, no século VII, por intermédio de monges coreanos, a técnica para fabricar papel chegou ao Japão como "um negócio da China" e, um século mais tarde, os árabes também obtiveram o segredo do processo.

O papel chegou à Europa por volta do século XII e dois séculos mais tarde já estava espalhado por todos os reinos cristãos. Nem sempre o papel teve boa qualidade, exceto na China e no Japão, onde desde os primeiros momentos a prática de dobrar foi possível. No resto do mundo, principalmente na Europa, o papel era grosso e frágil. Só a partir do século XIV consegue-se na Europa fabricar um papel mais fino e flexível. Outro problema que dificultava a prática de dobrar papel era seu alto custo.

É certo que a arte de dobrar papel teve origem na China a partir do seu manuseio. Mas, pelo que se sabe, a dobradura não é muito popular nesse país. No Japão, essa arte é chamada de *origami* e converteu-se numa prática comum assim que o custo do papel caiu, sendo hoje considerada um patrimônio da cultura japonesa.

No início, o origami tinha caráter simbólico nos rituais das cerimônias shintoístas. Mas sua dessacralização ganhou terreno paralelamente à redução dos custos do papel. Quando as classes mais populares começaram a ter acesso ao material, a popularidade das dobraduras aumentou e as crianças passaram a aprender com suas mães. As figuras representavam objetos da vida diária (capacete de samurai, bonecas, barcos, etc.). Muitas dessas peças são dobradas até os dias de hoje, tendo, algumas, rara beleza. Essa beleza, em grande parte, vem da leveza do papel artesanal utilizado na confecção das peças.

Uma leitura geral do origami mostra a semelhança entre as figuras japonesas e as tradicionais figuras européias, que poderia vir de uma comunicação direta feita entre missionários e comerciantes. Ambas as tradições têm figuras iguais, predominando as dobradas com ângulos de 45º. Algumas estão documentadas na Europa desde o século XVII. A *pajarita* (passarinho) espanhola passou a denominar todas as figuras dobradas na Espanha. No contexto europeu, os espanhóis acreditam ser os que com mais força mantiveram essa tradição.

ORIGAMI HOJE

Dos anos 50 vem a idéia de consenso para representação gráfica das dobras, diferenciando por exemplo, dobras "vale" e "montanha".

Os conjuntos de dobras que servem como matrizes para a realização de figuras são chamados bases. Acredita-se que 80% das figuras conhecidas hoje têm sua origem nas bases do pássaro e da rã. Tecnicamente, essas duas bases permitem trabalhar com ângulos de 22º 30' no papel quadrado, oferecendo ampla liberdade de movimentos nas quatro pontas.

A sistematização das dobras e das bases permitiu ampliar a criatividade dos autores que não só criam peças, como também novas bases.

Uma das figuras clássicas do origami é o Grou (Tsuru), que simboliza a eterna felicidade. É popularíssima entre os japoneses.

Num dos primeiros livros com instruções para dobrar, de 1797 (*O segredo para dobrar mil Grous*), descreve-se a maneira de dobrar 49 grupos de grous unidos, às vezes pela cauda, outras pelas asas. O fato de só indicar o formato do papel e a maneira de realizar os cortes demonstra a popularidade que tinha essa figura.

Na Europa, por volta de 1700, havia uma técnica utilizada pelos mágicos que, dobrando um papel em zigue-zague, e depois cortando-o, formavam múltiplas figuras. O primeiro livro que fala sobre isso é o anônimo *Hocus Pocus*, muito popular entre os magos da época. Na década de 20, o grande Houdini, mais conhecido pela habilidade de escapar rapidamente de qualquer tipo de amarras, também demonstrava habilidade com papel.

Mas, como no Japão, na Europa o origami também era praticado principalmente pelas crianças. Por isso o pedagogo Froebel percebeu rapidamente a possibilidade de educar brincando com dobraduras em papel entre outros materiais. Na prática habitual de seus jardins de infância, estavam as figuras tradicionais conhecidas na época e também uma série de dobraduras geométricas, chamadas depois de "froebelianas".

No século XX a tradição de considerar o origami como somente uma brincadeira para crianças começa a evoluir pelas mãos de Isao Honda, no Japão, e de Miguel de Unamuno, na Espanha. Os dois autores, quase ao mesmo tempo, realizaram uma cruzada para conseguir a consideração das classes mais cultas para o origami. É certo que o desenvolvimento da arte de dobrar papel, tal qual a conhecemos hoje, aconteceu nos últimos cinqüenta anos.

Na efervescência dos anos 50 e 60, foram os americanos os primeiros a impulsionar a explosão "origâmica", especialmente Lilian Oppenheimer, fundadora do The Origami Center of New York, em 1958.

Hoje, o origami que conhecemos goza de boa saúde. Que continue assim é o meu desejo.

Divirtam-se e mãos à dobra.

Tipos de papel

A princípio, qualquer papel serve para fazer dobraduras, cabendo a cada um pesquisar e selecionar o mais apropriado ao modelo a ser feito. Ao escolher o tipo de papel, observe a sua espessura, pois papéis grossos demais acabam se quebrando ao serem vincados. Já papéis muito finos ou moles não podem ser dobrados e desdobrados muitas vezes, pois rasgam-se facilmente e não têm a rigidez necessária. Gosto muito de dobrar minhas peças usando o papel Mi-Teintes da Canson. De alta gramatura, ele está disponível em 50 cores e é colorido na massa. Pintar o papel antes de dobrar também pode produzir um ótimo efeito na peça. Para deixar a peça mais rígida, pode-se dar um banho de cola branca no papel e dobrar após a evaporação. A seguir, apresentamos alguns exemplos de tipos de papel que também podem ser utilizados para criar um origami.

Papéis japoneses para origami

Geralmente são feitos artesanalmente, usando técnicas e materiais especiais. Encontrados em pouquíssimas lojas no Brasil, são produzidos especialmente para fazer origami. Mais macios que os demais, dão um efeito diferente às peças, apresentando uma infinidade de cores e texturas, e já vêm cortados em diversos tamanhos. Porém seus preços são elevados. Os industrializados, também em grande variedade, têm um preço menor.

Papel espelho

É o papel mais usado. Colorido de um lado e branco do outro, pode ser facilmente encontrado em qualquer papelaria, porém raramente cortado em tamanhos menores do que o padrão (15 cm x 15 cm).

Papel de presente ou fantasia

Estampados de um lado e brancos de outro, são excelentes para valorizar ou estilizar uma peça. Nesse caso, também existe uma grande quantidade de papéis importados de alta qualidade com estampas lindíssimas.

Papel metalizado

Oferece uma vantagem: permite que se dobre e molde a peça com maior facilidade. Uma desvantagem, entretanto, é que nesse tipo de papel os vincos ficam mais evidentes, deixando marcas indesejadas no modelo pronto. Sua face brilhante torna certos modelos bem atrativos, porém seu manuseio requer cuidado especial por ser um papel muito delicado. É tratado quimicamente e depois recoberto com uma camada de pó metálico (alumínio, estanho, bronze, etc.), adquirindo assim, o aspecto de folha de metal.

Tamanhos

Para peças simples o papel (quadrado) pode ter a medida próxima de um padrão universal: 15 cm.
Para peças mais complicadas, use papel (quadrado) com 25 cm ou mais.
No entanto, dependendo da habilidade de quem vai dobrar, a escolha do tamanho é pessoal.
Outros formatos como retângulos, triângulos e até mesmo o papel circular, podem ser utilizados para dobrar peças.

SÍMBOLOS E PROCEDIMENTOS

TIPOS DE TRAÇO

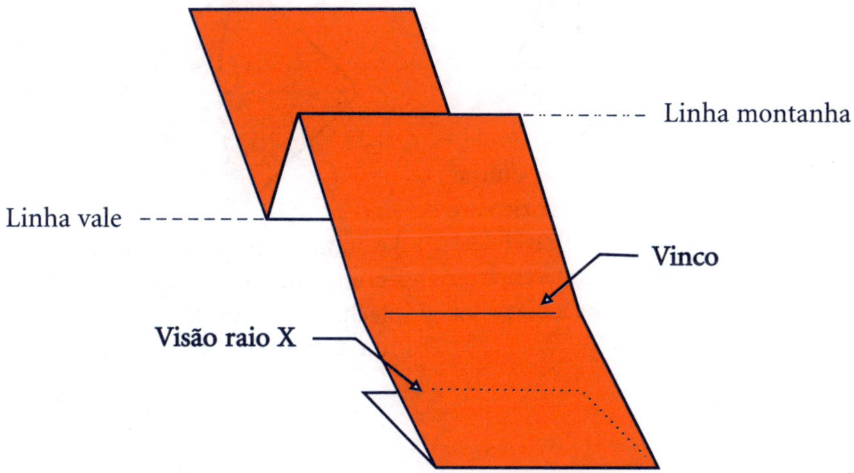

TIPOS DE SETA E SÍMBOLOS

 Dobrar para frente

 Desdobrar, abrir

 Dobrar para trás

 Virar

 Achatar, apertar, afundar

 Rotacionar

Visualização

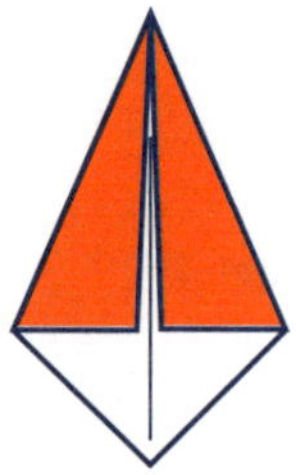

Nos livros de origami, os desenhos são um pouco irregulares para facilitar a visualização.

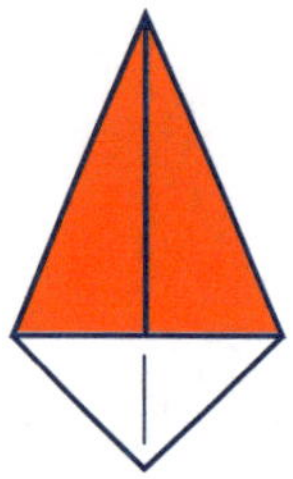

Na verdade, as dobras devem se aproximar o máximo possível das linhas de referência, neste caso, a diagonal.

Vincar

A linha tracejada indica onde dobrar (no sentido da ponta aberta) e desdobrar (no sentido da ponta fechada). O resultado é um vinco, representado por uma linha contínua.

Dobra vale

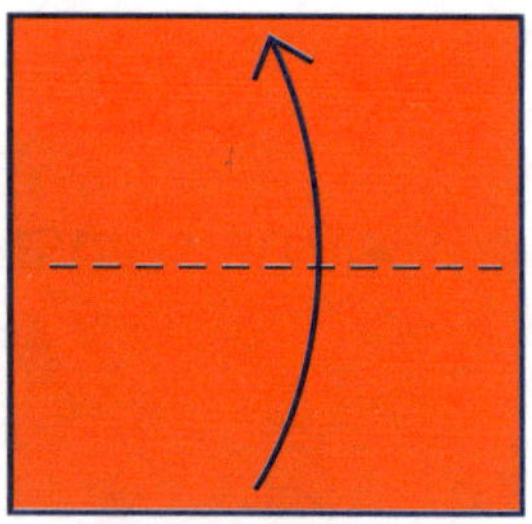

A dobra vale é representada por uma linha vale. Dobrar para a frente. A seta com a cabeça aberta mostra a direção a seguir.

Resultado da fase anterior.

Dobra montanha

A dobra montanha é representada por uma linha montanha. Dobrar para trás. A seta com metade da cabeça mostra a direção a seguir.

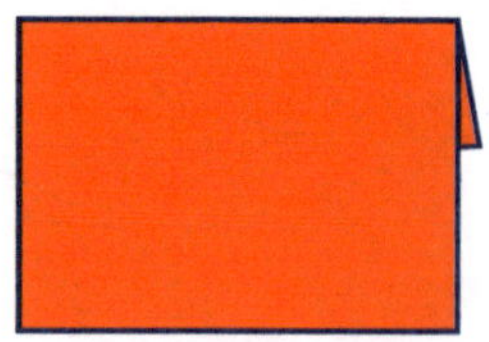

Resultado da fase anterior.

Dobra escondida

Uma linha pontilhada indica onde deve ser feita uma dobra na parte de trás do papel. Em geral, uma linha montanha continua o pontilhado para dar mais precisão.

Desfazer uma dobra

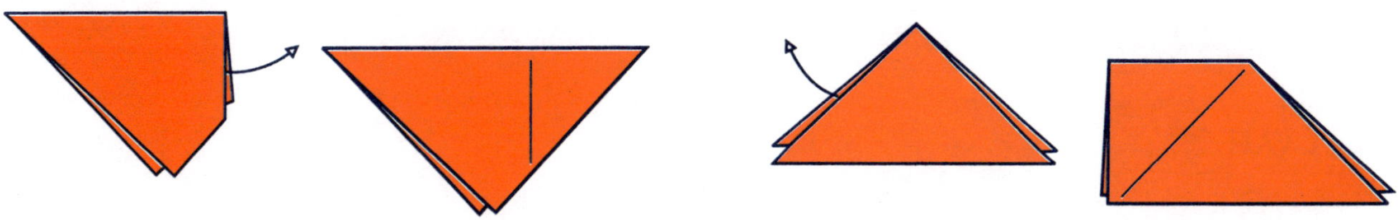

Às vezes é preciso desfazer algumas dobras. A indicação é feita por uma seta com a cabeça completa.

Base casquinha de sorvete

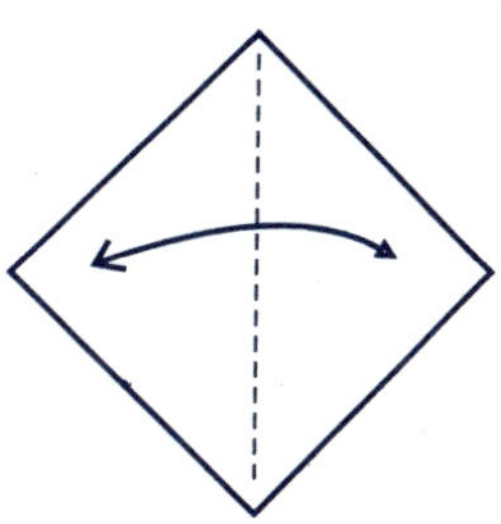

Vincar.

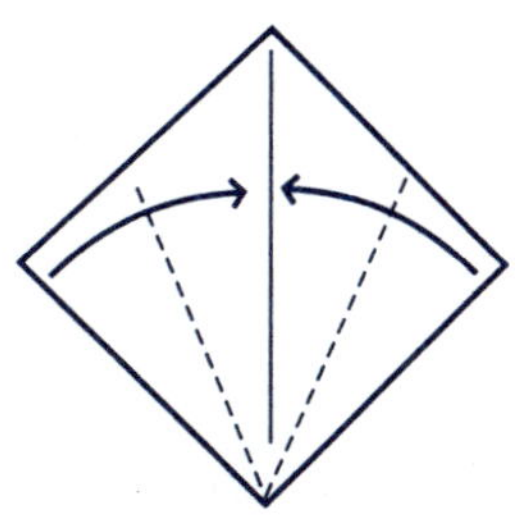

Dobrar para a diagonal.

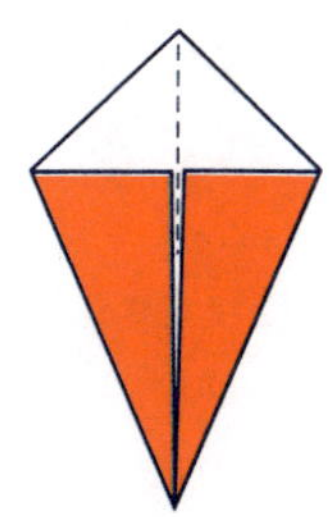

Pronto.

CAPÍTULO I
PEÇAS SIMPLES

As peças apresentadas neste capítulo são bastante simples. Algumas têm uma historinha contada paralelamente ao ato de dobrar. Você pode inventar suas próprias histórias para essas ou outras dobraduras que conhecer. Peças simples podem ser usadas como decoração em festas, saindo um pouco da rotina das coisas prontas. Recomendo usar papel espelho, tamanho 15 X 15 cm, se for quadrado, ou tamanho A4.

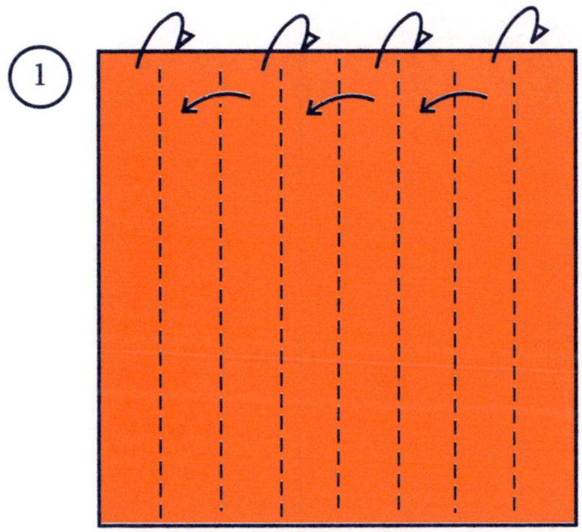

Divida um papel quadrado em 8 partes iguais. Depois dobre para frente e para trás, formando um leque.

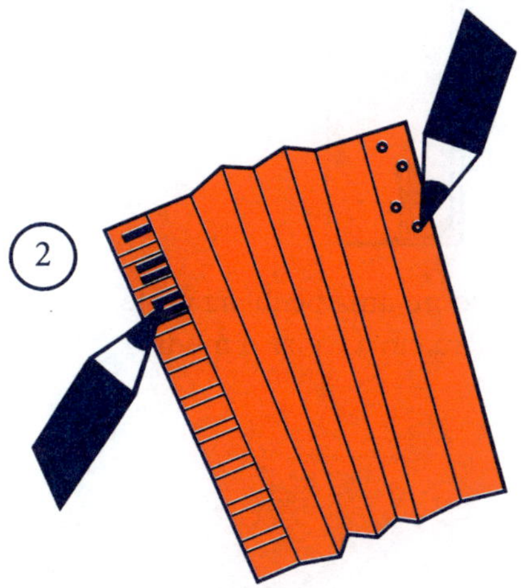

Desenhe o teclado e os pinos.

Língua de sogra

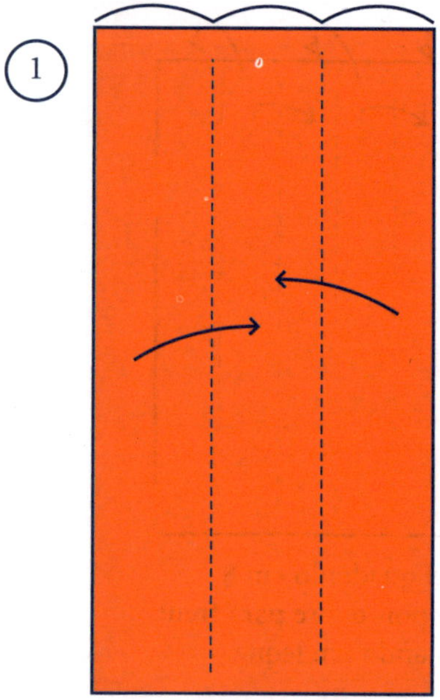

Use um retângulo com um lado o dobro do outro. Divida-o em três e dobre as laterais para o meio.

Dobre uma pequena parte para cima e gire o modelo.

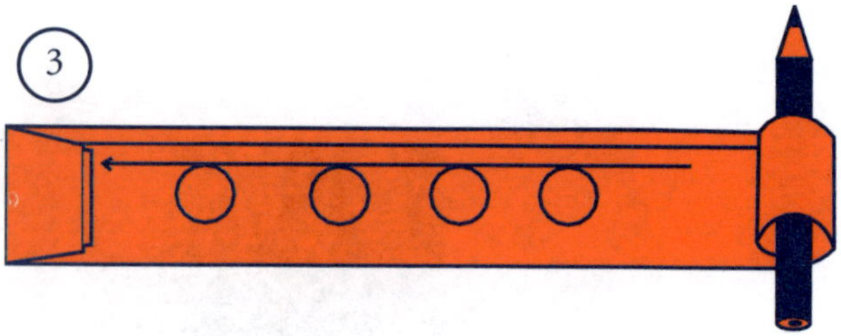

Enrole usando um lápis como apoio.

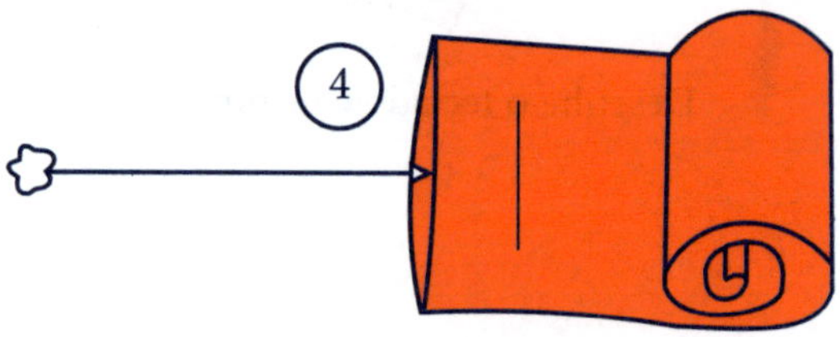

Espere algum tempo, abra a ponta dobrada e depois assopre.

Dobra para dentro

A seta larga significa empurrar, afundar. Parte do papel é empurrada para dentro do modelo, invertida simetricamente, tendo como referência os vincos feitos antes.

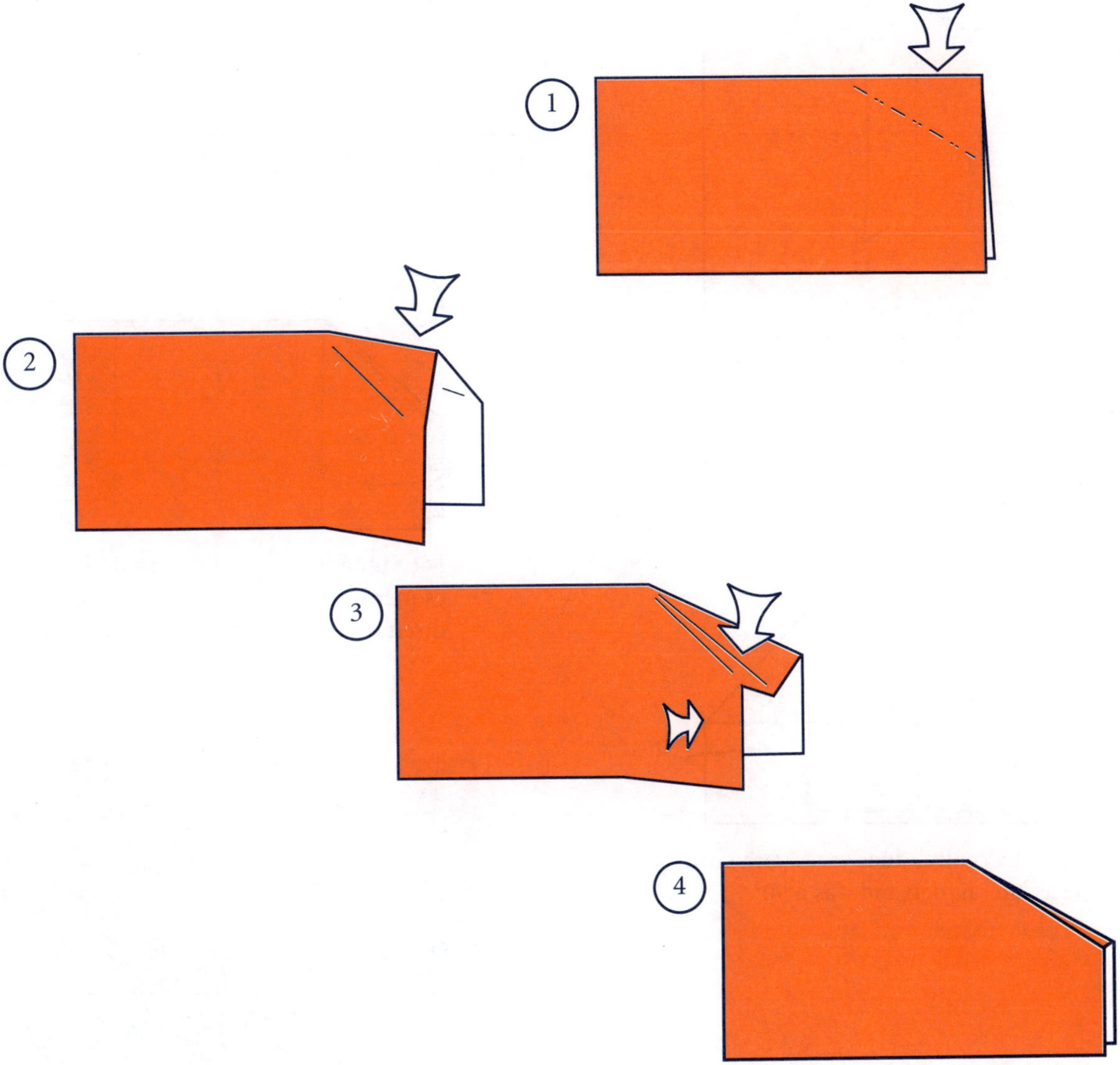

PIANO

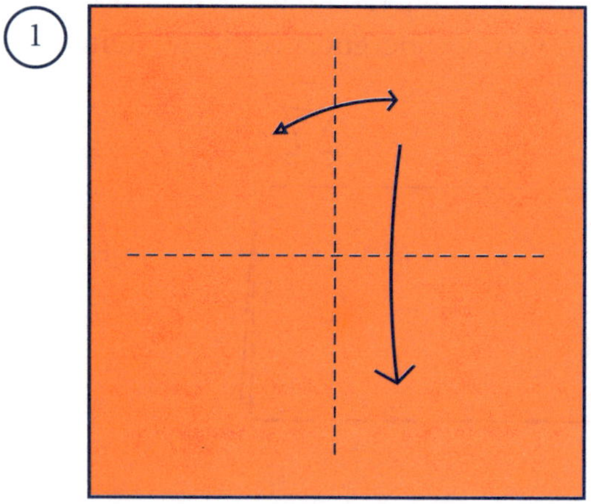

Vinque as metades e dobre para baixo.

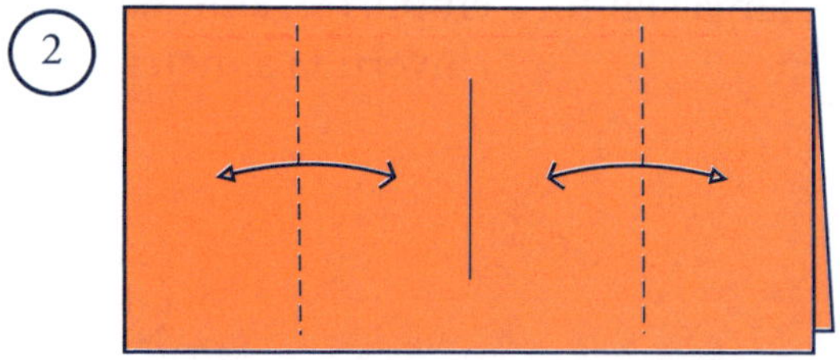

Vinque as duas laterais para o meio.

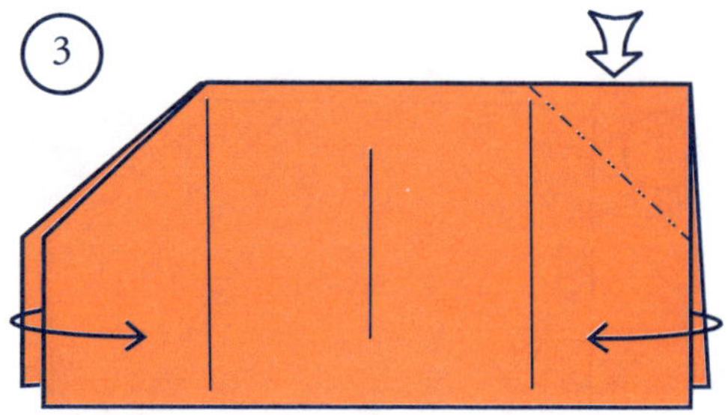

Faça uma dobra para dentro do lado esquerdo. Abra a aba da frente para a direita. Repita a operação do outro lado.

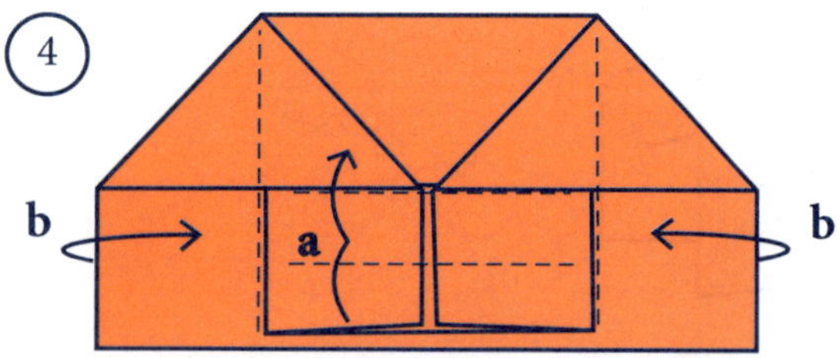

a) Dobre a aba central duas vezes para cima.
b) Feche as laterais deixando-as a 90°.

1

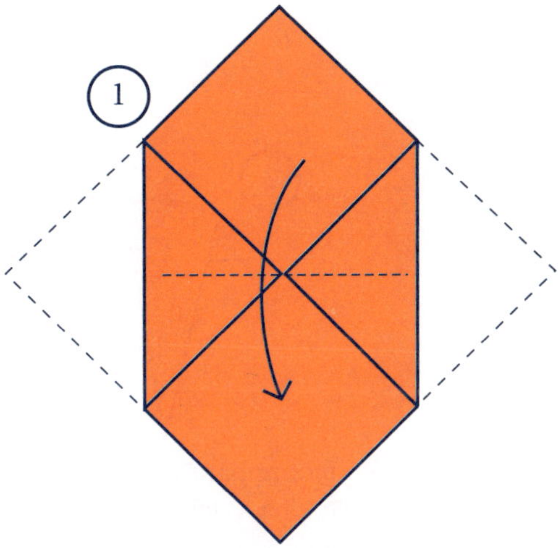

Vinque as diagonais. Dobre duas pontas laterais para o centro e depois dobre ao meio para baixo.

2

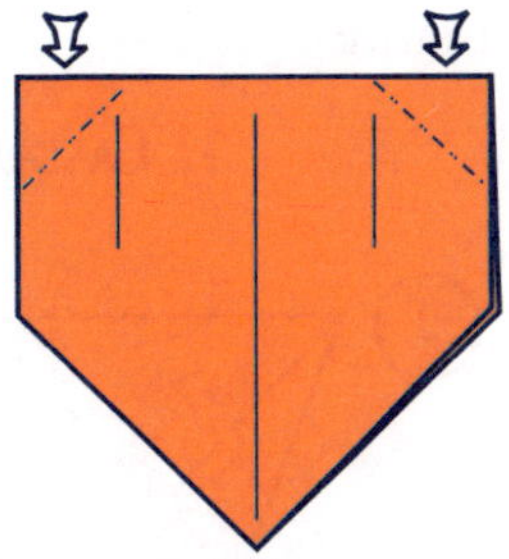

Faça uma dobra para dentro nos dois cantos superiores.

3

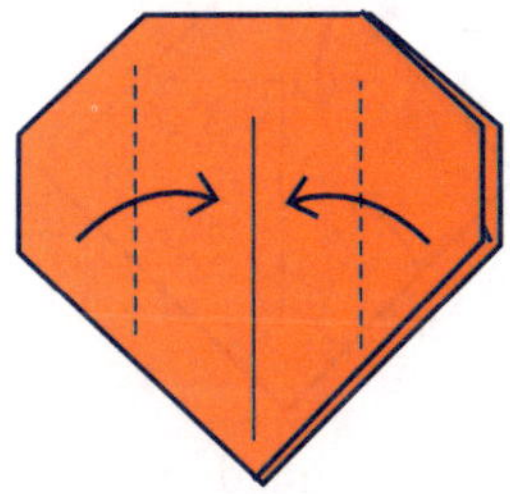

Dobre as abas da frente para o meio.

4

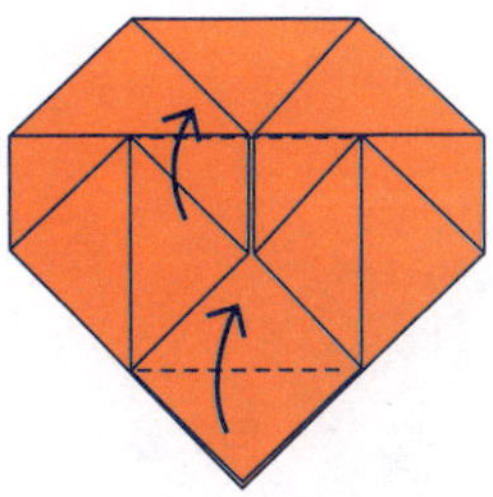

Na aba formada, dobre a ponta de baixo e depois a aba toda para cima.

5

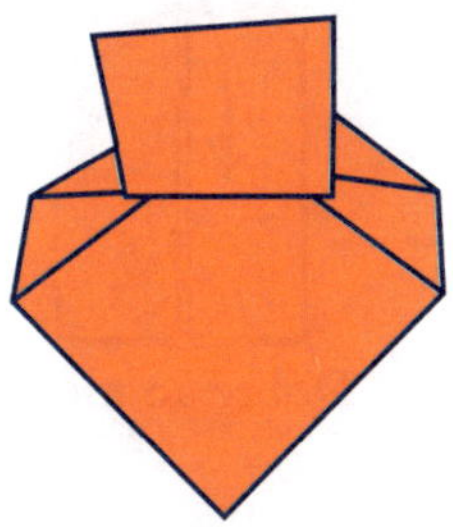

Vire o modelo, apoiando a aba na mesa para deixar o coração em pé.

6

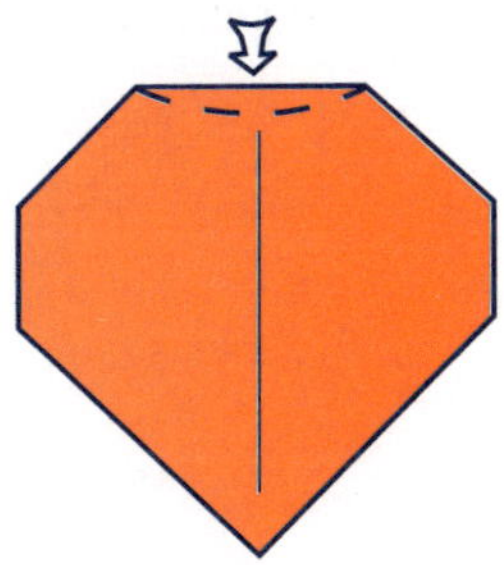

Afunde ligeiramente o topo.

Sorvete de casquinha

Use dois quadrados do mesmo tamanho.

1. Casquinha

1

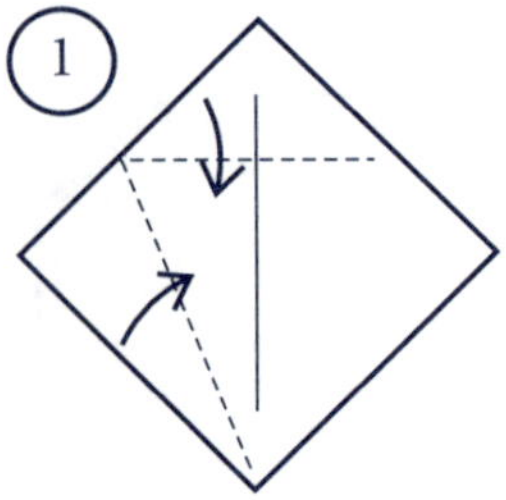

Dobre um lado para a diagonal e uma ponta para o centro.

2

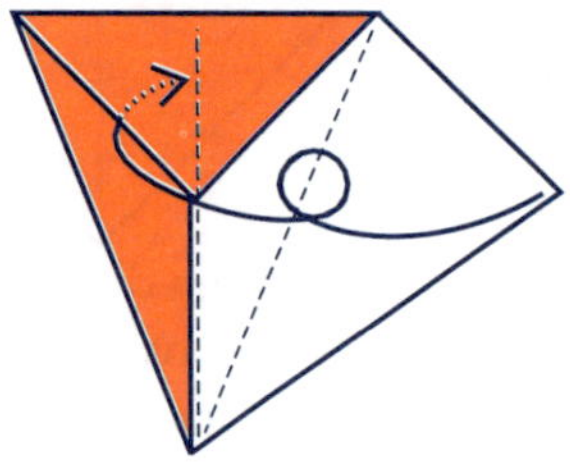

Dobre duas vezes e encaixe a aba sob a triângulo de cima.

3

Dobre para dentro, de forma a deixar a abertura da casquinha reta.

2. Bola

4

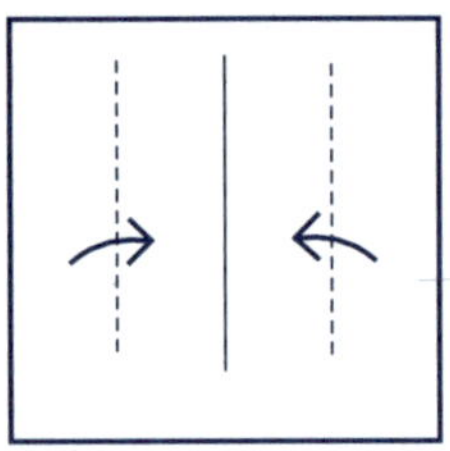

Dobre os dois lados para o centro.

5

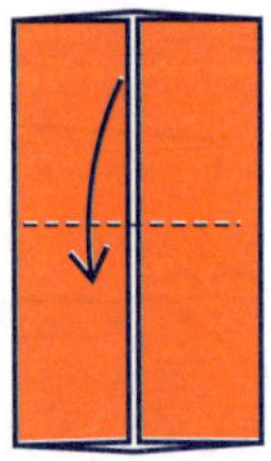

Dobre ao meio.

6

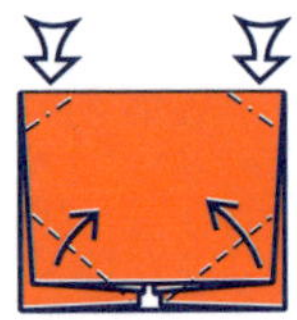

Faça dobras para dentro nos cantos superiores e dobre os inferiores para cima.

7

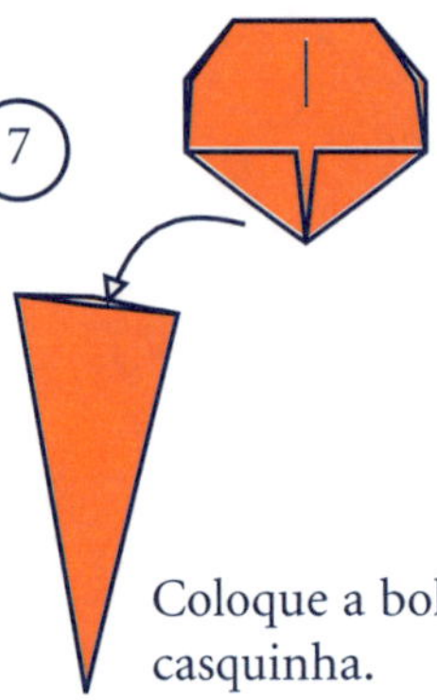

Coloque a bola na casquinha.

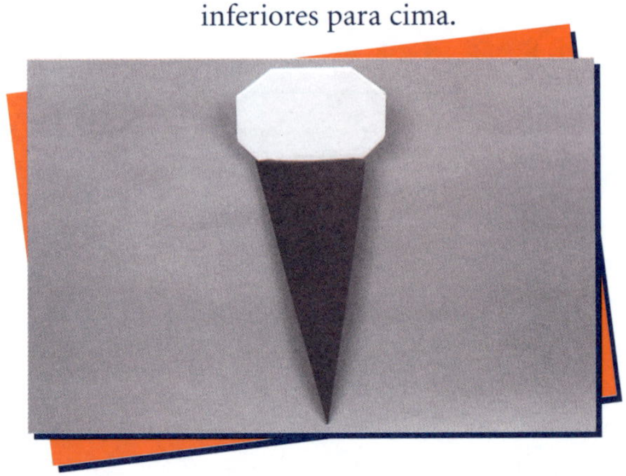

1

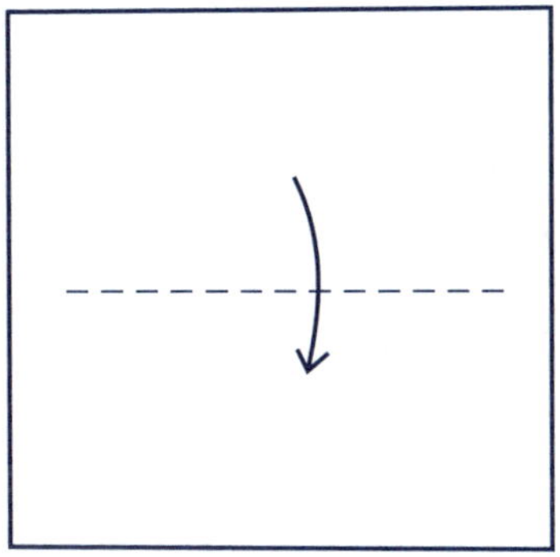

Dobre ao meio.

2

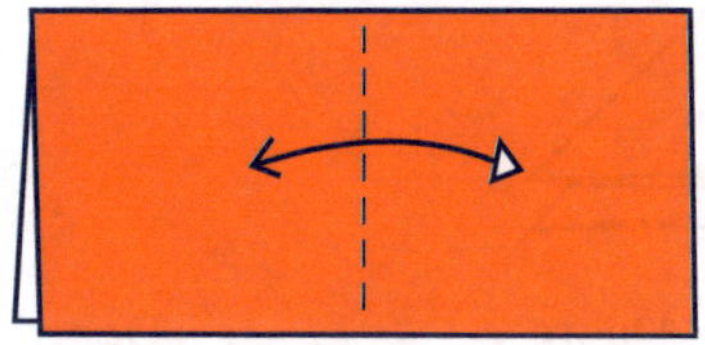

Vinque.

3

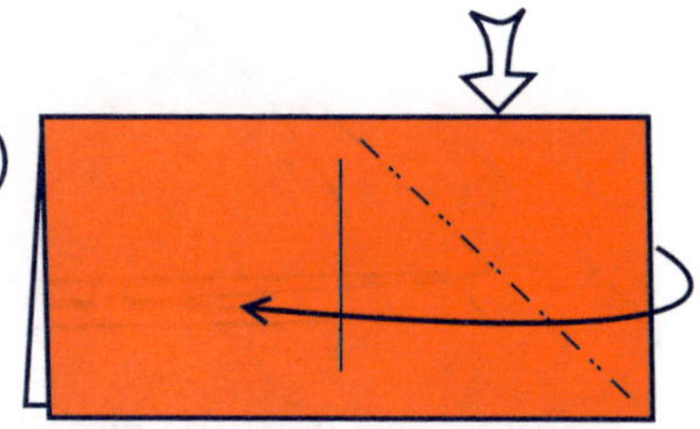

Faça uma dobra para dentro e abra a aba para frente.

4

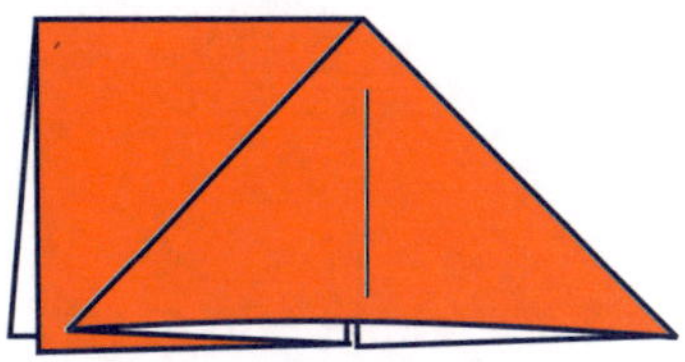

Vire o modelo.

5

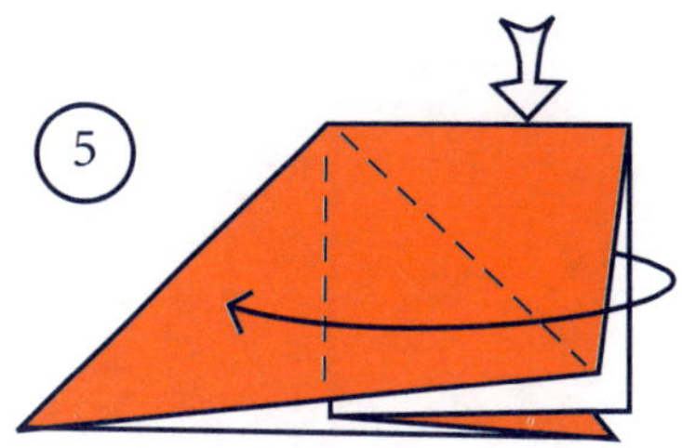

Repita a fase 3.

6

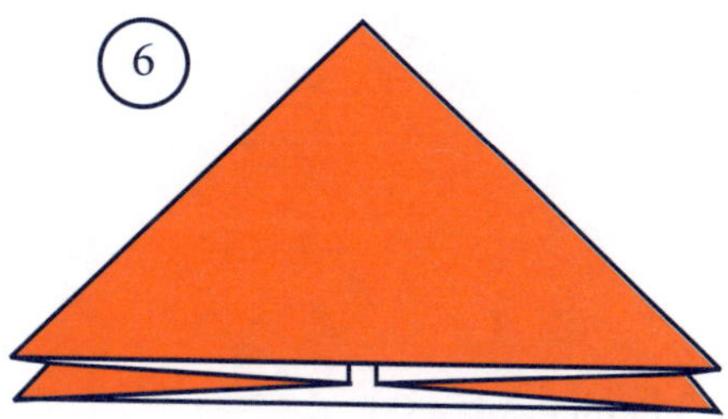

Base do balão.

Balão

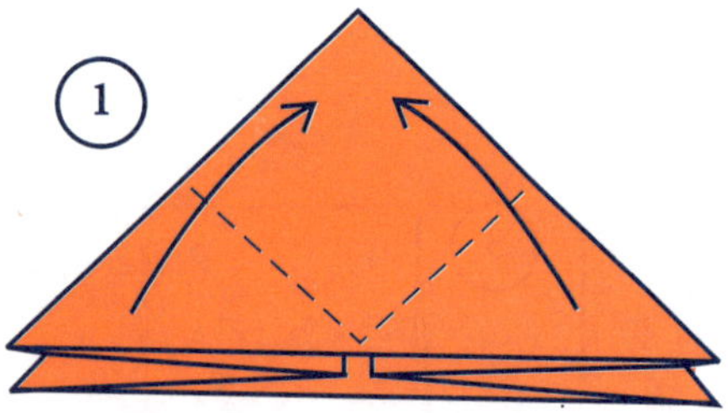

Começar a partir da base do balão. Dobre as pontas das abas da frente para cima.

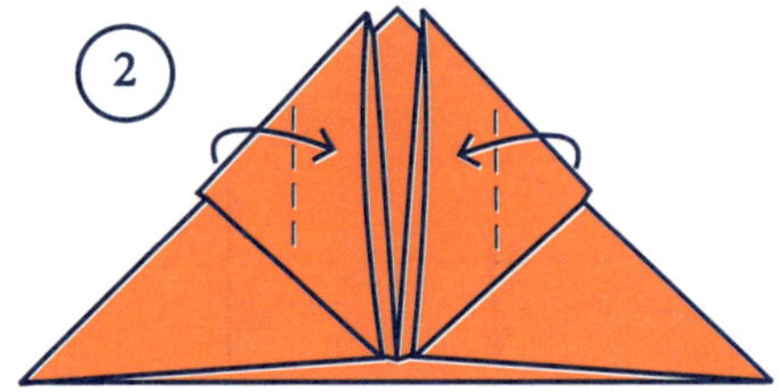

Dobre as duas pontas para o meio. Repita as operações atrás.

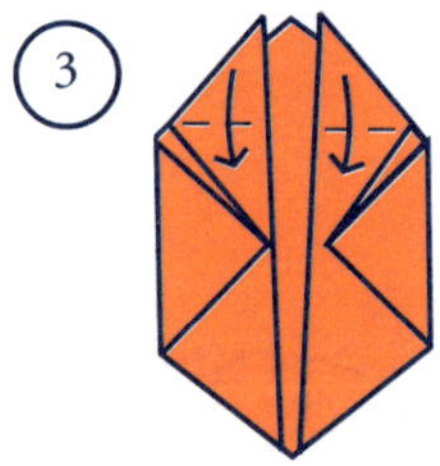

Dobre as pontas para baixo.

Coloque as pontas dentro das "bolsas". Repita as fases 3 e 4 atrás e assopre para inflar o balão.

CAMISA

Use um papel retangular.

1

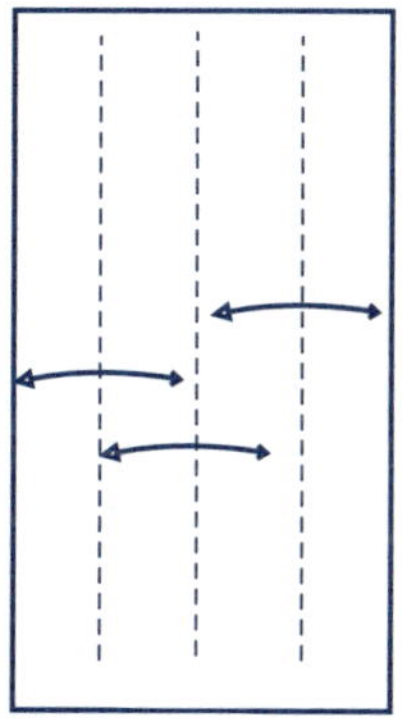

Divida o retângulo em quatro e vinque.

2

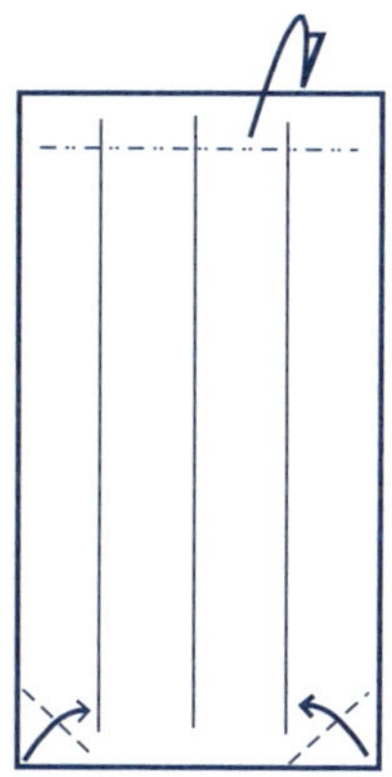

Dobre o lado superior para trás e os cantos inferiores alinhados com os vincos das laterais.

3

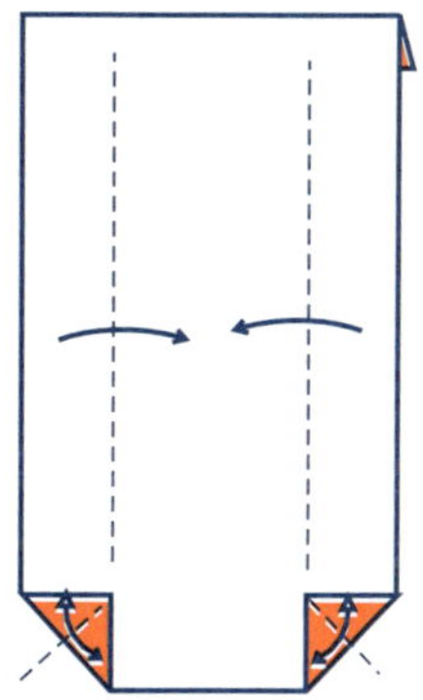

Vinque nas indicações. Dobre as laterais para o meio.

4

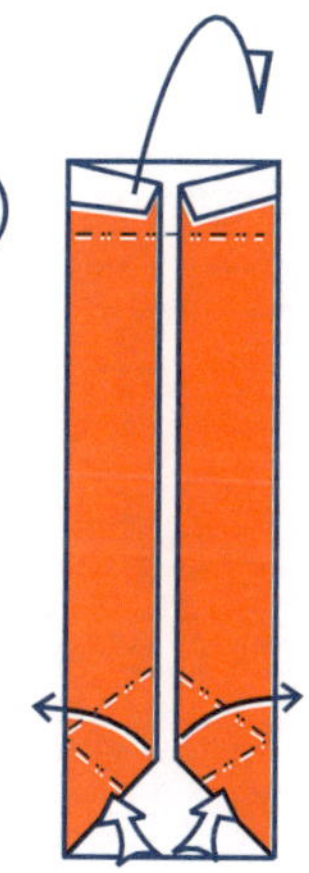

Dobre o lado superior para trás. No canto inferior, abra pelos vincos e achate.

5

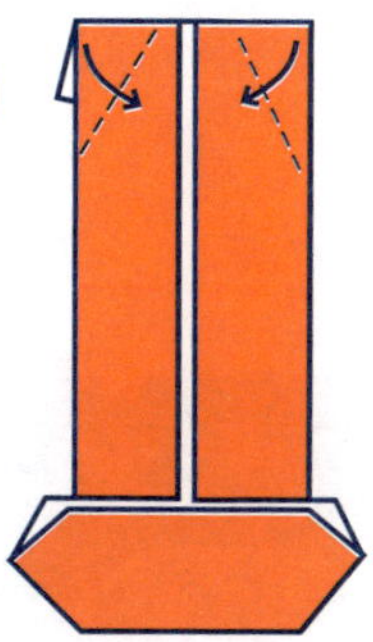

Dobre fazendo as pontas encostarem na linha do meio.

6

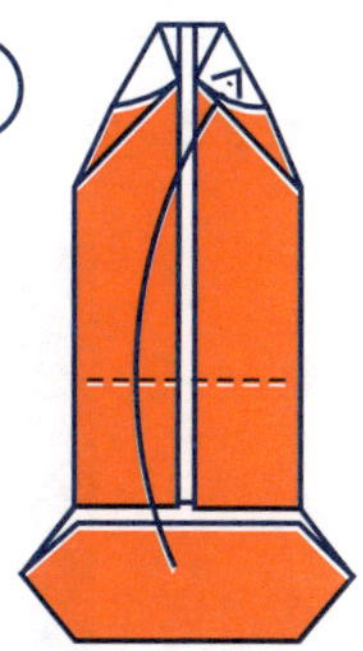

Dobre para cima encaixando a parte inferior embaixo das abas.

Envelope

1

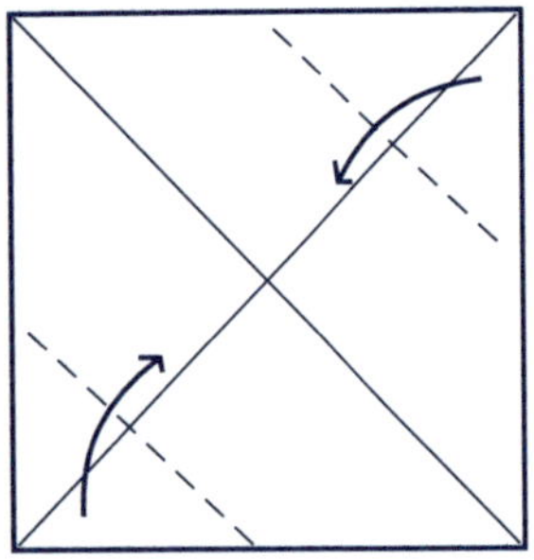

Vinque as diagonais e dobre dois cantos para o centro.

2

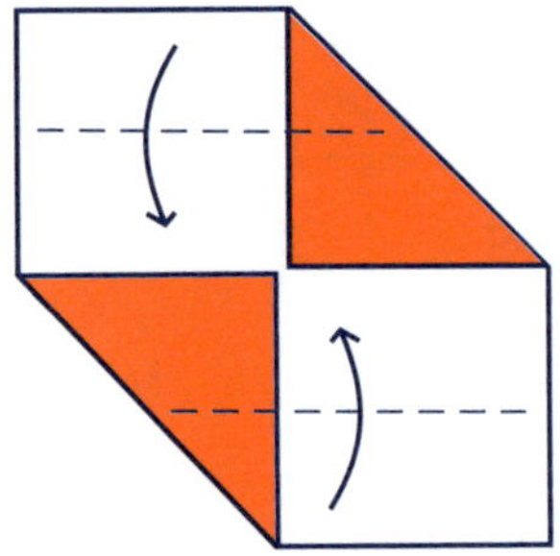

Dobre os lados pela metade.

3

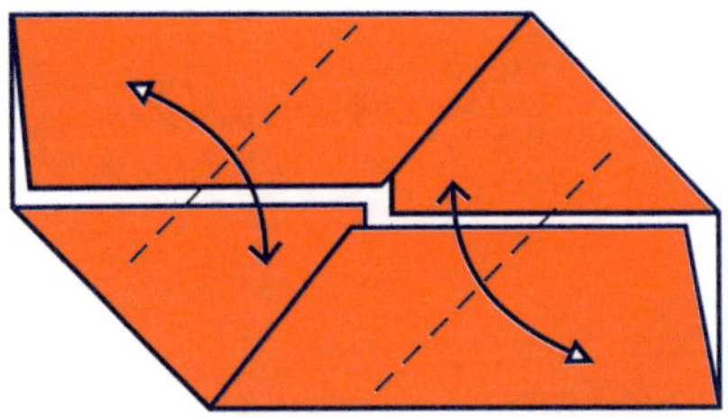

Vinque paralelamente à diagonal.

4

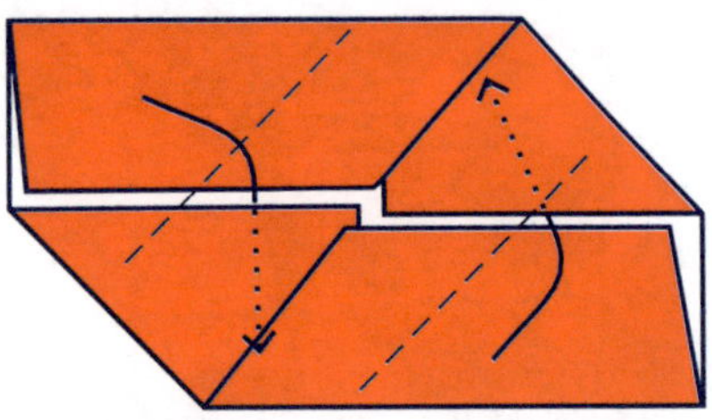

Dobre, encaixando as pontas por baixo das abas.

Orelha de coelho

A dobra orelha de coelho é uma maneira de estreitar uma aba e mudar sua direção. Nesse caso, é feita no triângulo superior do quadrado usando as bissetrizes como referência.

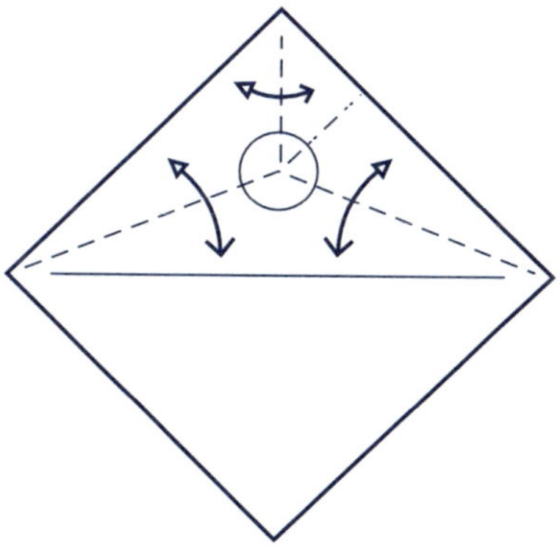

Indicações para executar a dobra.

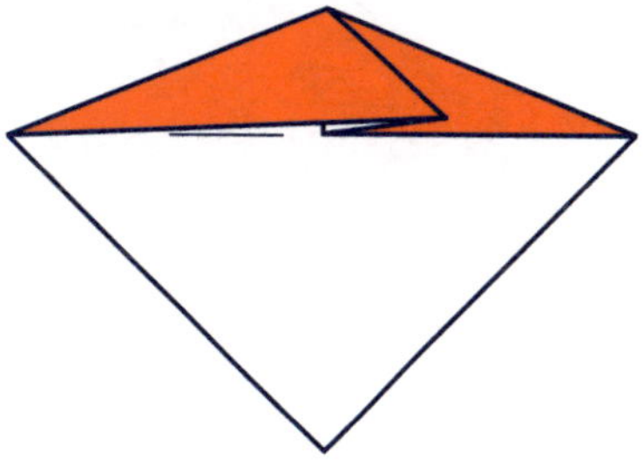

Resultado final.

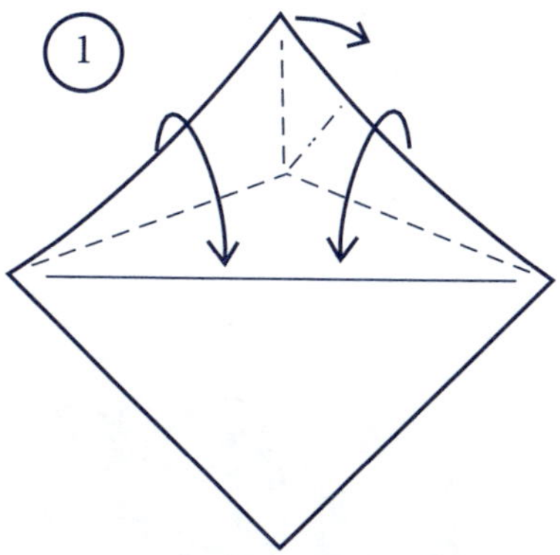

Depois de vincar, traga os lados ao longo da diagonal. Na parte superior, começa a se formar uma "orelha".

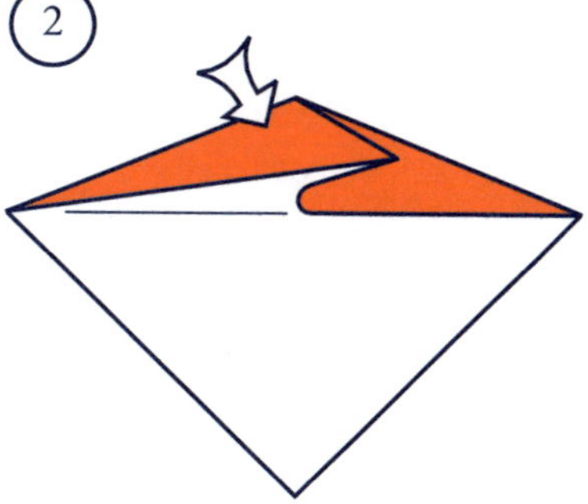

Dobre achatando nos vincos.

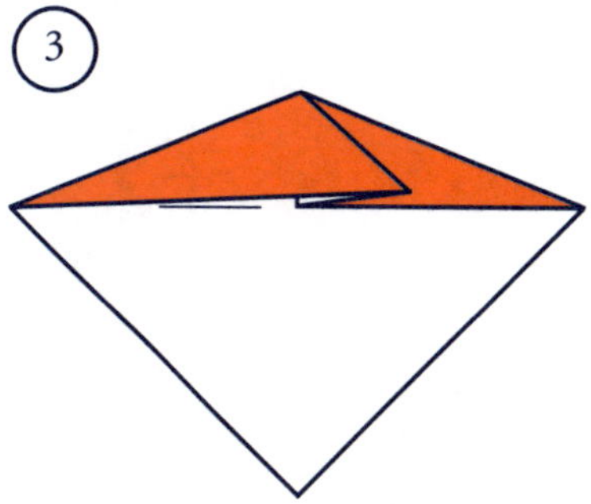

Pronto.

FOLHA DE OUTONO

Use um papel triangular.

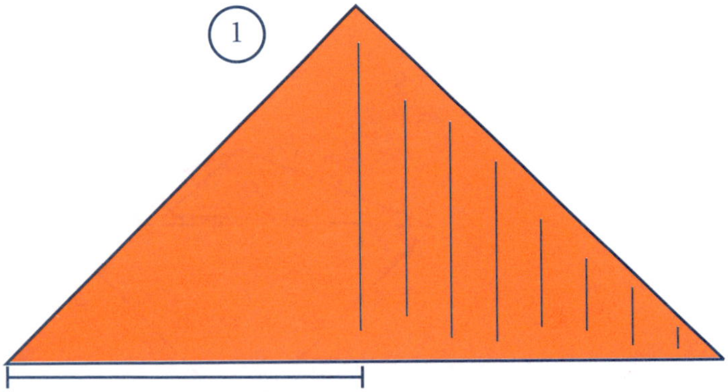

Divida cada metade em oito partes. Depois dobre cada lado em vai-e-vem a partir do meio, conforme se vê na figura 2.

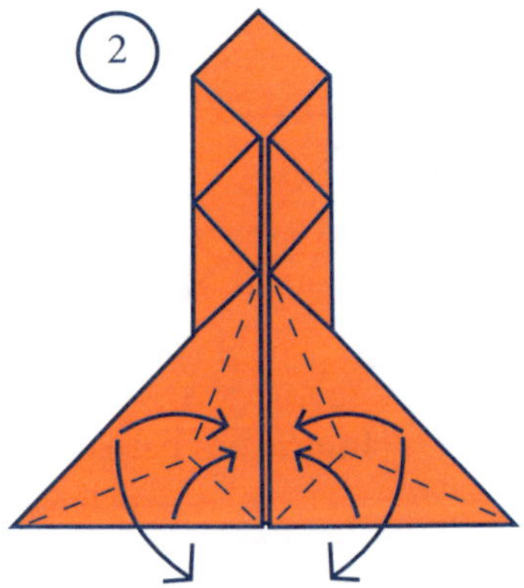

Vinque as bissetrizes e faça uma orelha de coelho.

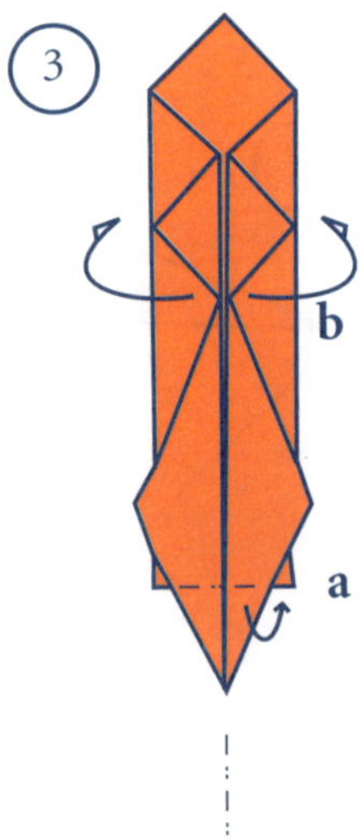

a) Dobre as pontas para dentro da peça.
b) Dobre ao meio para trás.
Abra a folha.

Pomba

Use um papel triangular.

1

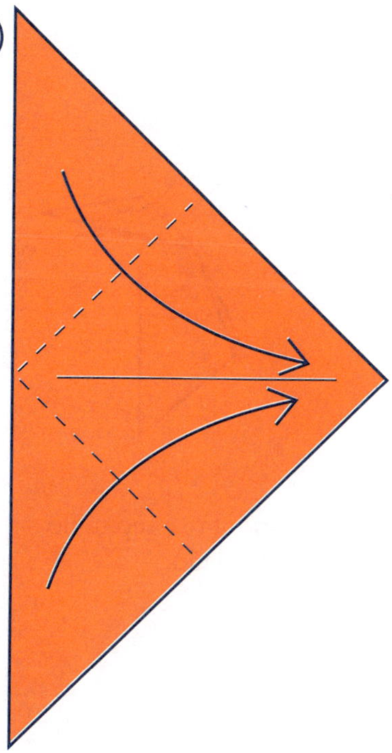

Dobre formando um quadrado.

2

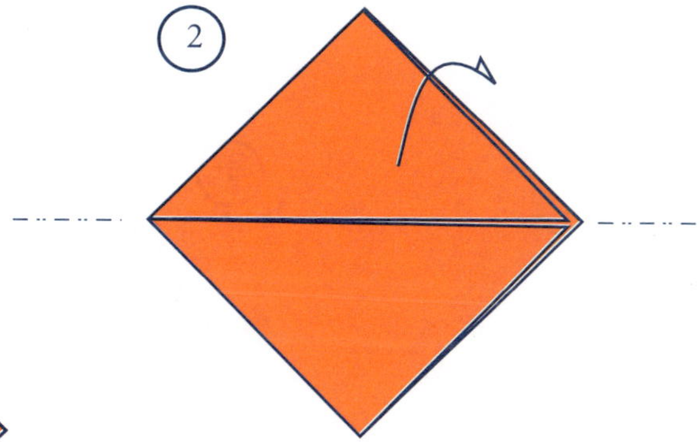

Dobre ao meio para trás.

3

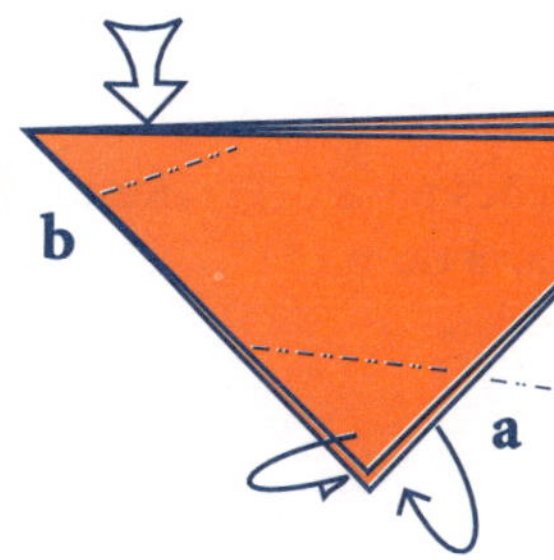

a) Dobre as duas pontas para dentro.
b) Faça uma dobra para dentro.

4

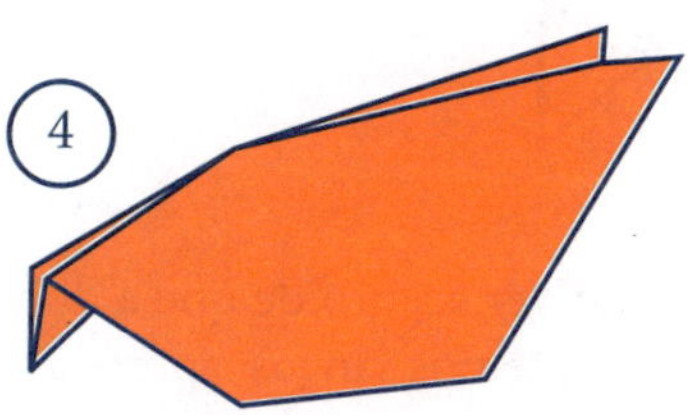

Pomba descansando.

Dobra invertida por fora

A dobra invertida por fora é um caminho para mudar a direção da ponta. Com essa dobra a ponta passa sobre as abas. Convém vincar duas ou três vezes antes para marcar bem a dobra.

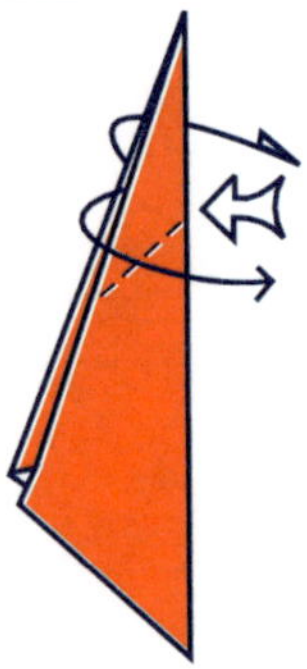

Indicações para executar a dobra.

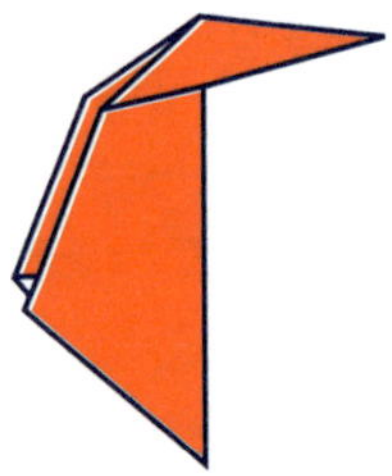

Resultado final.

1

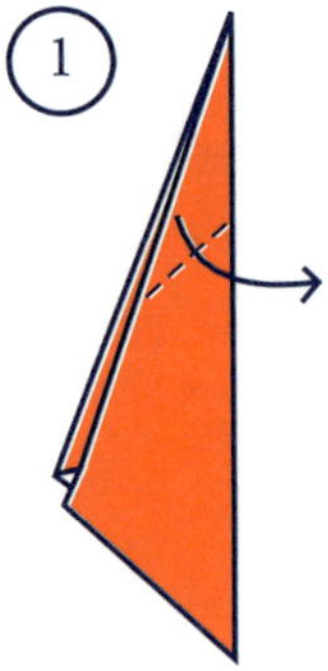

Dobre para a frente.

2

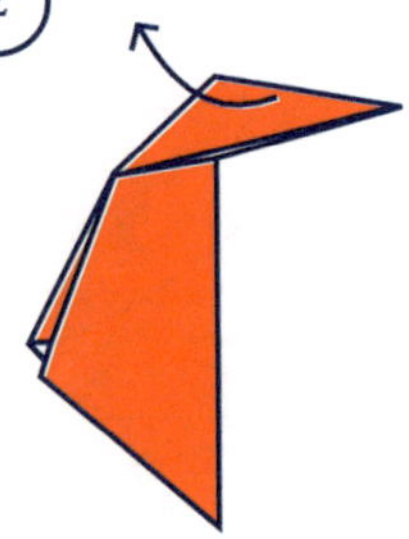

Desdobre e repita do outro lado.

3

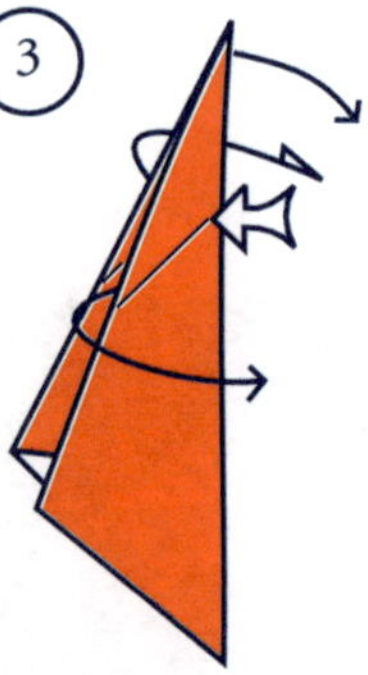

Abra as abas laterais e comece a puxar a ponta para fora, segurando na seta larga.

4

Continue puxando para fora. As dobras serão invertidas.

5

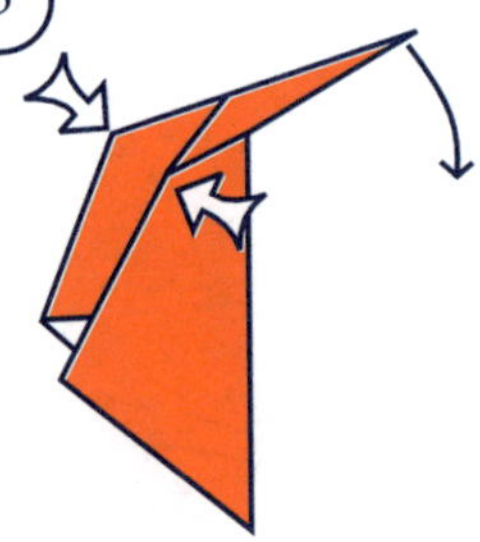

6

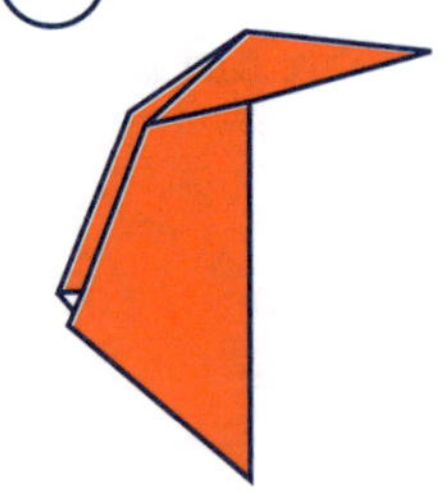

Quando estiver seguro de que a dobra foi executada rigorosamente nos vincos, aperte as laterais para finalizar.

Contando, cantando e dobrando

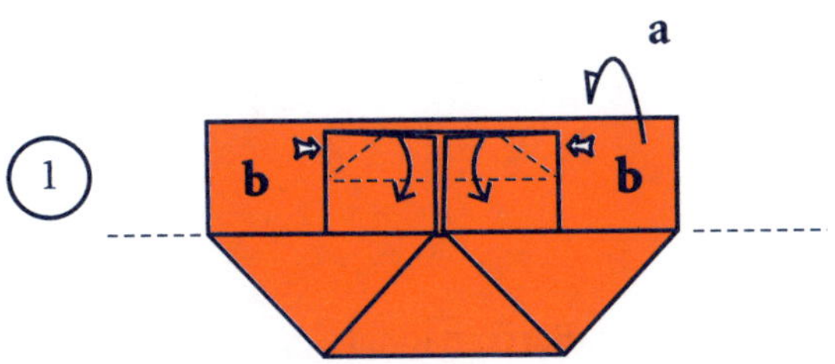

Comece a partir da fase 4 do piano (p. 26).
a) Dobre ao meio para trás.
b) Faça uma dobra para dentro e abra a aba para baixo.

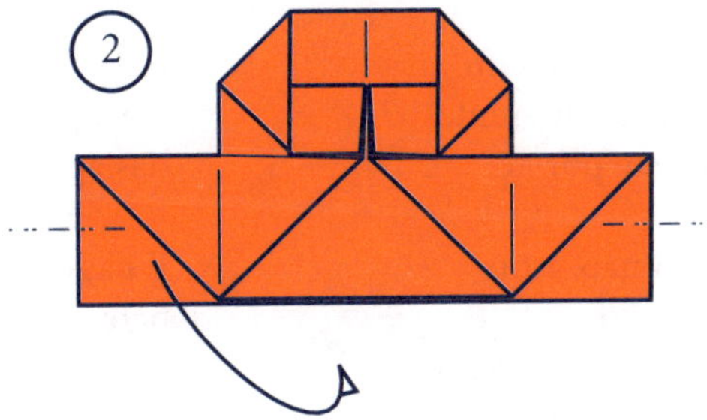

Dobre metade da aba para trás.

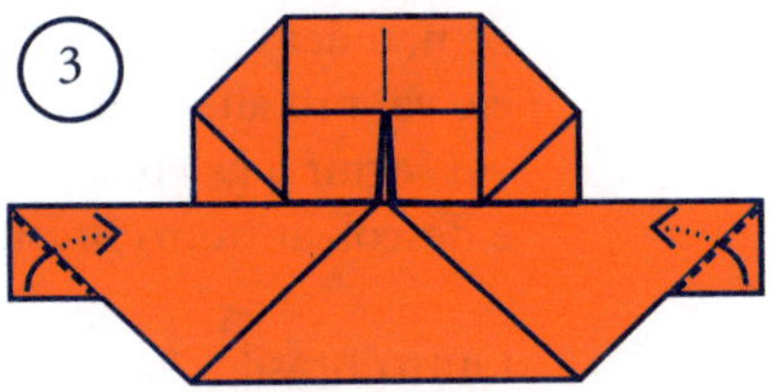

Dobre os cantos e vire o modelo.

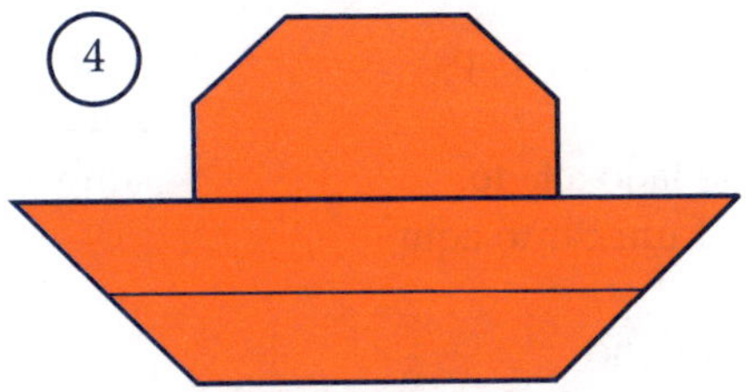

Este é o barco.

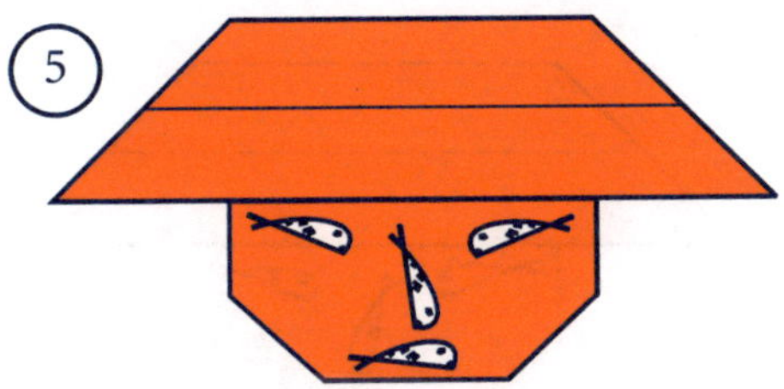

O marinheiro é o barco virado para baixo.

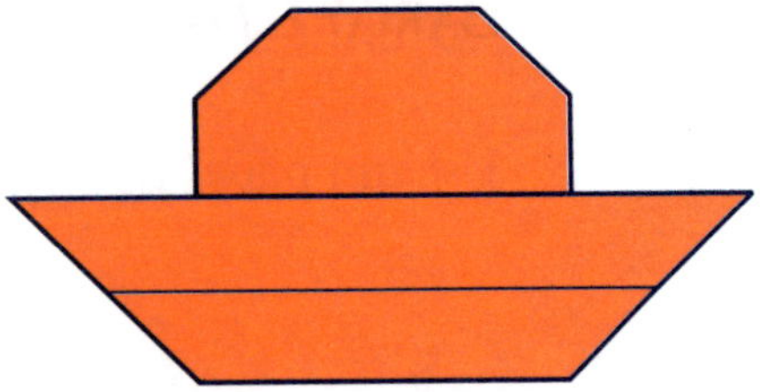

Eu sou um barco
fui feito num estaleiro
um lugar bem diferente
do que existe por aí

O estaleiro não usou
aço nem ferro
muito menos a madeira
do tronco do buriti

Um moço esperto
foi lá no meio do mato
tirou lasca da madeira
e fez a folha de papel

A folha era um belo papel
quadrado
foi dobrado lado a lado
um canto lá um canto aqui

Um quadradinho
era um quadradinho só um
quadradinho

E fiquei pronto
resolvi dar um passeio
navegando lá no meio
das águas do Tietê

E passa ponte
bate num banco de areia
fiquei muito enjoado
é só sujeira por ali

Dei meia volta
procurando água limpa
mas só vi pneu e tinta
nem sombra do lambari

Lambarizinho
um lambarizinho só
lambarizinho

Barco não fala
mas eu tenho uma surpresa
contratei um marinheiro
para trabalhar pra mim

E ele vai
reclamar com todo mundo
prefeito juiz e povo
não deixem a coisa assim

Se não der certo
ele vai pro alto mar
vai seguir a gaivota
e descobrir outro Brasil

Outro Brasil
outro brasilzinho só
outro Brasil...

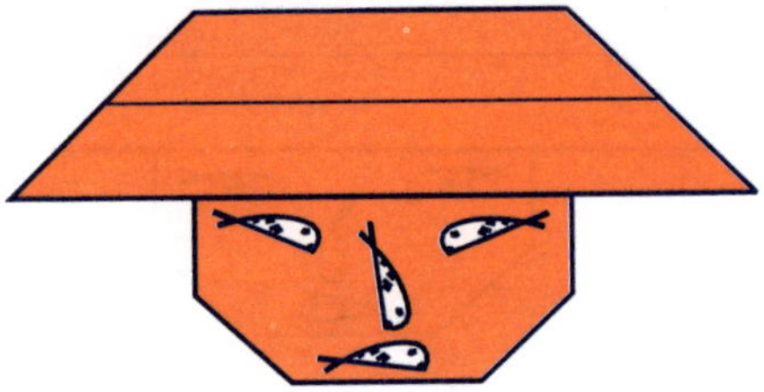

O CHAPÉU, O BARCO E A CAMISA

Use um papel retangular.

1

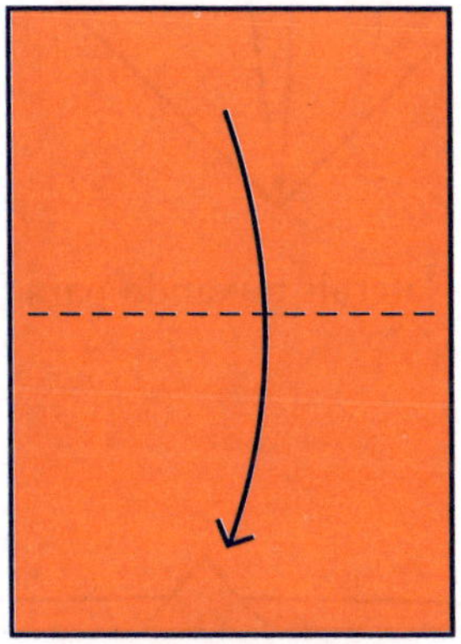

Dobre para baixo.

2

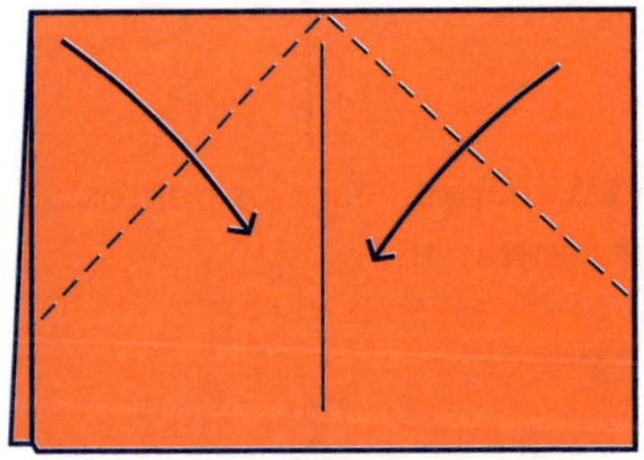

Vinque na vertical e dobre as duas pontas para o meio.

3

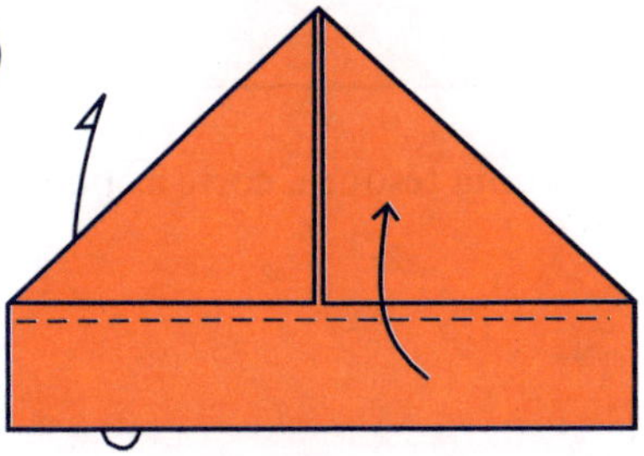

Dobre a aba anterior para frente e a aba posterior para trás.

4

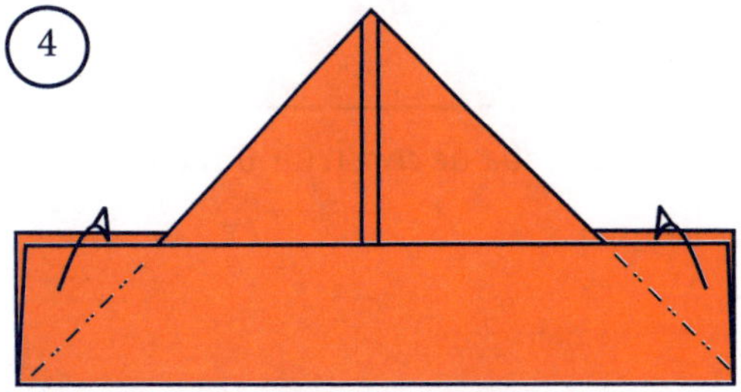

Dobre os quatro cantos para dentro e você terá um chapéu.

5

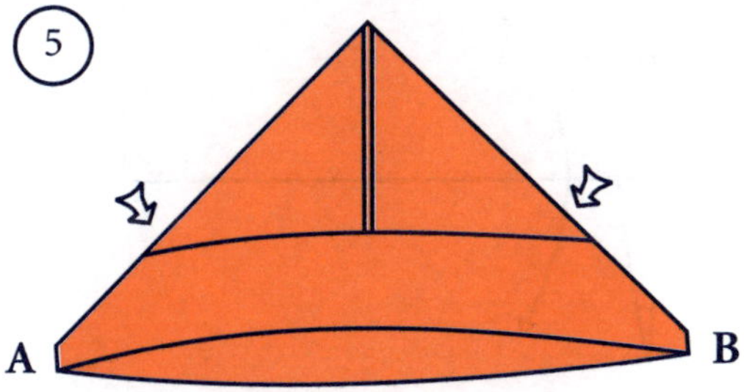

Abra o chapéu e faça os pontos A e B se encontrarem.

6

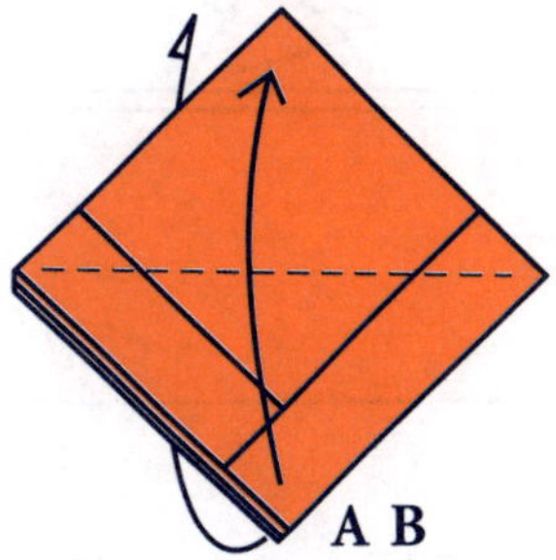

Dobre a aba anterior para frente e a aba posterior para trás.

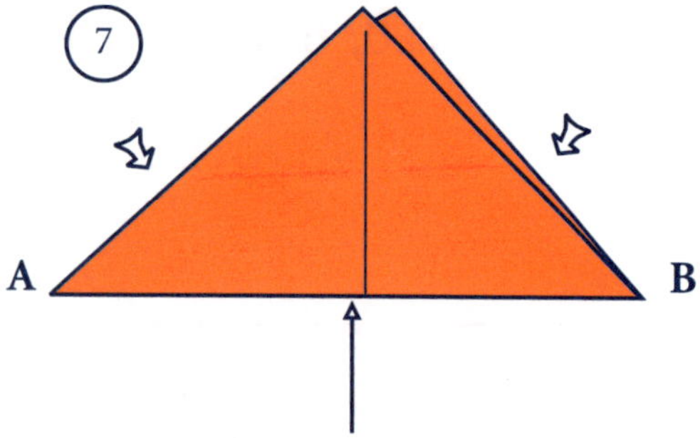

Abra o chapéu e faça os pontos A e B se encontrarem.

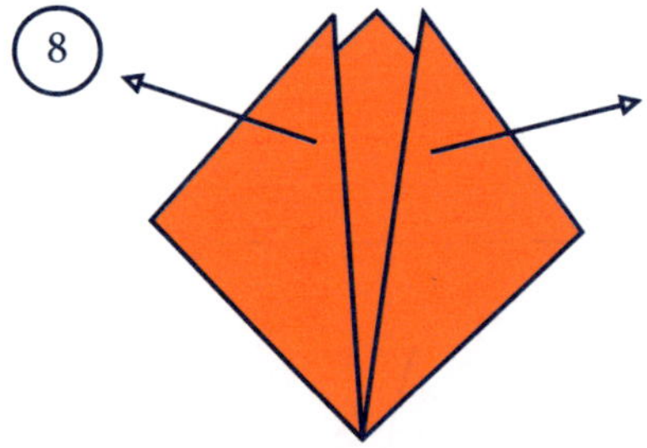

Abra as laterais puxando para fora.

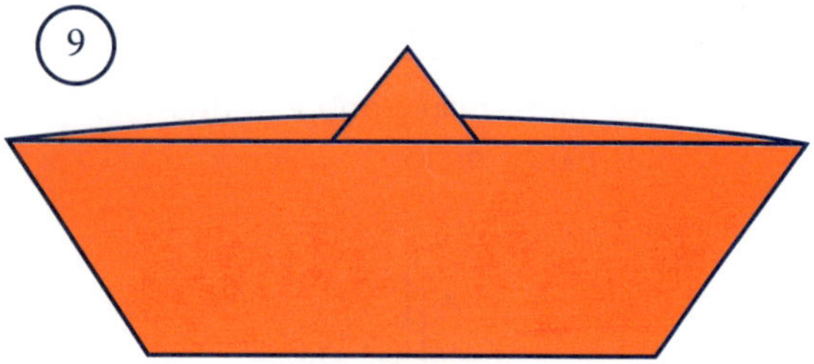

Você acaba de construir um barco.

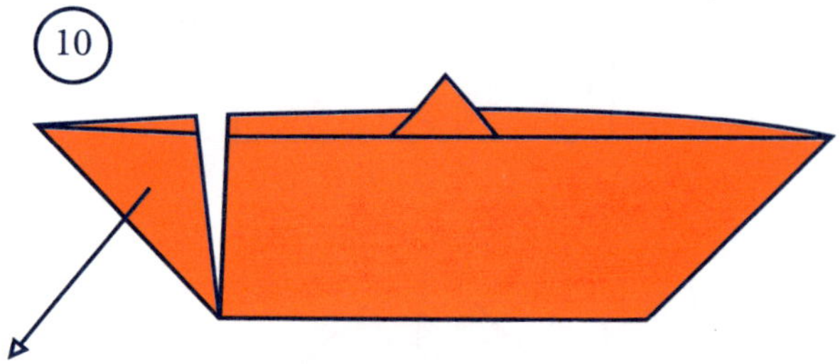

Com uma tesoura, corte as pontas.

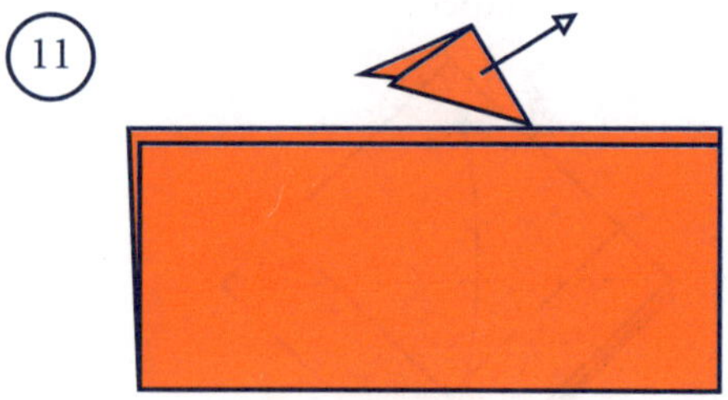

Corte também a vela do barco.

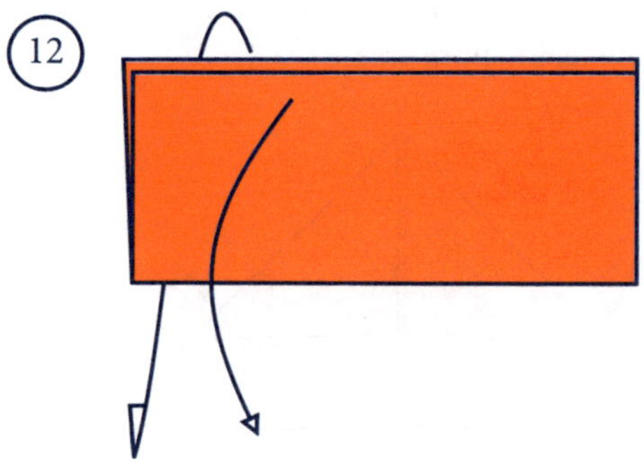

Agora vá desdobrando sua folha de papel até encontrar uma camiseta.

13

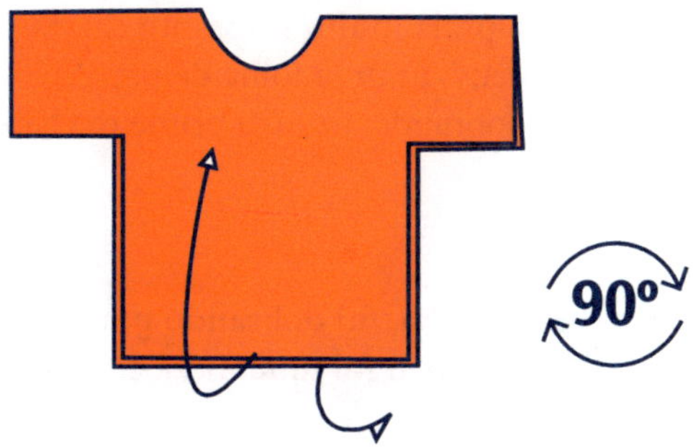

Para que sua camiseta de verão vire uma camisa de inverno, abra a peça completamente e vire-a.

14

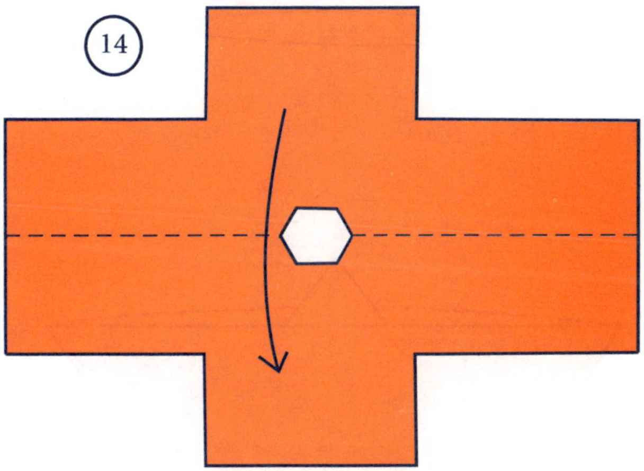

Dobre para baixo.

15

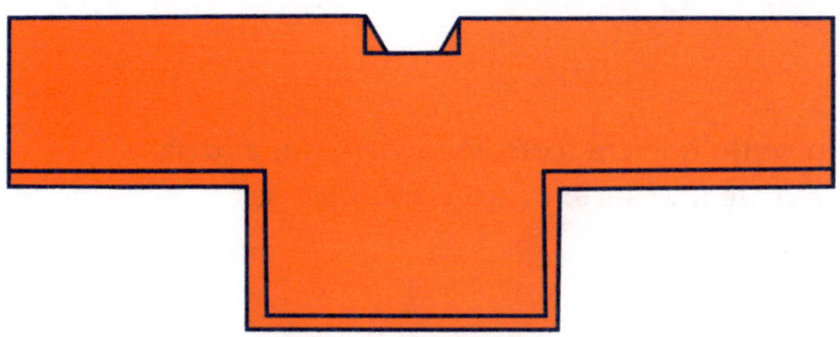

Você poderá melhorar o formato como quiser, dobrando ou cortando o modelo.

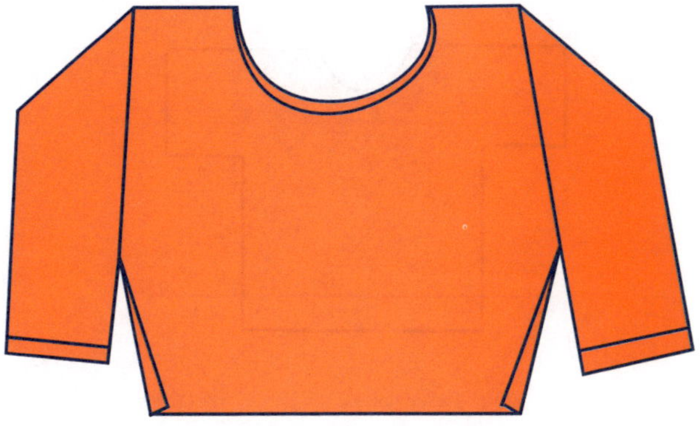

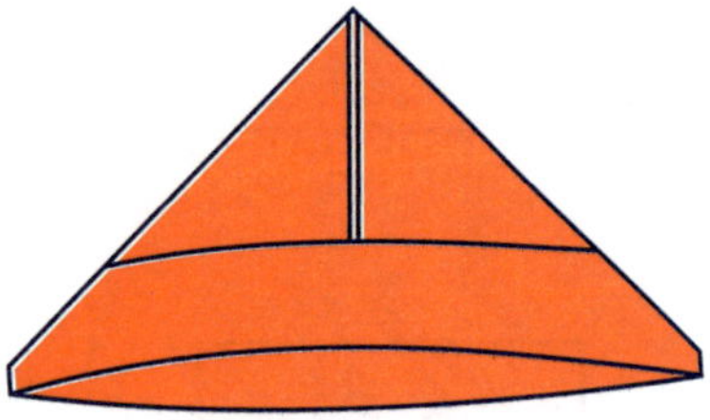

Outro dia eu tive um sonho e eu era um pescador.
Morava lá numa praia muito sol muito calor.
Fui buscar no meu baú uma folha de papel
E dobrando, só dobrando, fiz meu primeiro chapéu.
(fase 4)

Tornei a dobrar a folha, fui dobrando pouco a pouco.
De repente meu chapéu foi mudando, era outro.
(fase 5)

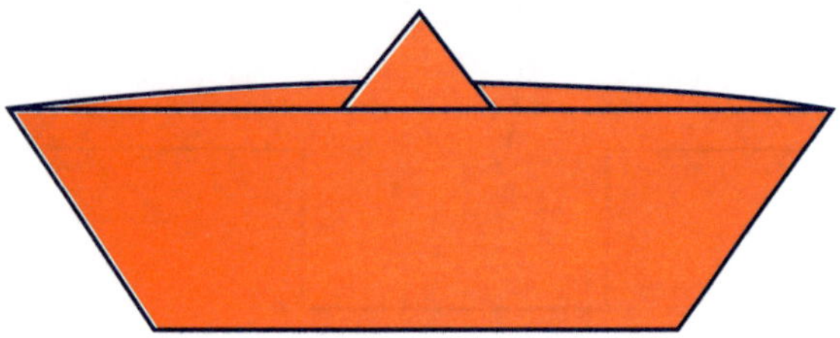

Mas o que eu queria mesmo era um barco, uma canoa.
Navegar em mar aberto, vela branca onda boa.
(fase 9)

Então terminei meu barco e ao chegar a madrugada
Veio um vento ventando forte, destruiu minha canoa.
(fases 10, 11, 12)

Mas o vento que era forte, logo virou uma brisa.
O barco até teve sorte e virou uma camisa.
(fase 13)

Na praia ficou um frio, êta noite mal dormida.
Transformei essa camisa numa de manga comprida.
(fase 15)

Na praia não é tão frio,
Não precisa camisão.
Então acordei do sonho,
ora ora ora ora,

Estava em Campos do Jordão!

O BARQUINHO

1

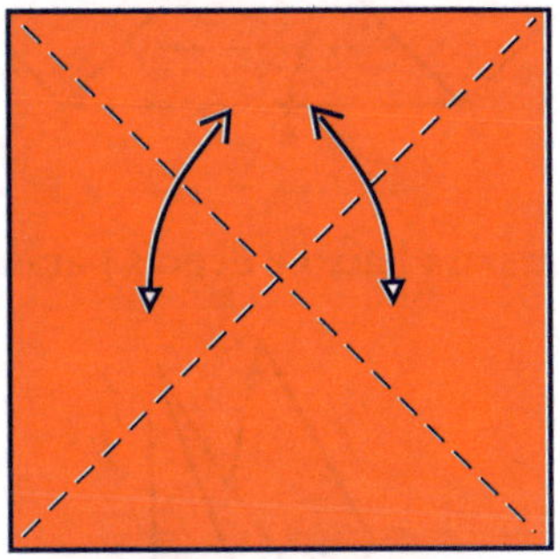

Vinque as diagonais.

2

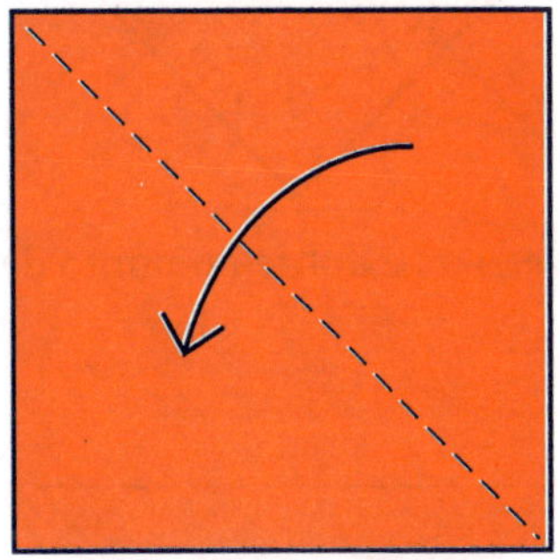

Dobre pela diagonal.

3

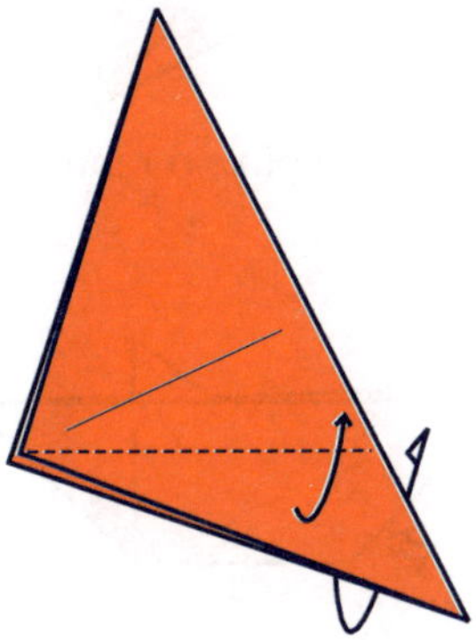

Faça uma dobra invertida por fora (p. 36).

4

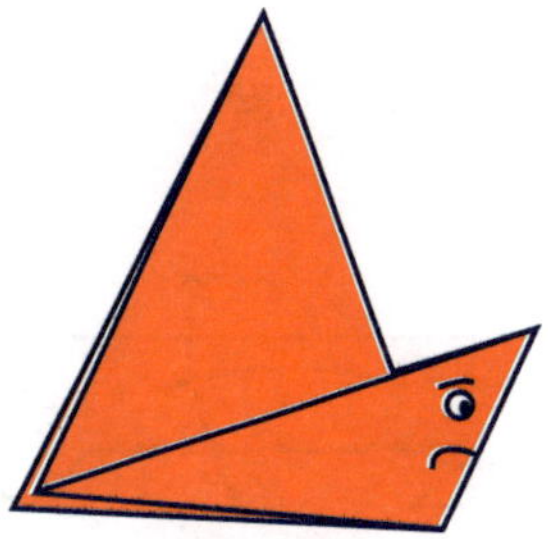

Este é o barquinho.

5

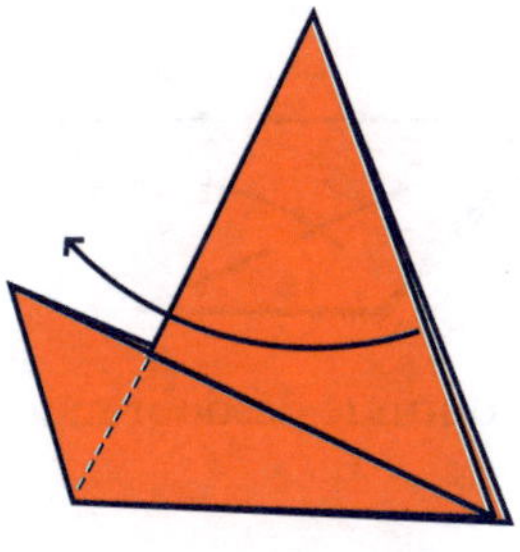

Gire o modelo e abra-o.

6

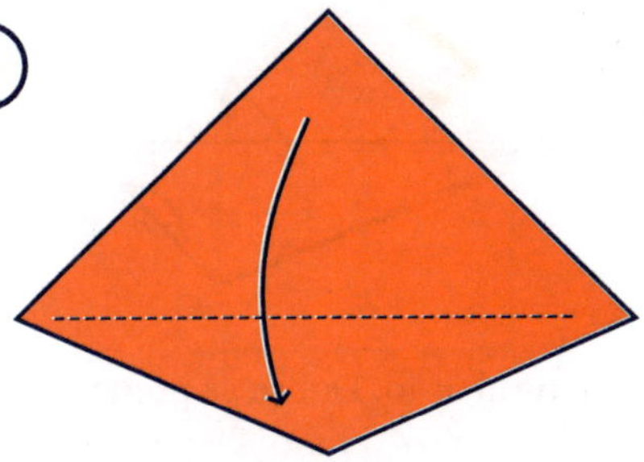

Dobre para baixo.

7

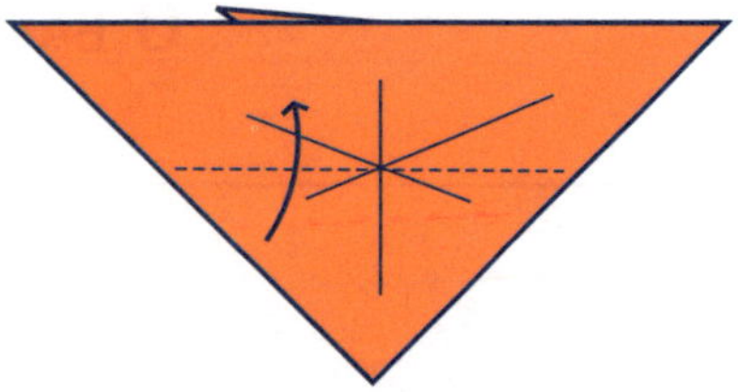

Vinque as bissetrizes e dobre no ponto de interseção.

8

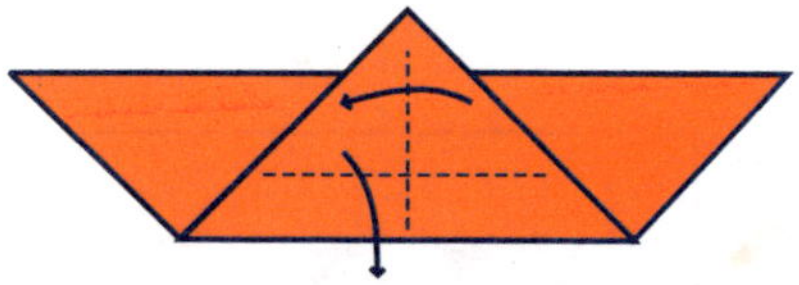

Dobre para para baixo e depois para a esquerda.

9

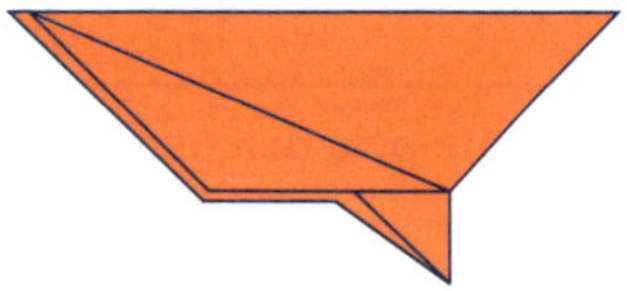

Esta é a gaivota.

10

Segure nas marcas e puxe o rabo para bater asas.

11

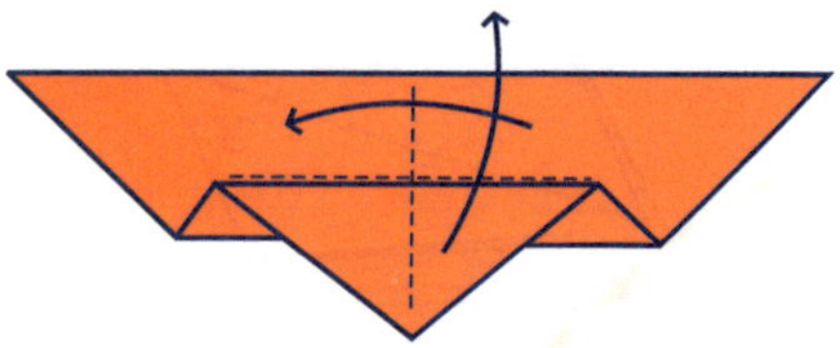

Abra o modelo, desdobre o triângulo e feche o modelo novamente.

12

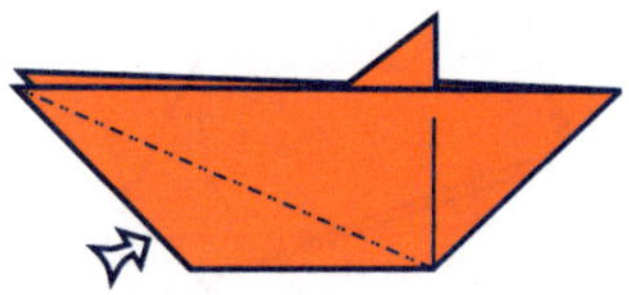

Dobre as duas abas para dentro.

13

Este é o tubarão. Dobre as pontas para cima para fazer o rabo. Depois comece a desdobrar a figura a partir do rabo.

14

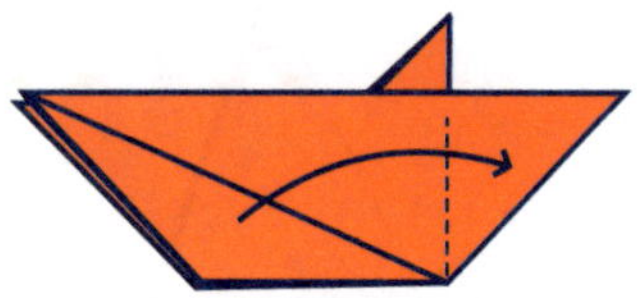

Continue desdobrando.

15

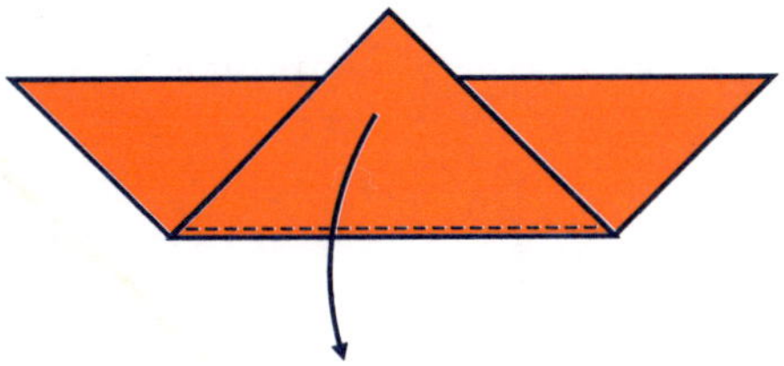

Desdobrando...

16

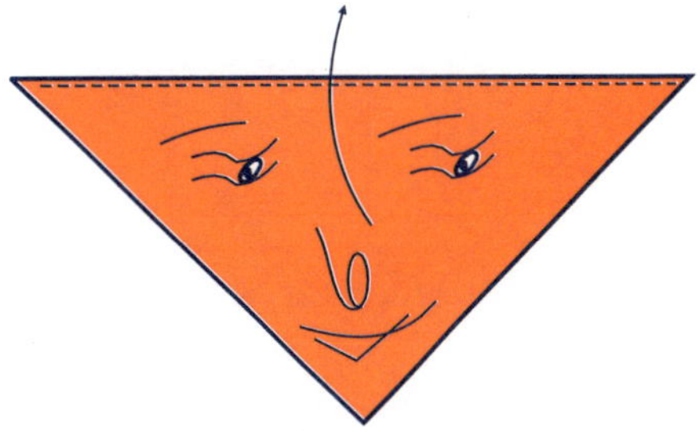

Desdobrando...

Era uma vez um barquinho, com uma vela bonita, amiga do vento. Ia daqui pra ali de lá pra cá e, às vezes, uma onda maior que as outras dava um belo banho na vela do barquinho navegante desatento.

O tempo foi passando e ele foi ficando inquieto começou a reclamar que o mar o enjoava balançando com o vento.

O sol era quente demais, a chuva trazia frio e resfriado barulhento. Cada vez mais descontente, o barquinho resolveu pedir uma ajuda ao senhor do tempo. Ele não era homem nem peixe, e sim um grande triângulo pai dos quatro elementos: água, terra, fogo e ar.

O barquinho pediu ao senhor do tempo duas asas, duas belas grandes asas, para sair da rotina e voar, voar, voar.

– Está bem, disse o senhor, transformando o tal barquinho numa jovem gaivota que voou, voou, voou, mas logo ficou assustada, pois tamanha era a altura que ela despencou.

Pediu novamente ao mestre que lhe desse um outro corpo para mergulhar nas águas como um branco tubarão. Era forte, comilão, estaria mais seguro, nadando velozmente no mar, na imensidão.

Mas logo descobriu que o forte tubarão não tinha tanto sossego. Todo dia um pescador, que queria a barbatana, chegava com um arpão que dava muito medo.

Sentindo que tudo isso nada tinha resolvido, tornou a buscar o mestre fazendo um novo pedido.

– Sempre que mudo o corpo, continuo sendo o mesmo, por isso meu grande mestre, quero ser de novo um barco e ficar navegando a esmo.

– Está bem, disse o senhor, será de novo um barco, mas devido a esse seu jeito, reclamante, insatisfeito, tirarei da sua vela um pedaço. É um castigo e eu tenho esse direito.

O barquinho ficou muito triste, mas azar, não tinha jeito.

Resolveu que viveria admirando a natureza a mãe dos quatro elementos.

Seria ele mesmo, um barco, simplesmente um barco, transportando os homens sobre as ondas.

Vendo isso, o senhor dos mares devolveu sua vela. Uma bela vela!

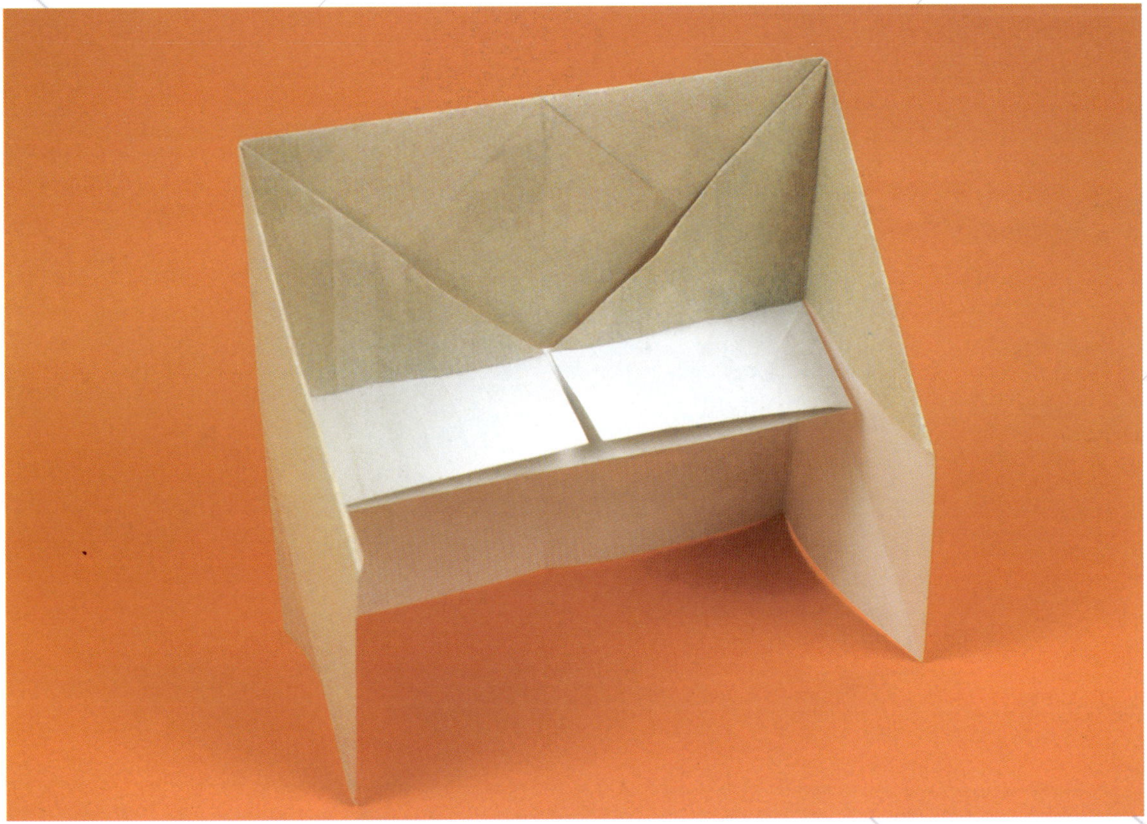

Piano, p. 26

Camisa, p. 31

ENVELOPE, P. 32

Folha de outono, p. 34

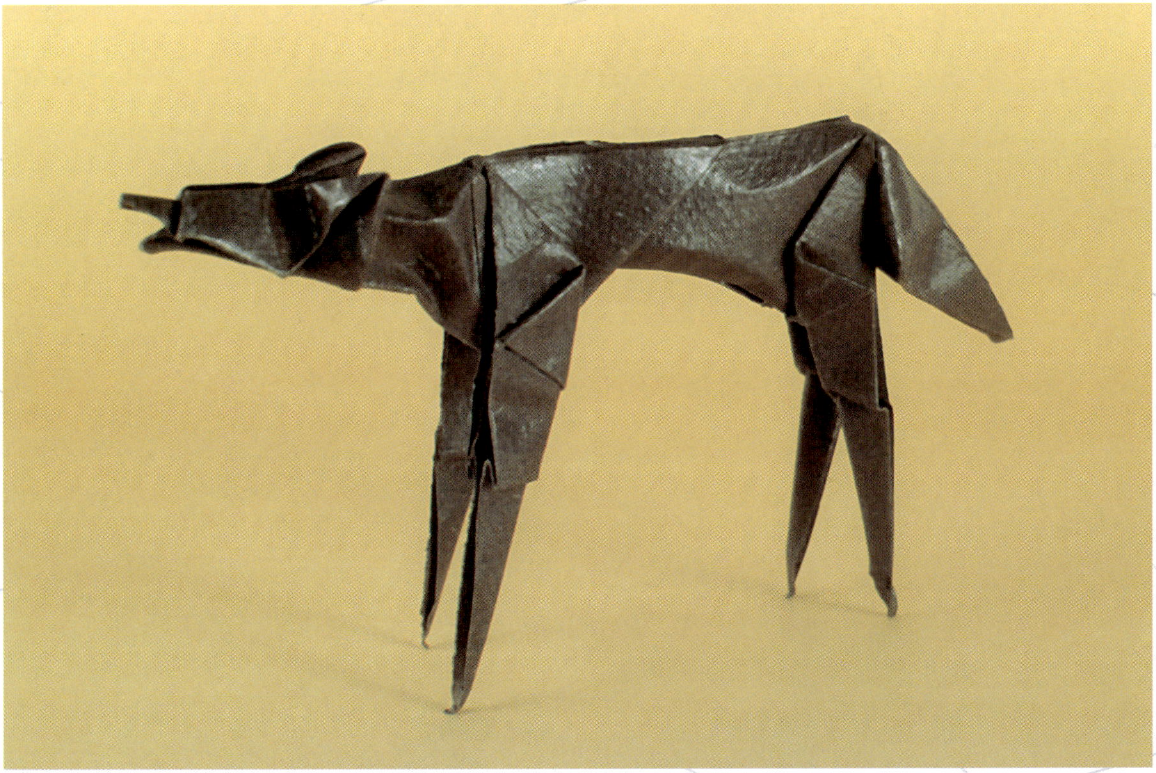

Lobo, p. 58

Elefante

Cavalo

Coração na moldura, p. 63

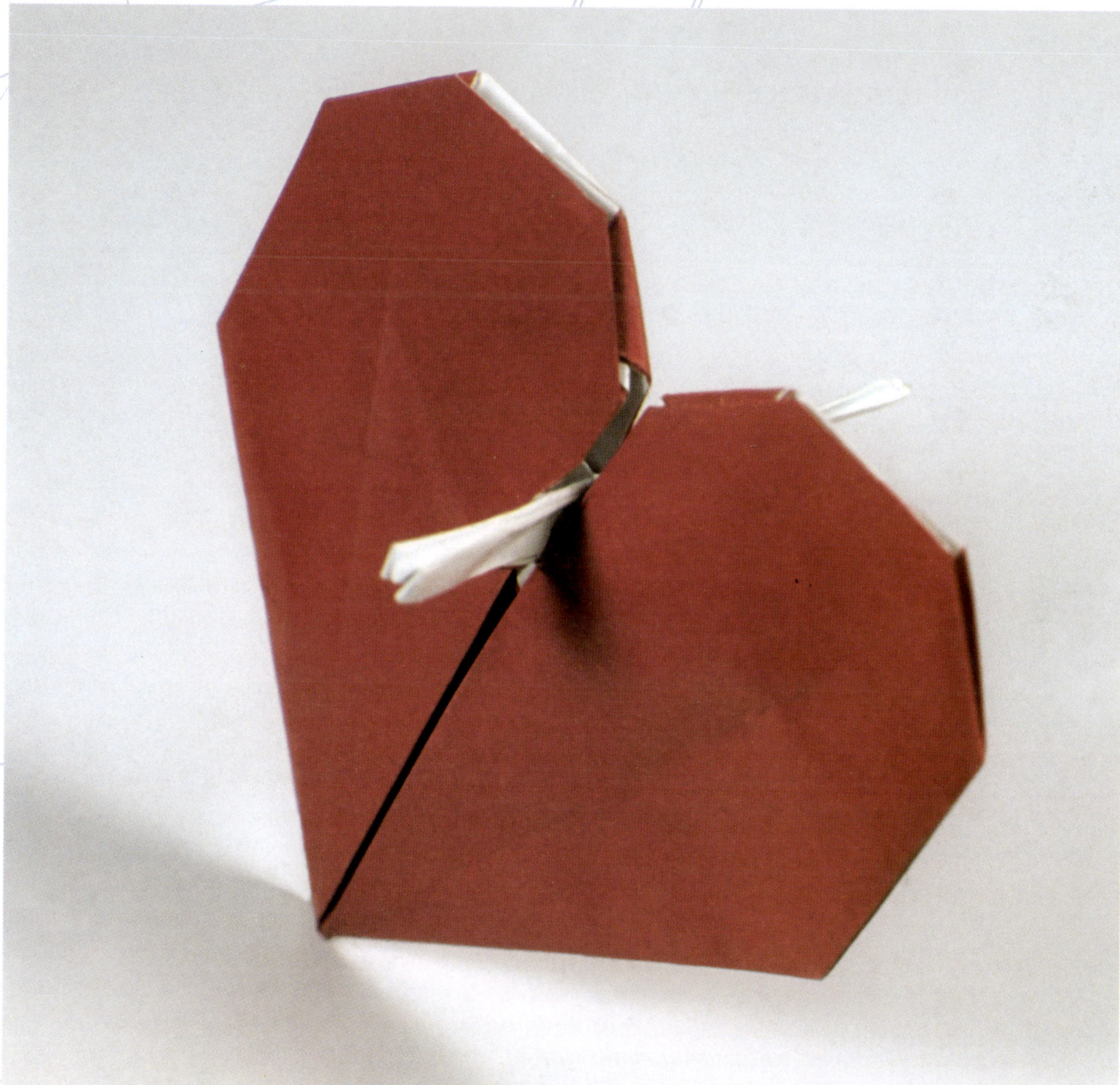

Coração e punhal, p. 65

Sapo, p. 77

Pônei, p. 84

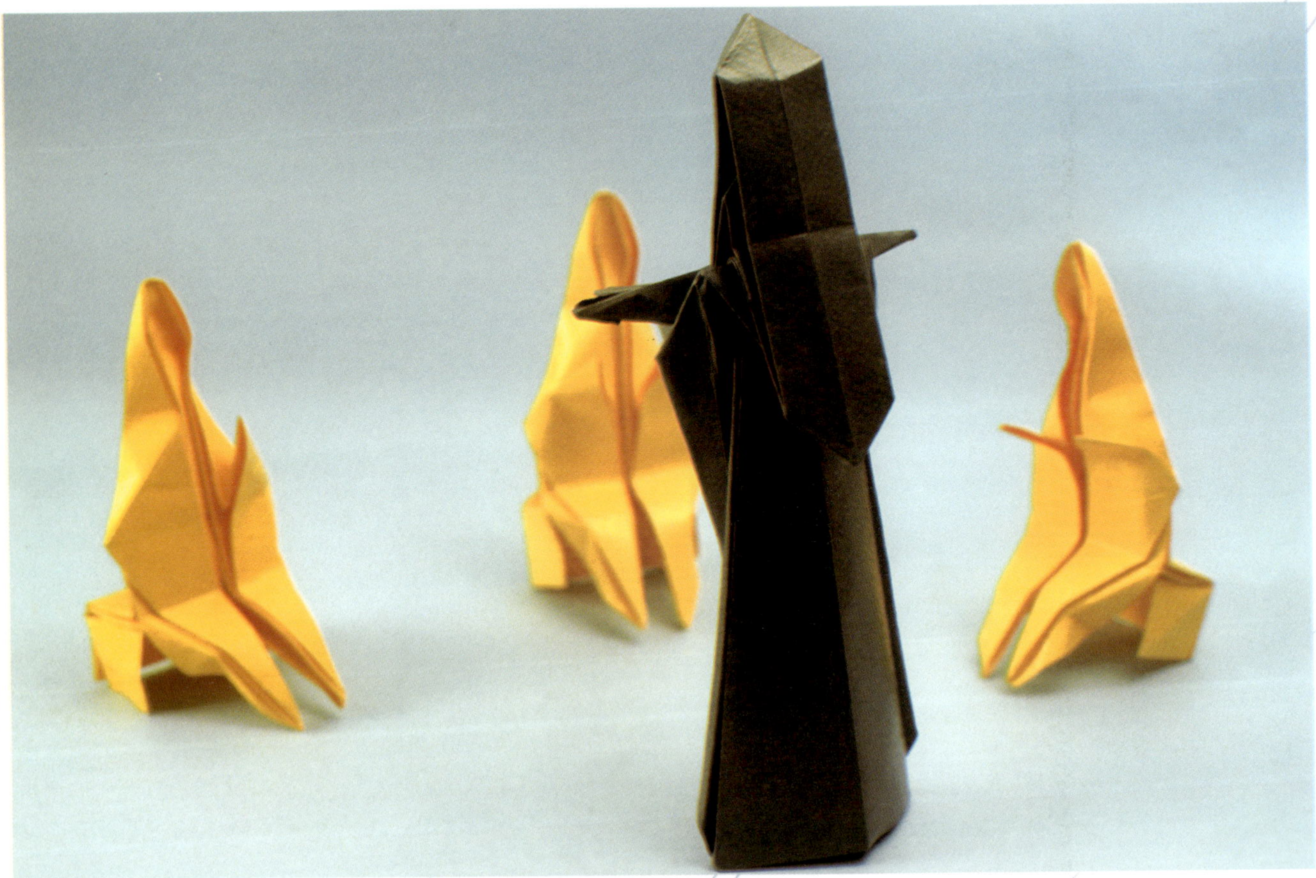

Pitágoras com discípulos, p. 93

Capítulo II
Peças intermediárias

Para iniciantes, peças de nível intermediário podem trazer dificuldades. Paciência e persistência são fundamentais para um bom desenvolvimento das técnicas básicas que são o alicerce do origami. Quanto ao papel a ser utilizado, na medida em que as peças trazem um grau de dificuldade maior, convém aumentar o tamanho para evitar as dificuldades no manuseio.

Base preliminar

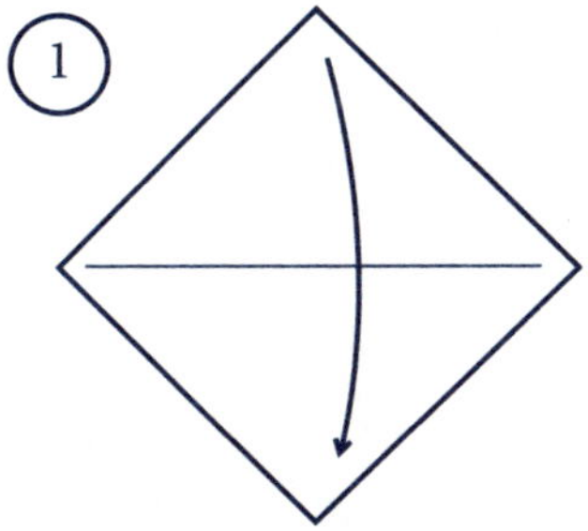

Dobre na diagonal.

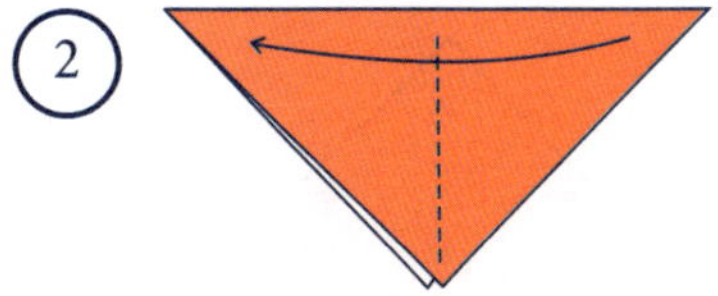

Dobre ao meio para a esquerda.

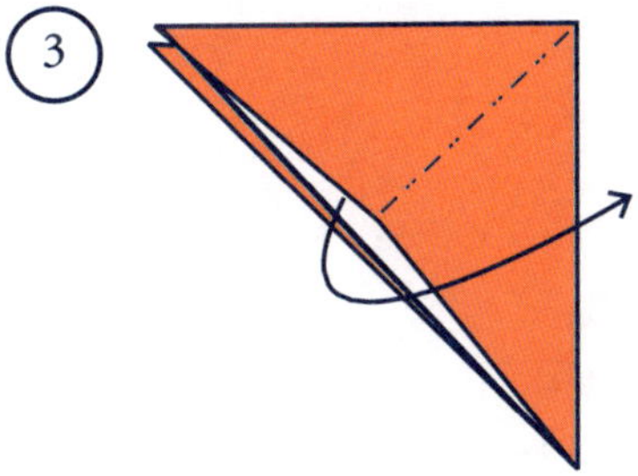

Abra a primeira aba do triângulo e achate formando um quadrado.

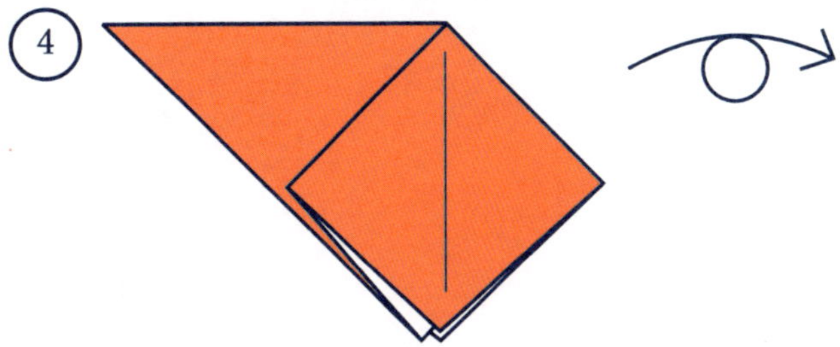

Resultado da fase anterior. Vire o modelo.

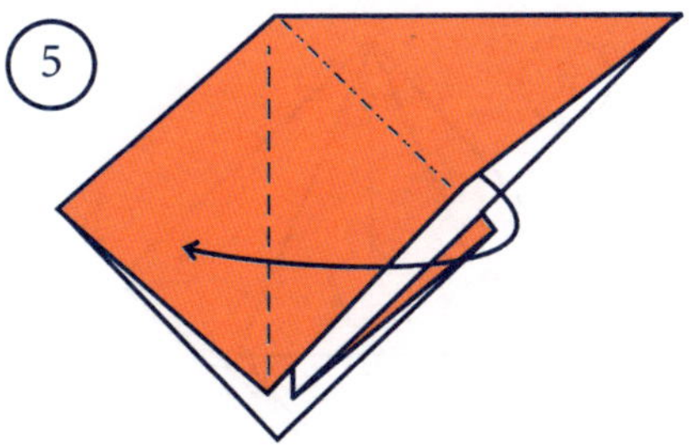

Repita fase a 3, na frente do modelo.

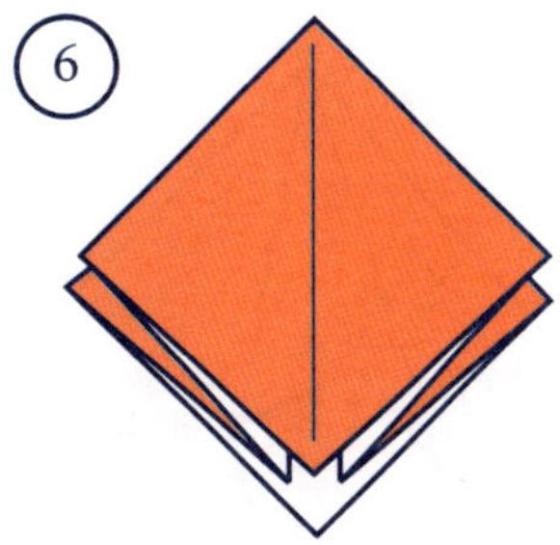

Este é o resultado final.
Foram formadas quatro pontas e quatro abas laterais.

Dobra achatada

Exemplo da dobra utilizando a base preliminar como ponto de partida.

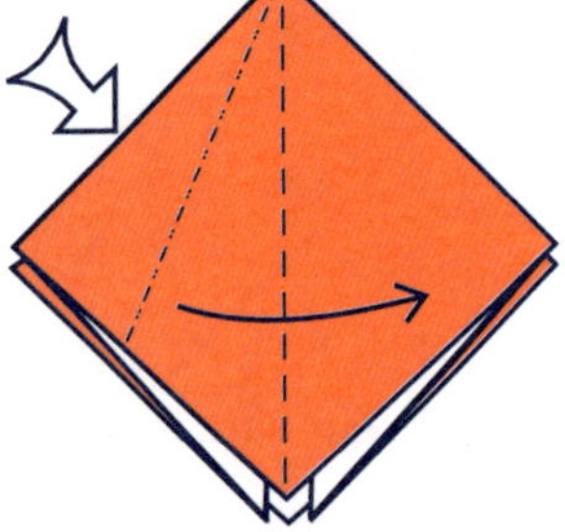

Indicações para executar a dobra.

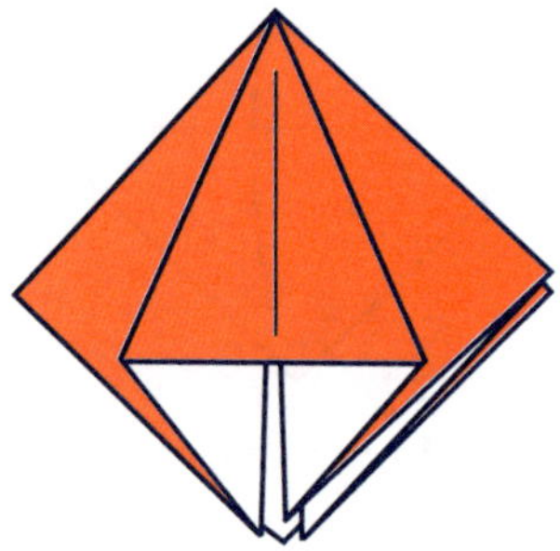

Resultado final.

(1)

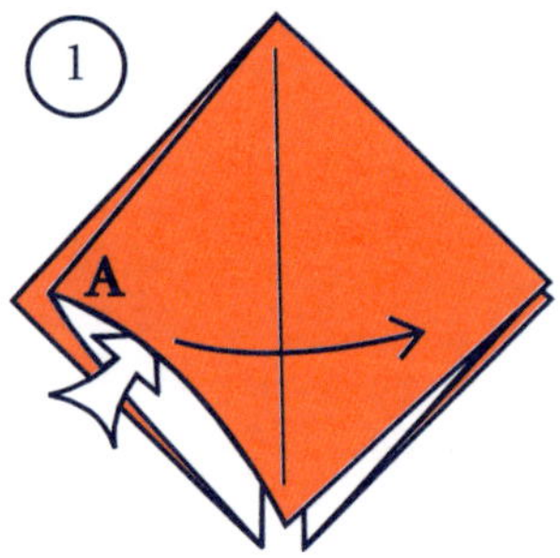

Coloque o dedo dentro da aba, e aperte no ponto A.

(2)

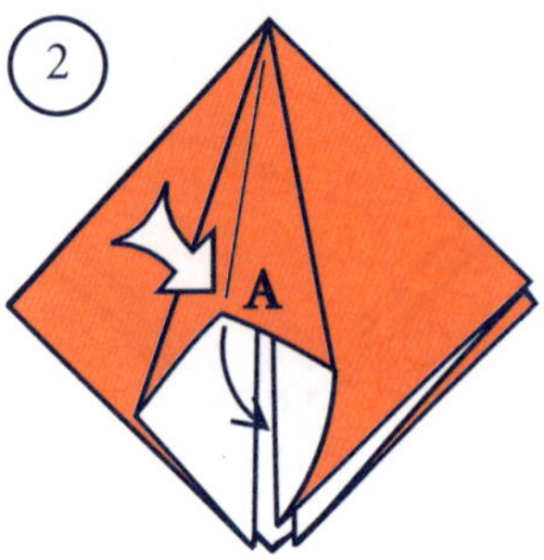

Continue achatando.

(3)

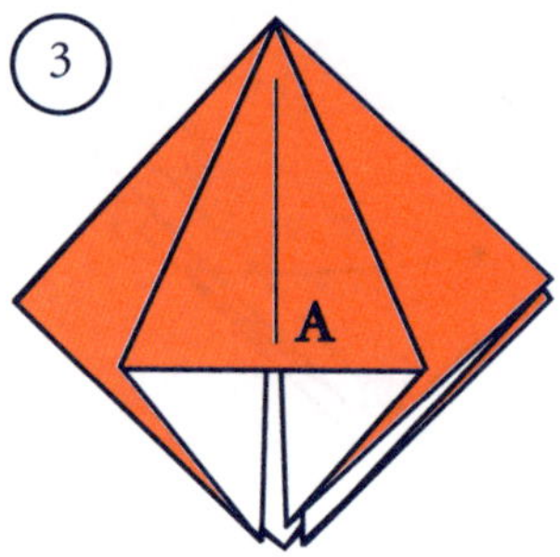

Resultado final.

Use um papel triangular.

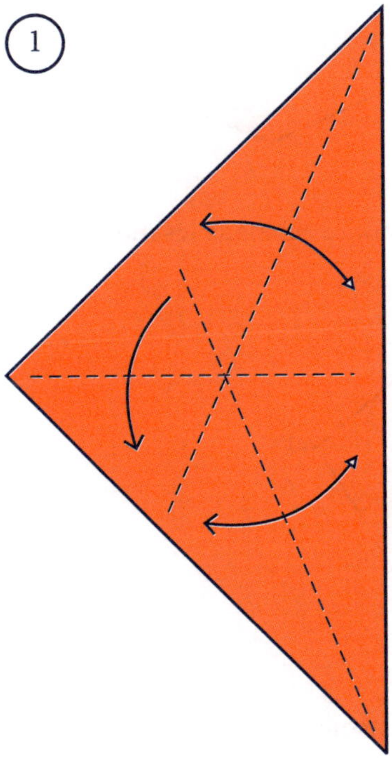

Vinque as bissetrizes e dobre ao meio.

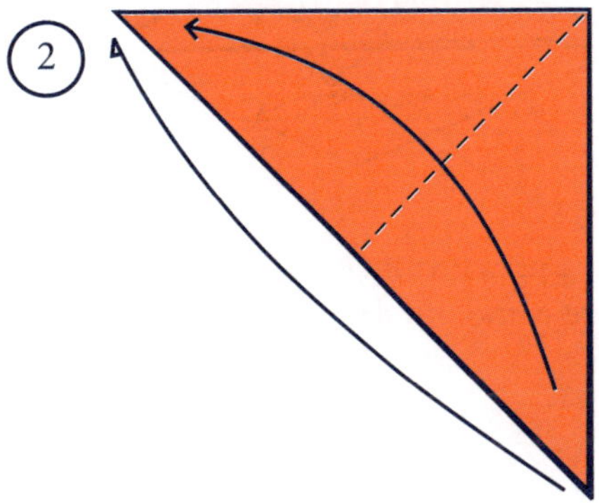

Dobre uma aba para cada lado.

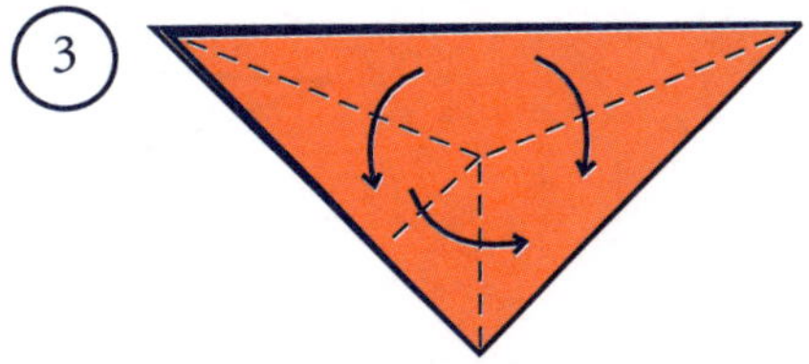

Faça uma dobra orelha de coelho (p. 33).
Repita na aba de trás.

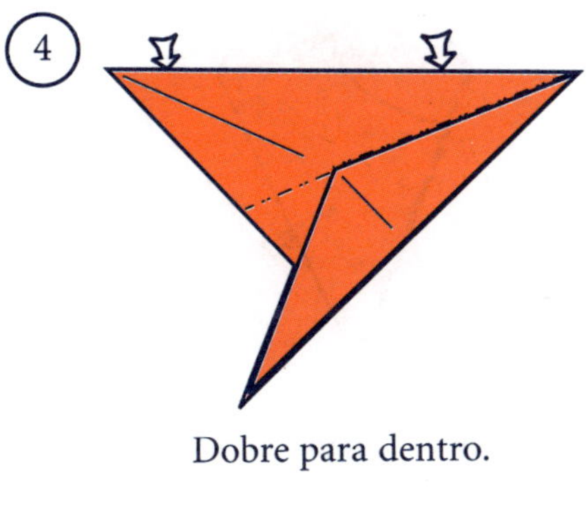

Dobre para dentro.

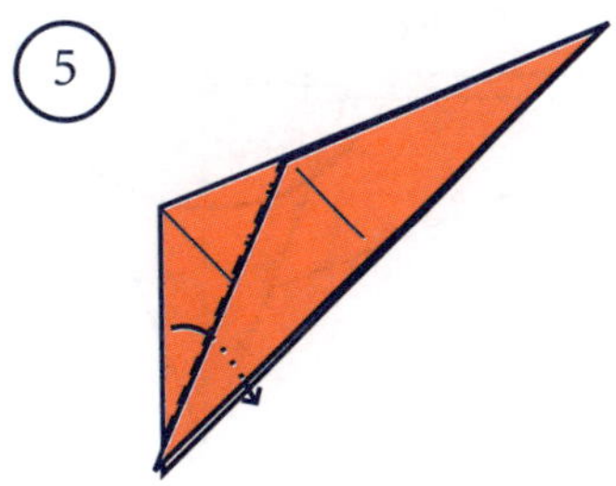

Dobre para dentro e repita atrás.

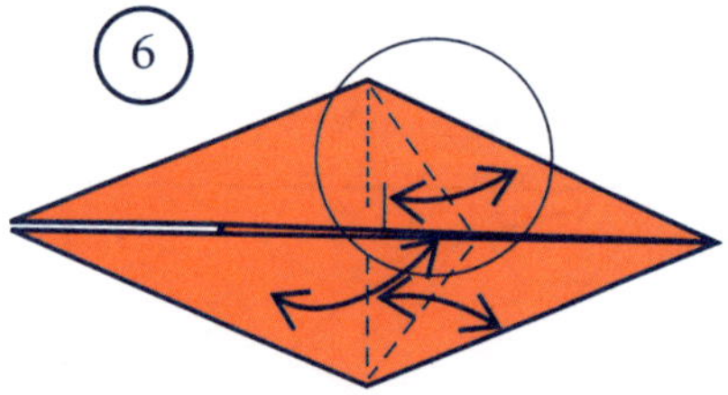

Abra a peça e vinque nas indicações.
Dobre como no detalhe.

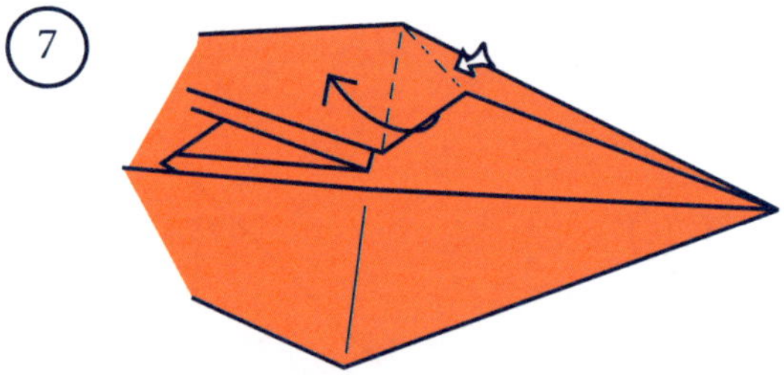

Detalhe.
Faça uma dobra achatada levando a ponta para cima.

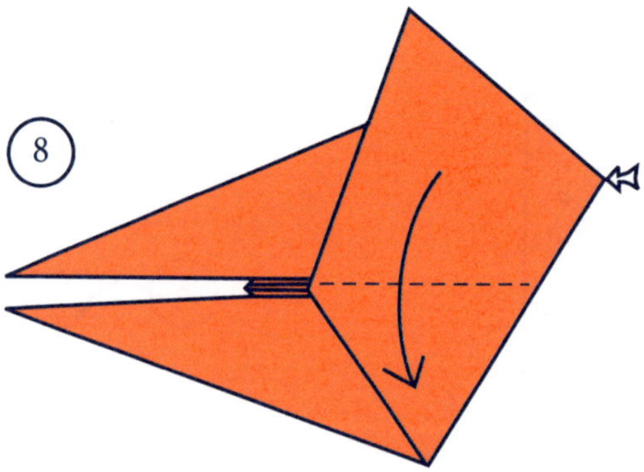

Dobre para baixo e para a esquerda ao mesmo tempo.

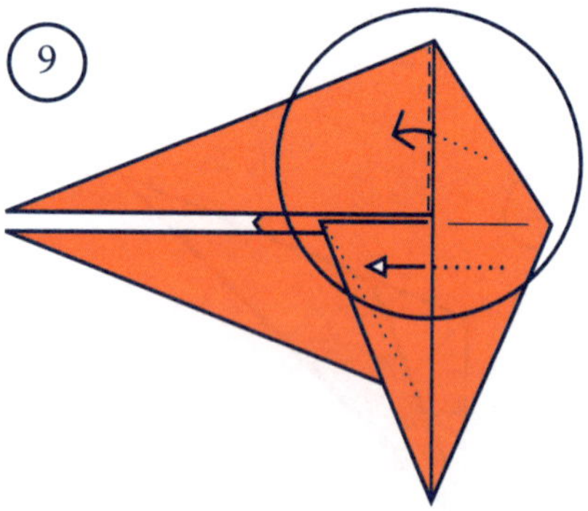

Retire o papel interno.

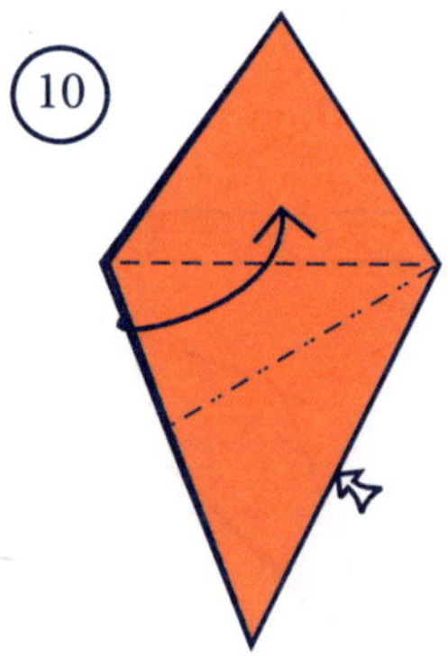

Detalhe.
Faça uma dobra achatada para cima.

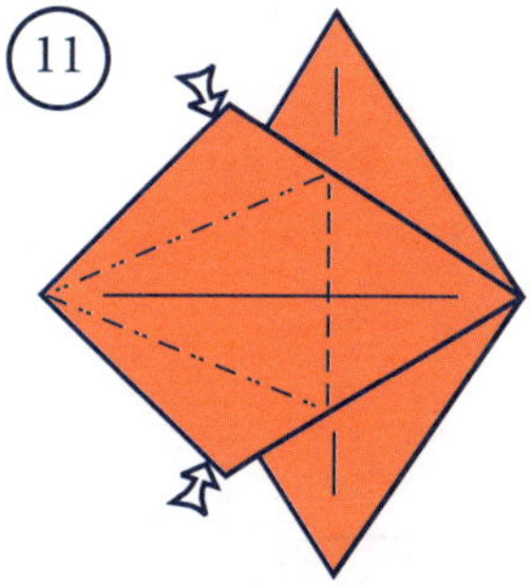

Dobre as pontas para dentro.

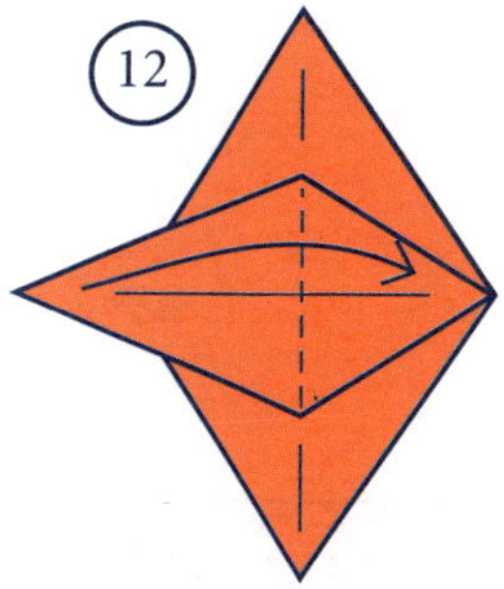

Dobre para a direita.

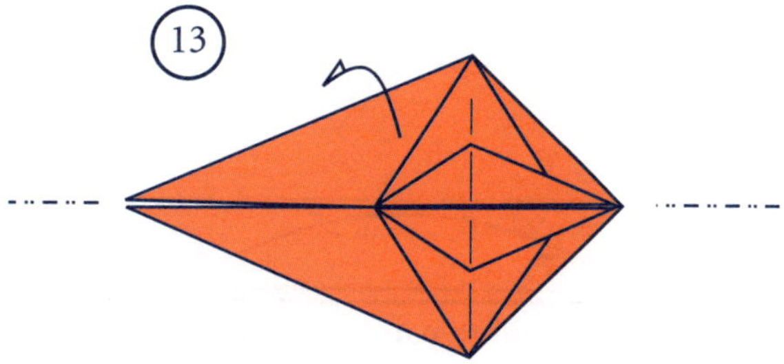

Modelo inteiro.
Dobre ao meio para trás.

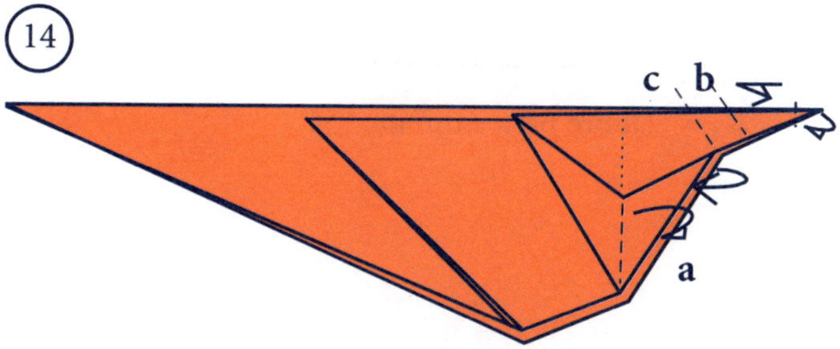

Execute uma dobra de cada vez, seguindo as linhas vale e montanha. Repita na parte de trás. Abra as asas sem desmanchar os vincos.

Plissar

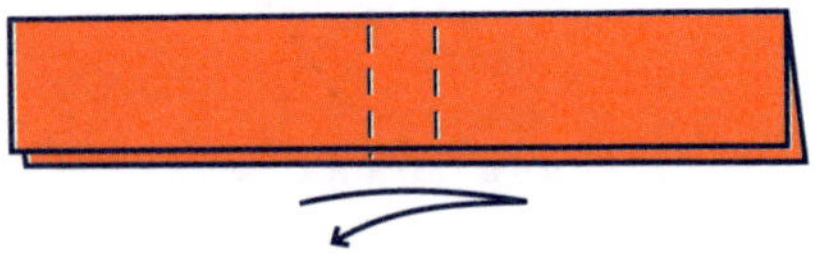

Indicação para plissar.

Resultado final.

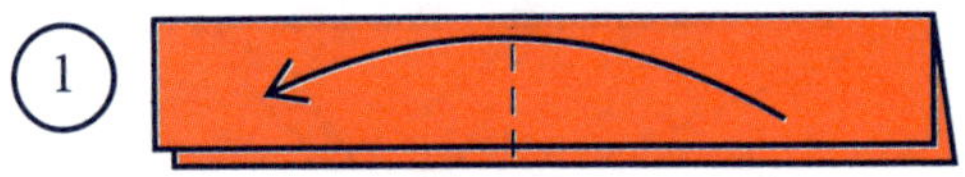

Dobre para a esquerda.

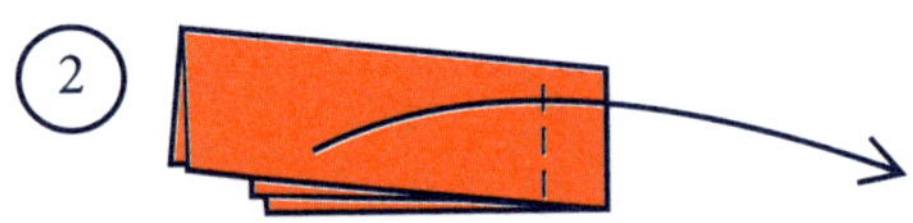

Dobre para a direita.

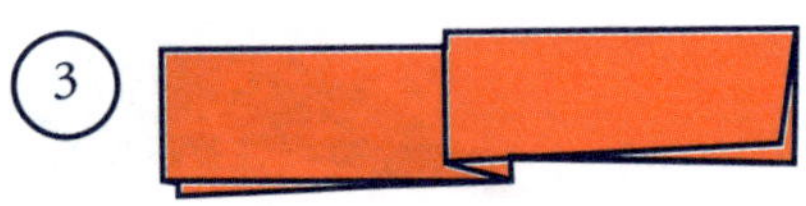

Resultado final.
Repita a operação quantas vezes for necessário.

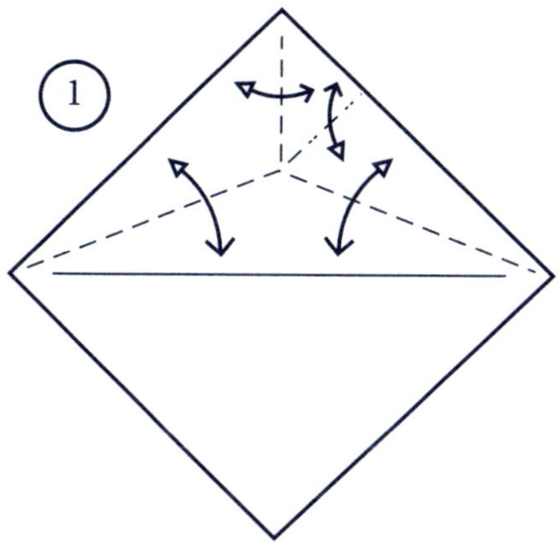

Vinque nas indicações.

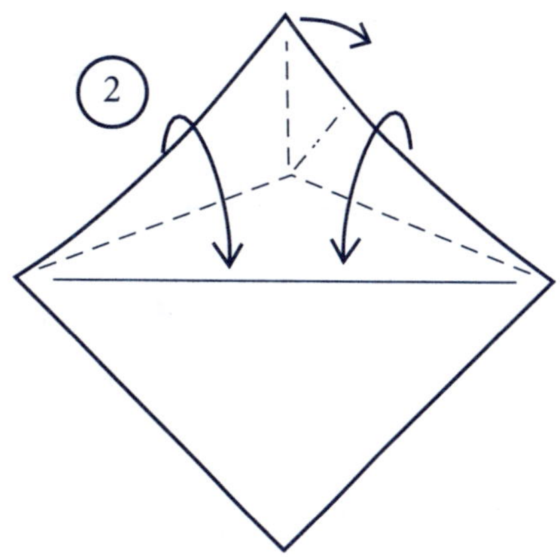

Faça uma orelha de coelho.

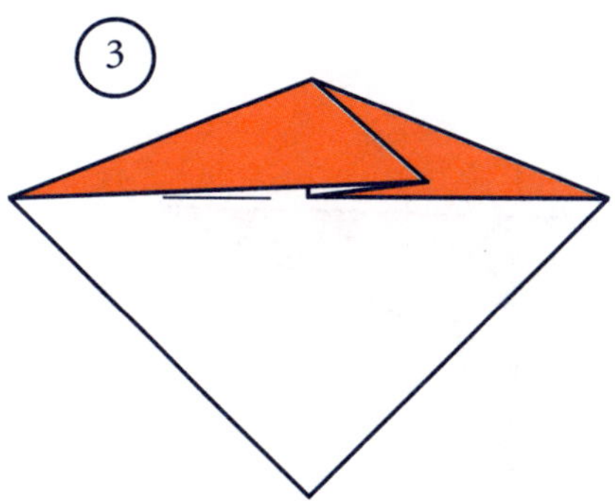

Repita as fases 1 e 2 embaixo.

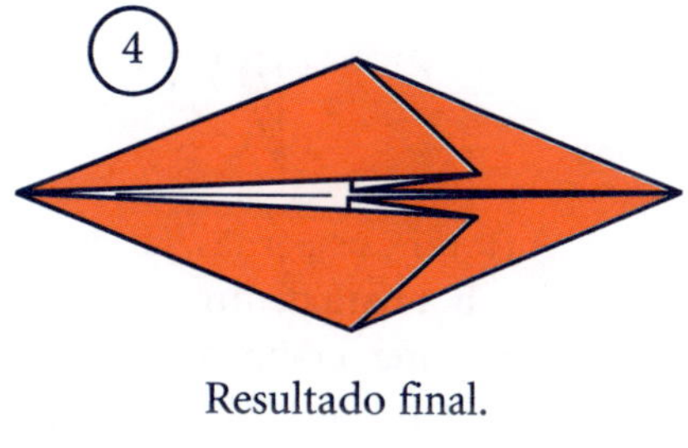

Resultado final.

O LOBO: USANDO DUAS BASES

A técnica de compor uma peça com duas bases pode facilitar o trabalho do dobrador. É mais fácil conseguir quatro pernas com duas folhas do que com uma só. No entanto, dependendo da maneira como é proposta pelo seu inventor, a montagem pode ser tão complexa quanto trabalhar com uma só folha. No caso deste lobo, o grau de complexidade é médio.
Use duas folhas de papel triangular.

1. PERNAS TRASEIRAS

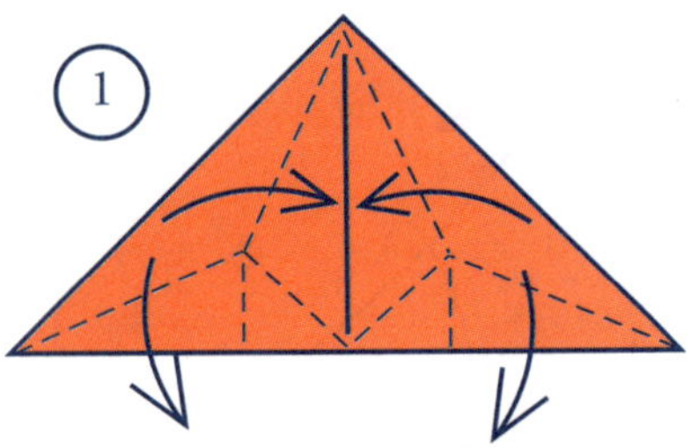

Vinque as bissetrizes. Depois dobre para o centro e para baixo.

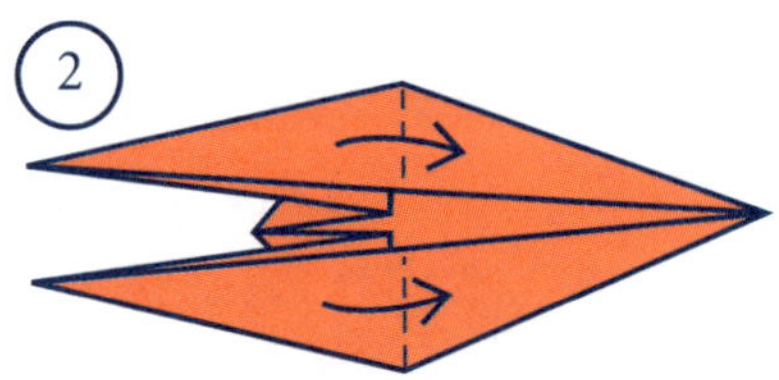

Vista de frente deitada. Dobre as pontas para a direita.

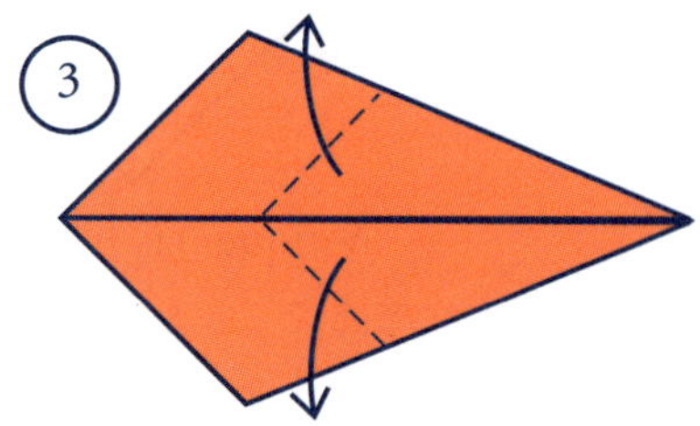

Dobre as "pernas" para fora.

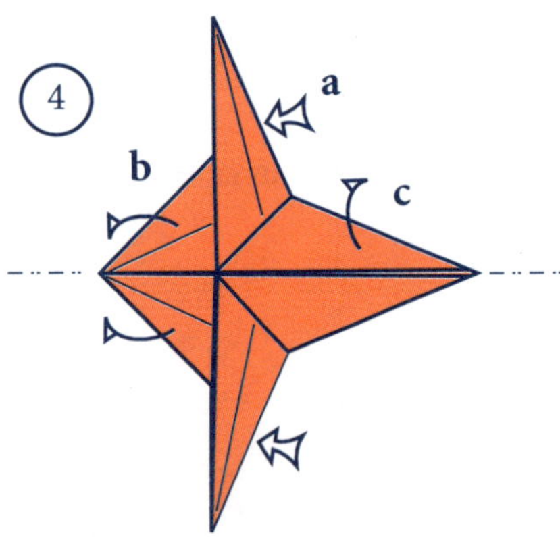

a) Afine as pernas, fazendo uma dobra para dentro.
b) Afine o rabo, dobrando para trás.
c) Dobre ao meio para trás.

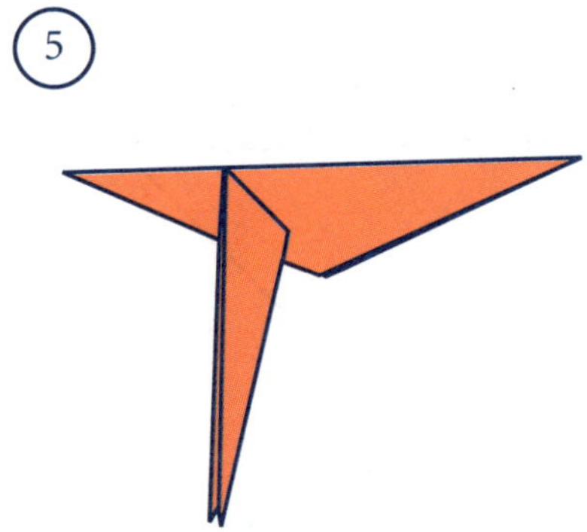

Corpo, rabo e pernas traseiras.

2. Pernas dianteiras e cabeça

6

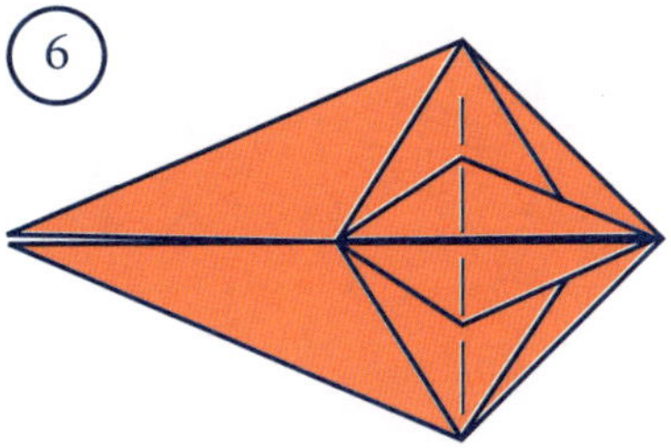

Comece com a fase 13 do morcego.

7

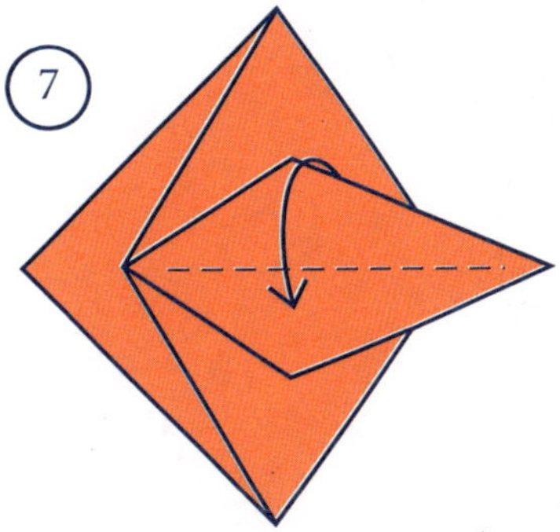

Detalhe.
Dobre para baixo.

8

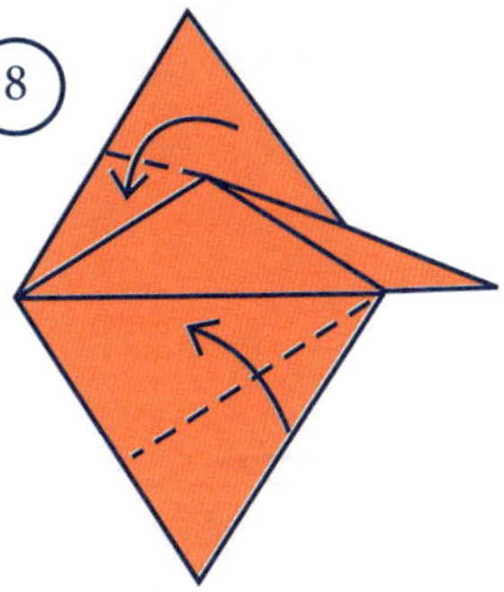

Dobre na diagonal e repita em cima.

9

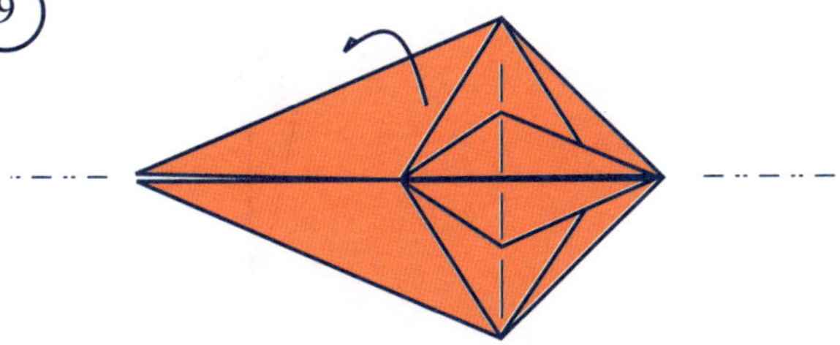

Modelo inteiro.
Dobre ao meio para trás.

10

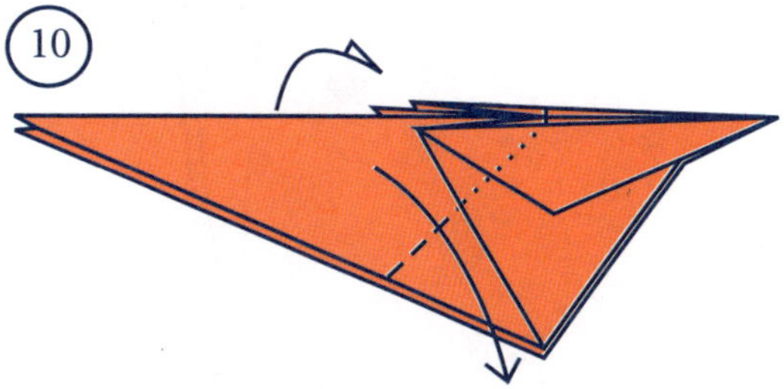

Dobre as pernas para fora.

11

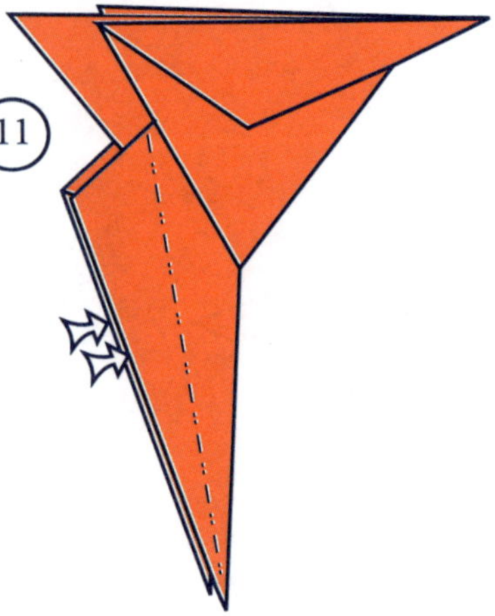

Afine as pernas, dobrando para dentro.

12

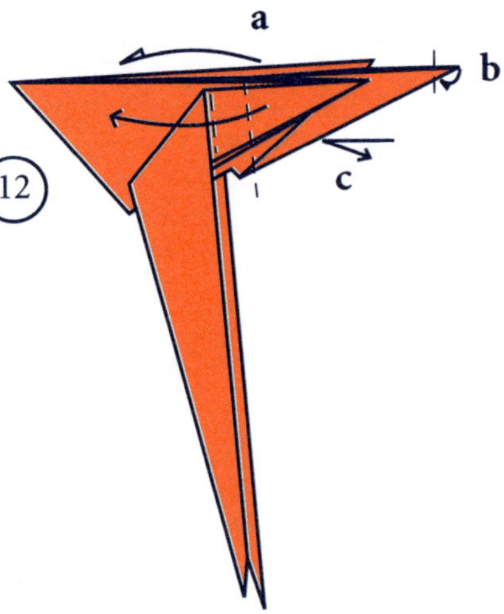

a) Dobre as orelhas para a esquerda.
b) Dobre a ponta para dentro.
c) Plissar duas vezes (p. 53).

13

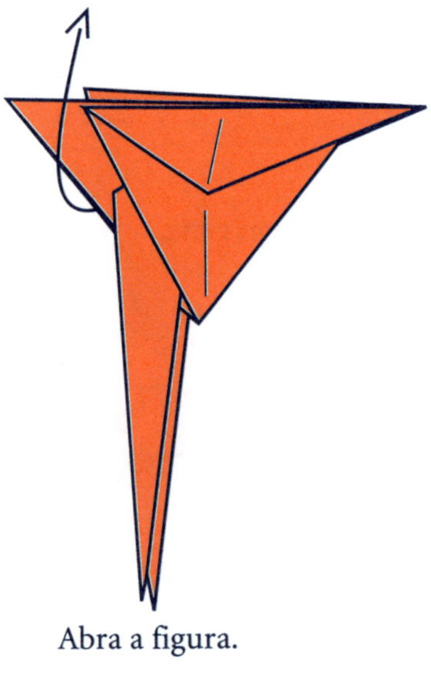

Abra a figura.

14

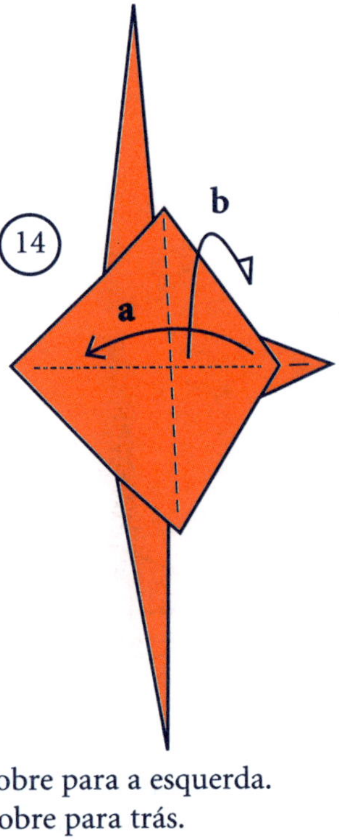

a) Dobre para a esquerda.
b) Dobre para trás.

15

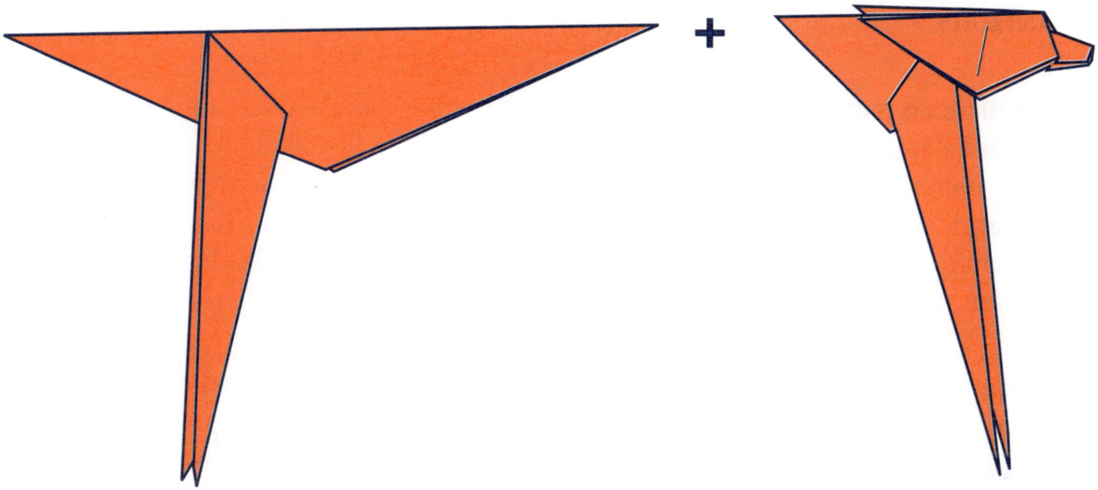

Junte as partes traseiras e dianteiras.
Cole uma na outra para manusear com segurança. Acrescente detalhes se assim o quiser.

Lobo

Elefante: outro exemplo de montagem com duas bases

Outros animais

Uma vez assimilado, o método de compor peças usando duas bases é estimulante. Apoiado nas técnicas aprendidas no início do livro, comece a experimentar a liberdade de movimentos que as bases proporcionam. Iniciantes podem ter alguma dificuldades, mas superá-las é o grande desafio, não só do origami, como de todas as atividades humanas. Não desanimar diante da primeira dificuldade e tentar novamente, quantas vezes forem nescessárias, são atitudes que precisamos aprimorar. Vejam nos exemplos abaixo algumas possibilidades de aplicação das duas bases.

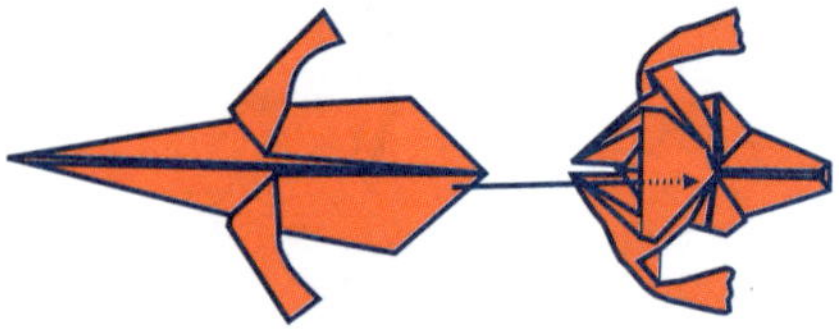

Jacaré

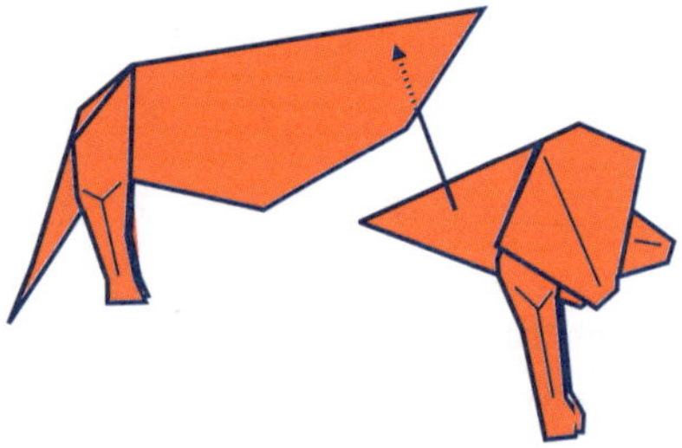

Leão

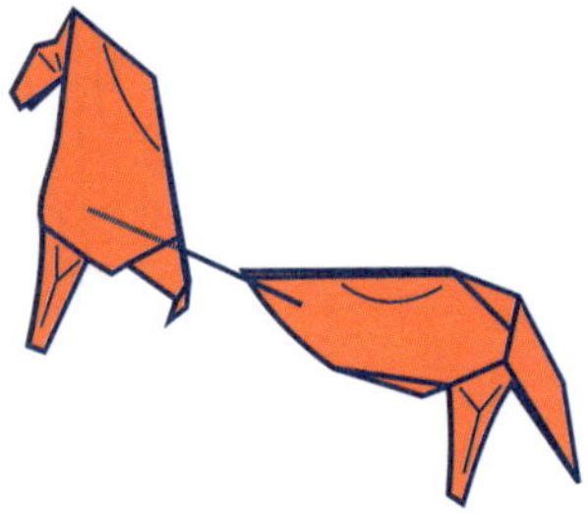

Cavalo

CORAÇÃO NA MOLDURA

Inside out! Esta é a expressão americana para este tipo de técnica. Consiste em dobrar um papel espelho de tal forma que as cores compõem uma figura. Exemplo: com uma folha preta e vermelha, dobrar um saci, deixando só o boné vermelho.

Usar um papel espelho quadrado.

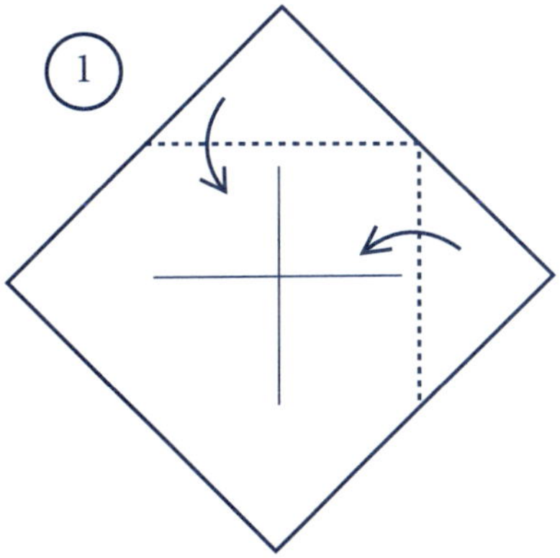

Vinque as diagonais e dobre para baixo e para o lado.

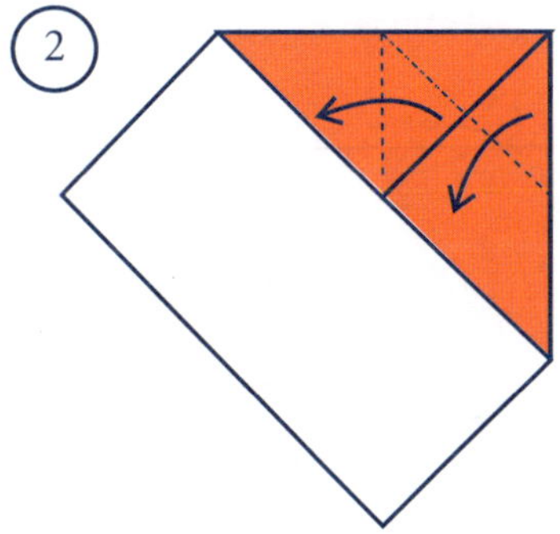

Dobre abrindo o triângulo superior. Convém vincar antes de executar a dobra.

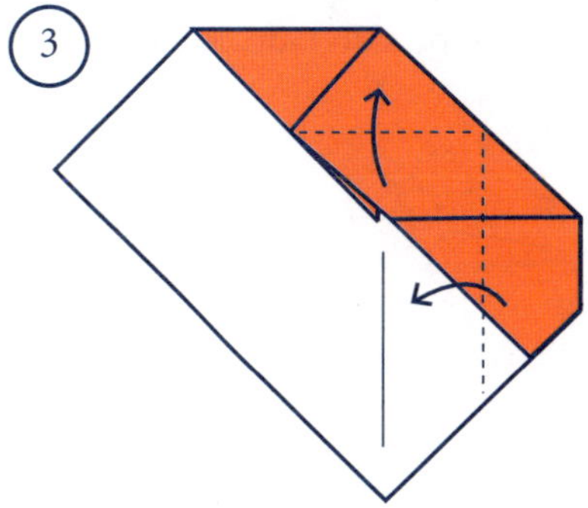

Dobre para cima e para a esquerda ao mesmo tempo.

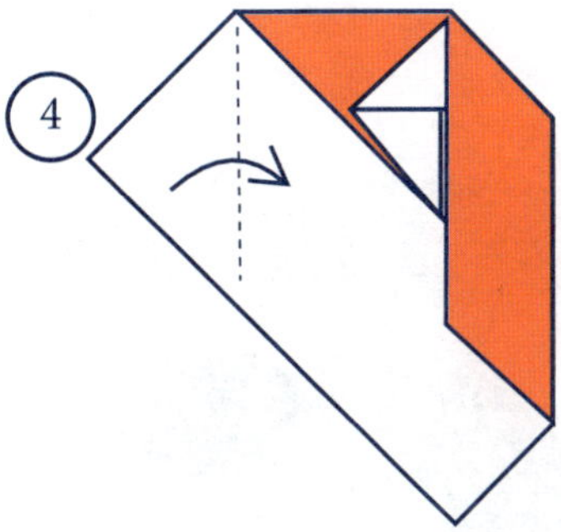

Repita as fases 2 e 3 do lado esquerdo.

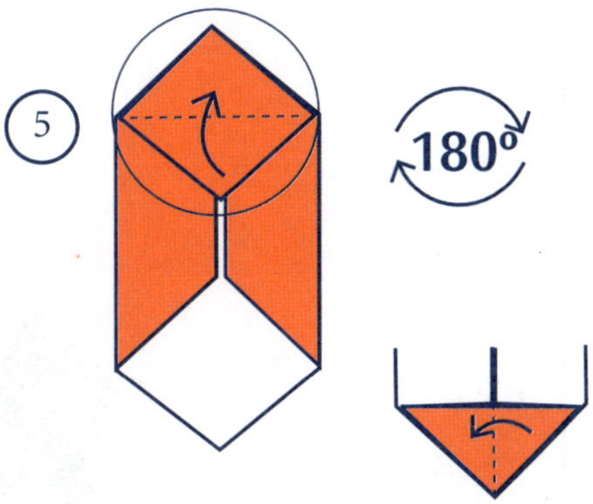

Dobre a ponta para cima e vire o modelo para baixo. Depois dobre uma aba para a esquerda.

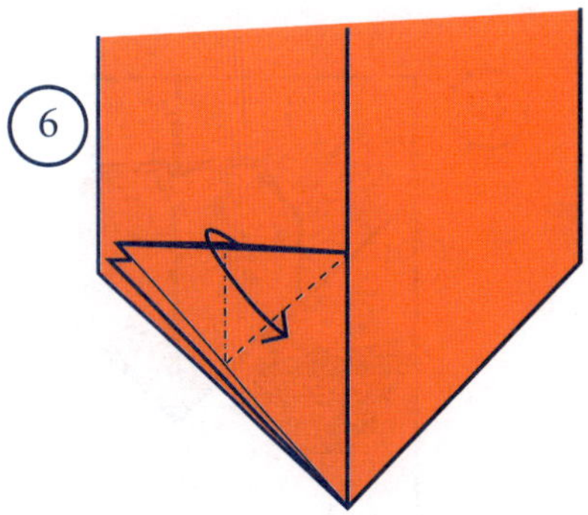

Detalhe.
Faça uma dobra achatada em uma das abas (p. 52).

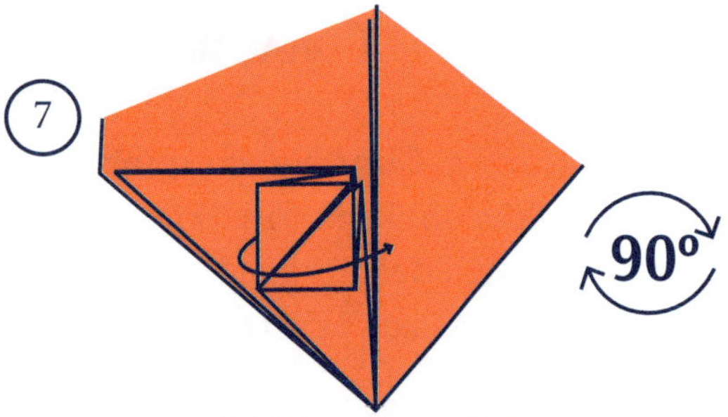

Passe o que foi feito para a direita e repita do lado esquerdo.

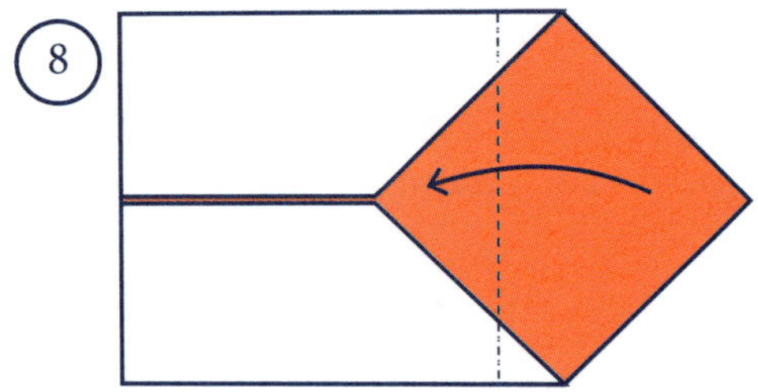

Coloque o modelo na horizontal e dobre para a esquerda

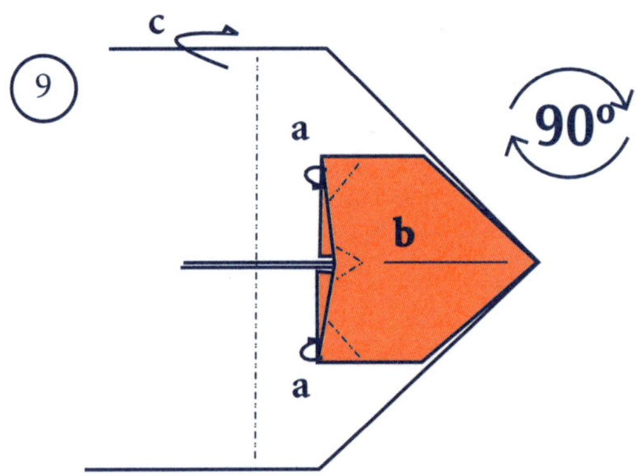

a) Coloque os cantos do coração para dentro.
b) Arredonde o centro.
c) Dobre todo o modelo para trás.

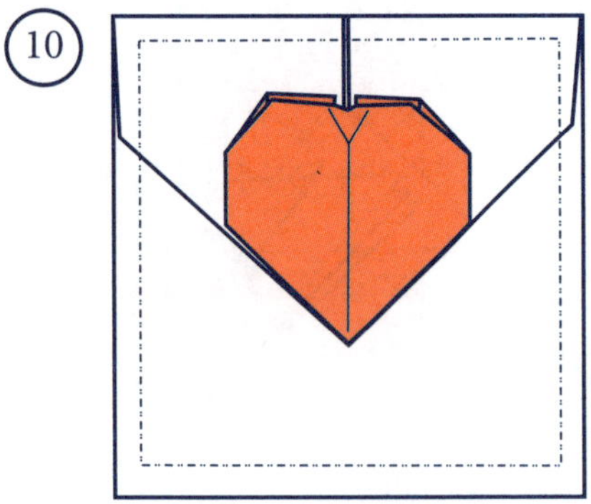

Modelo inteiro.
Dobre a moldura para trás, deixando a 90°.

Coração e punhal

Usar papel espelho quadrado.

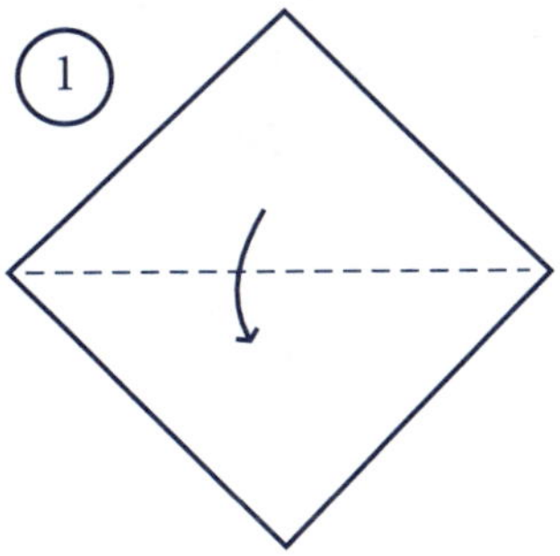

Dobre na diagonal.

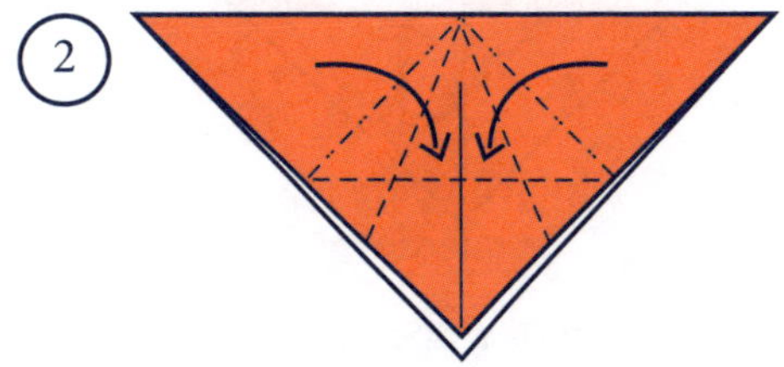

Vinque nas indicações.
Depois, faça um plissado duplo de cada lado.

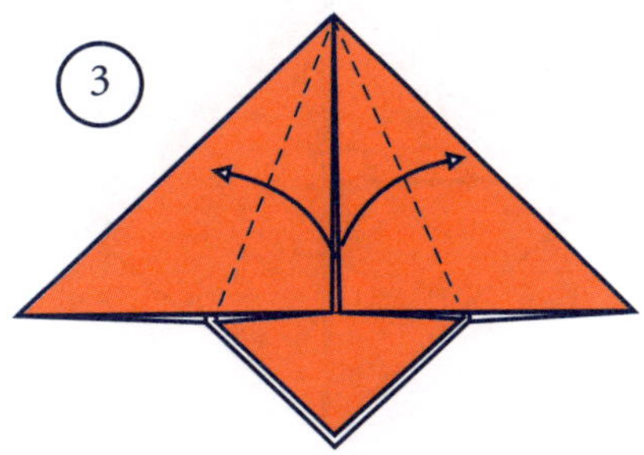

Abra as abas.

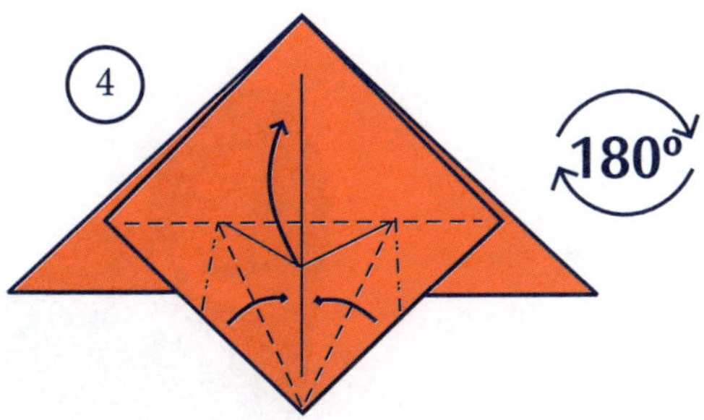

Vinque nas indicações e dobre para cima. Gire o modelo.

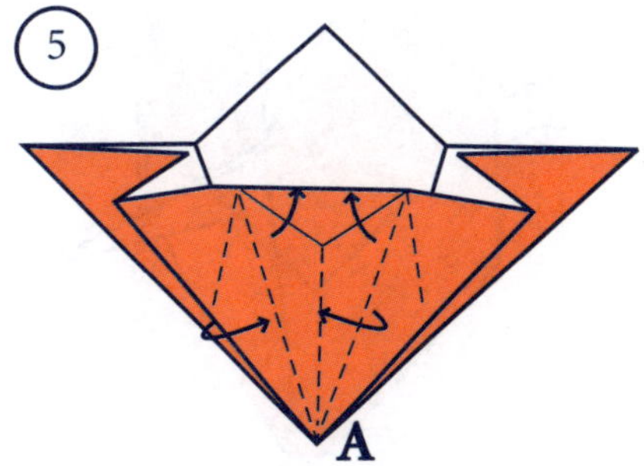

Use os vincos para fazer uma dobra simultânea. A ponta A ficará para fora.

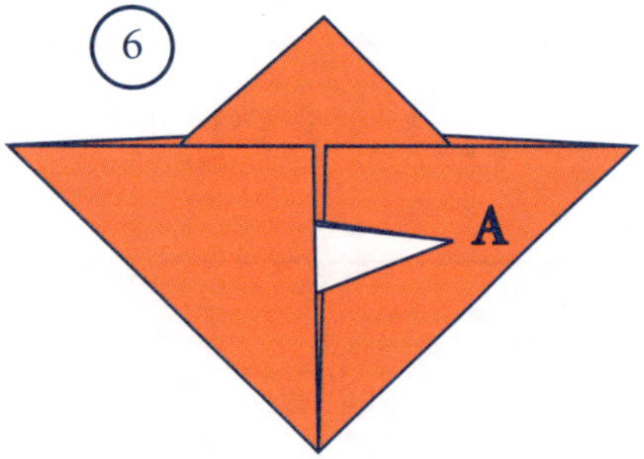

Repita toda a operação atrás.

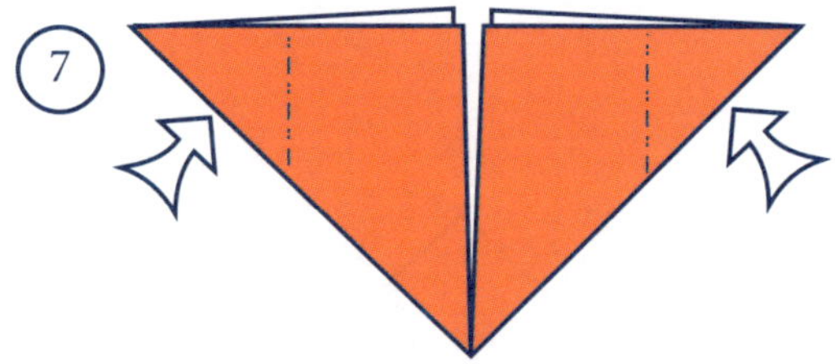

Desenho omitindo a ponta (o punhal).
Dobre os cantos do coração para dentro.

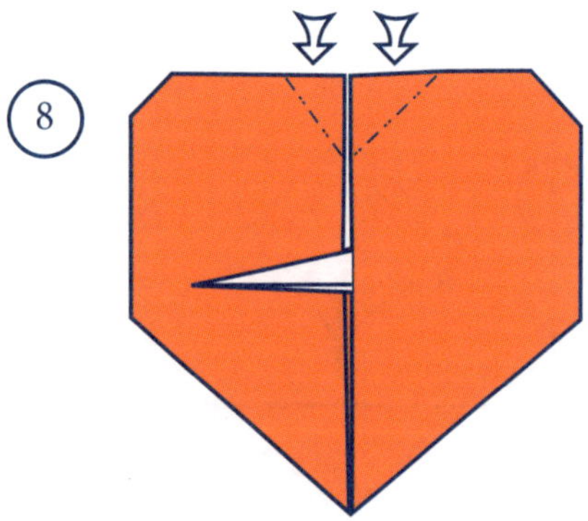

Dobre os cantos para dentro.

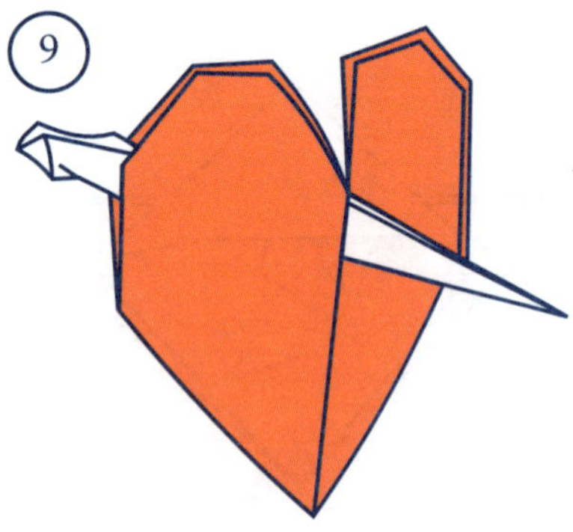

Molde o cabo do punhal como achar melhor.

METAMORFOSE
DO SAPO

Ovo

Nos anfíbios, a metamorfose está geralmente associada com mudanças que preparam um organismo aquático para uma existência terrestre. As peças que seguem mostram cinco etapas da metamorfose do sapo: do ovo ao animal adulto. O grau de dificuldade para dobrar as peças que compõem a metamorfose é médio. Com paciência e determinação, mesmo os leitores que têm alguma dificuldade com origami chegarão até o final.

1

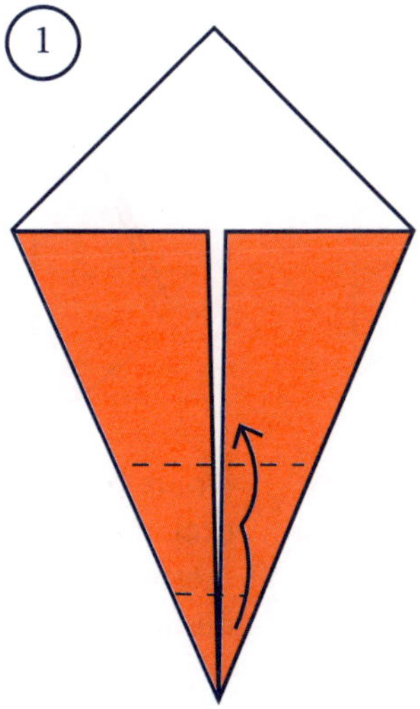

Comece pela casquinha do sorvete (p. 19).
Dobre duas vezes para cima.

2

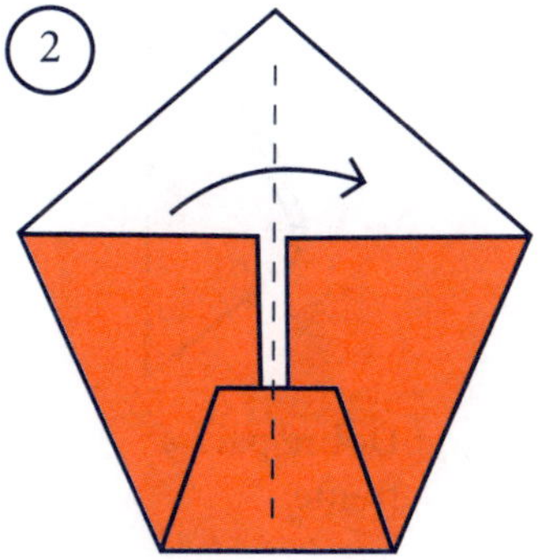

Dobre ao meio.

3

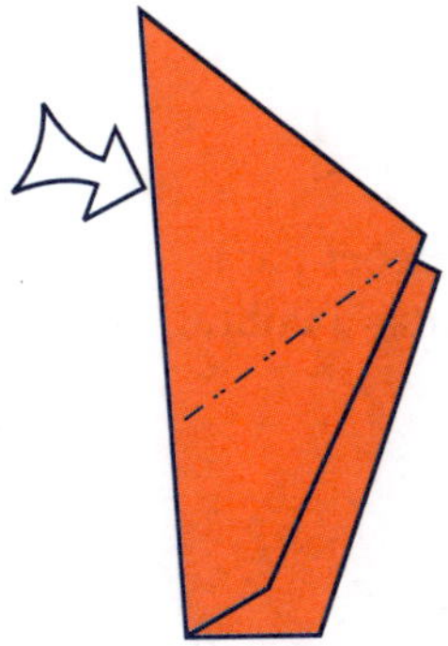

Dobre para dentro.

4

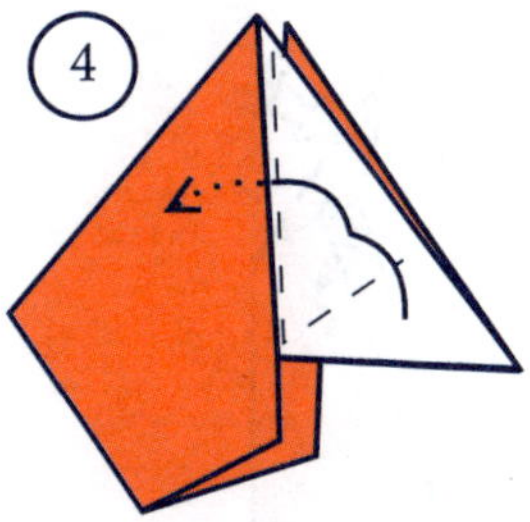

Dobre duas vezes, colocando a ponta para dentro.

5

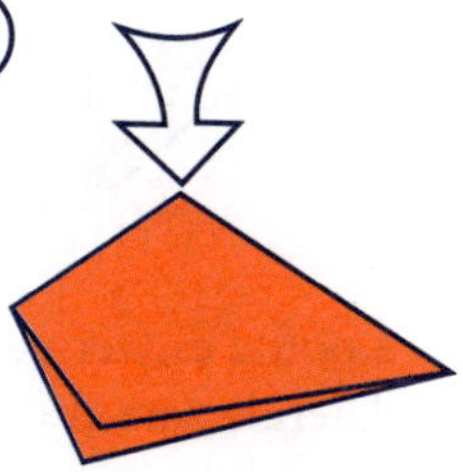

Arredonde a peça por dentro.

Dobra invertida por dentro

Para fazer uma dobra invertida por dentro, vinque onde estiver indicado, para a frente e para trás. Isso enfraquece as fibras do papel, facilitando a dobra. Faça esse vinco duas ou três vezes.

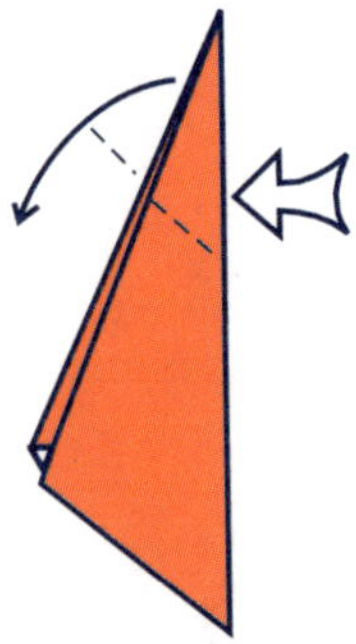

Indicações para executar a dobra.

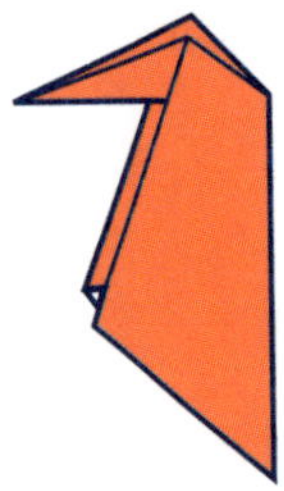

Resultado final.

1

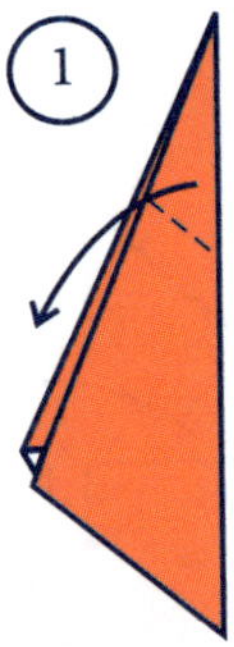

Dobre para a frente.

2

Note que a ponta está exatamente na mesma posição que a dobra terá no final do processo.

3

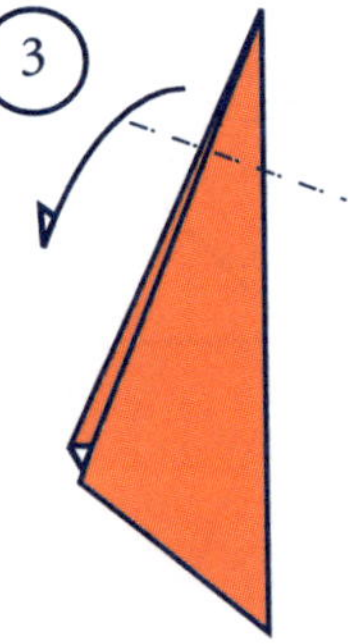

Dobre para trás exatamente no mesmo lugar e desdobre.

4

Abra um pouco, afastando as abas e comece a empurrar a ponta para baixo.

5

Continue empurrando, até que a ponta passe por dentro das abas e saia para fora, rigorosamente nos vincos.

6

Quando a ponta estiver para fora, aperte as laterais para finalizar. Esta dobra é usada para bicos e pernas de animais feitos em origami.

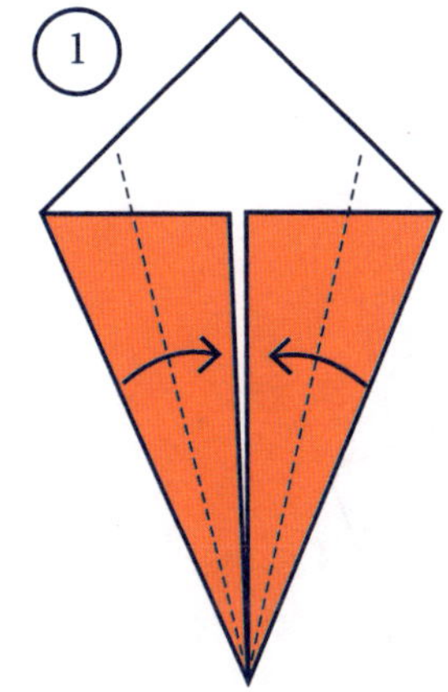

Comece pela casquinha de sorvete e dobre mais uma vez para afinar.

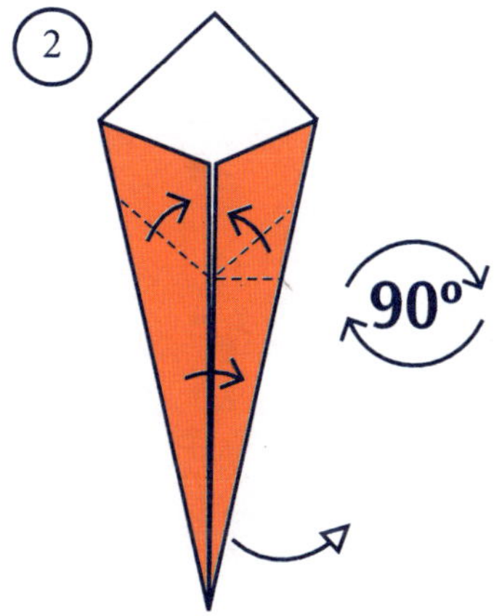

Dobre uma orelha de coelho e gire o modelo.

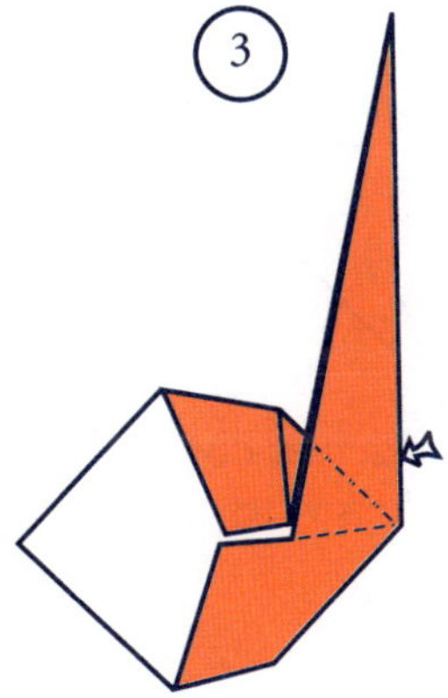

Faça uma dobra achatada.

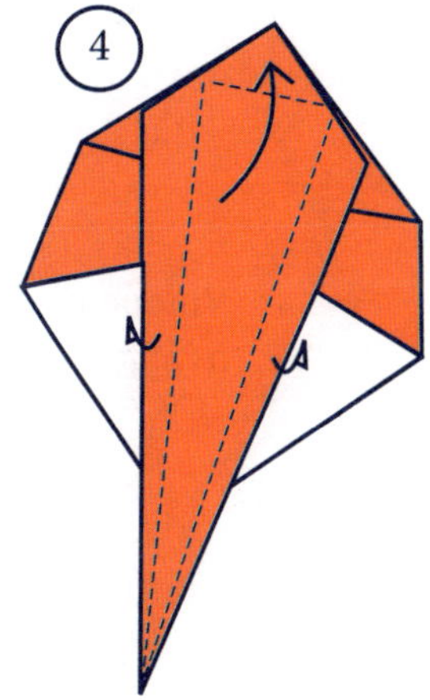

Dobre as abas para trás e o rabo para frente.

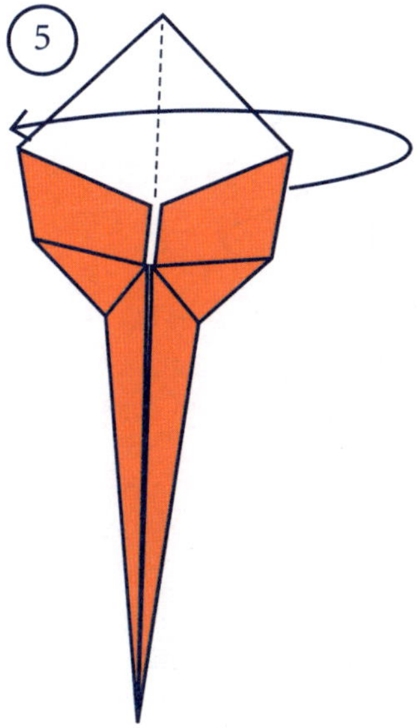

Dobre ao meio.

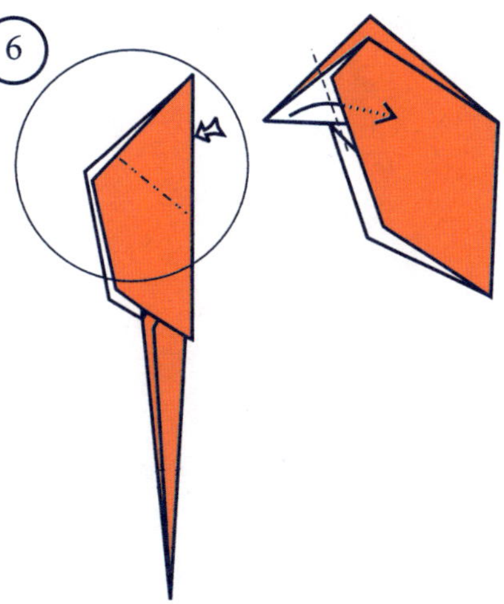

Faça uma dobra invertida por dentro na cabeça. Dobre a ponta para dentro.

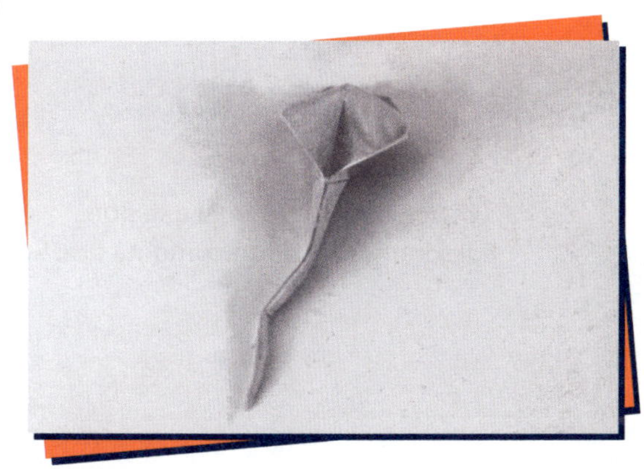

GIRINO COM NADADEIRAS

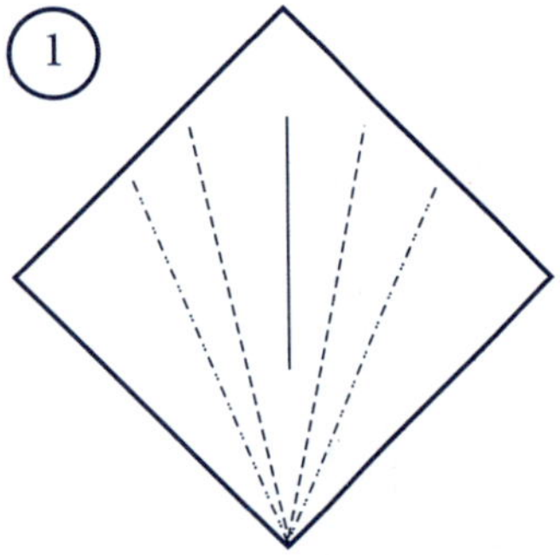

Vinque na diagonal e depois dividindo os ângulos no meio duas vezes.

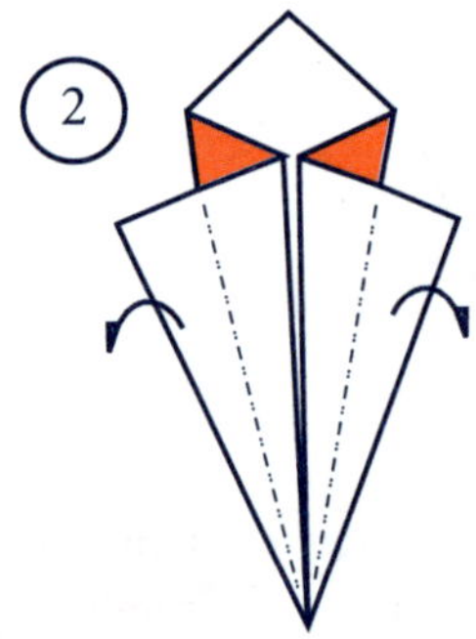

Faça um plissado e dobre as abas para trás.

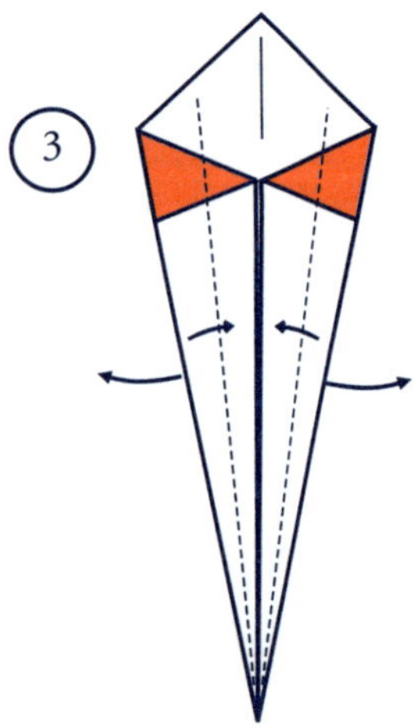

Dobre para a diagonal e depois desdobre, deixando como na fase 2.

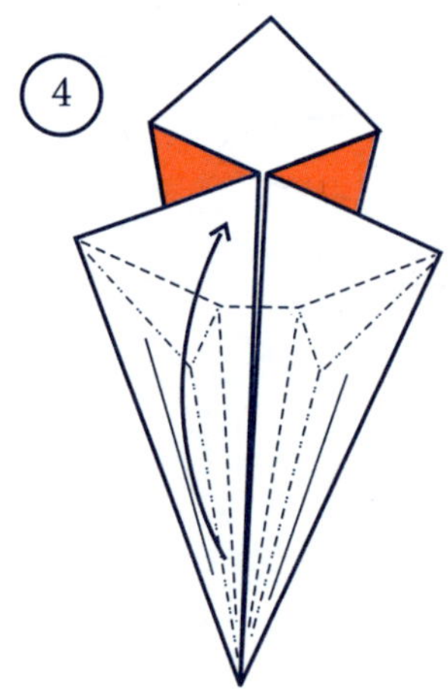

Vinque nas indicações e dobre para cima. Note que todos os vincos formam bissetrizes de ângulos.

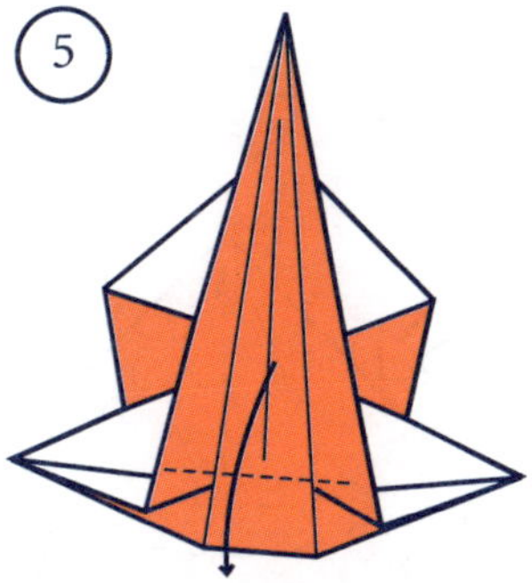

Dobre para baixo.

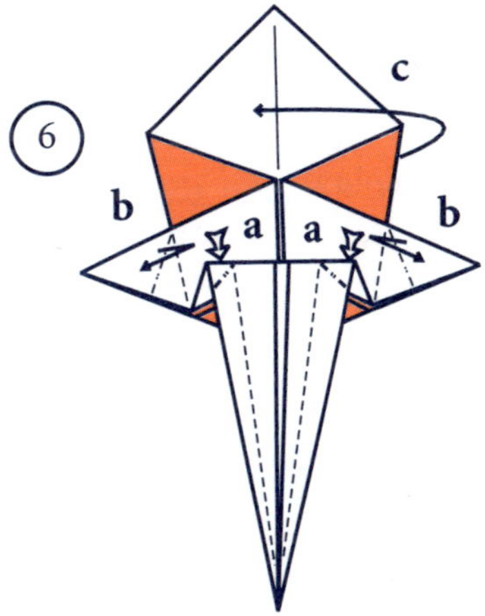

a) Dobre para dentro.
b) Faça um pregueado.
c) Feche o modelo.

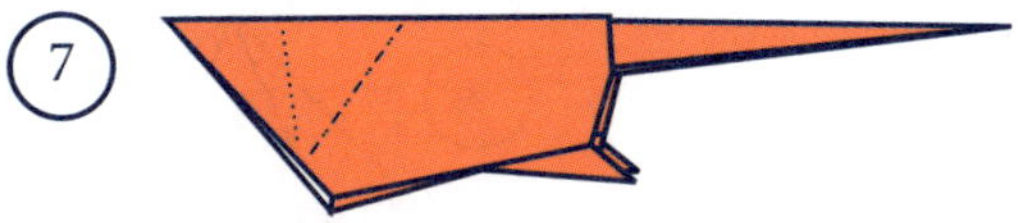

Para a cabeça, repita a dobra feita no girino.

Dobra pétala - Base da rã

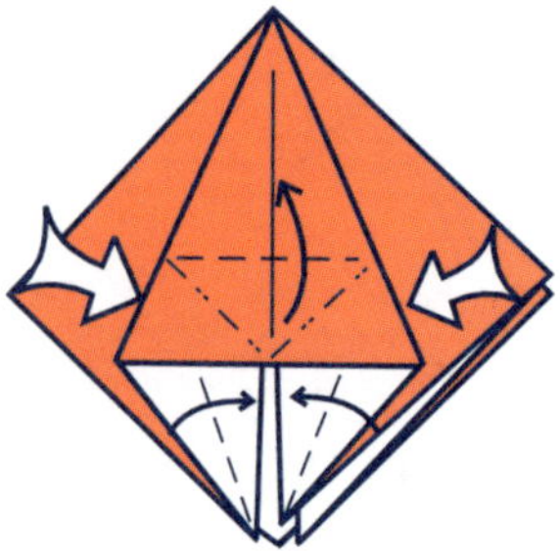

Indicação para a dobra.

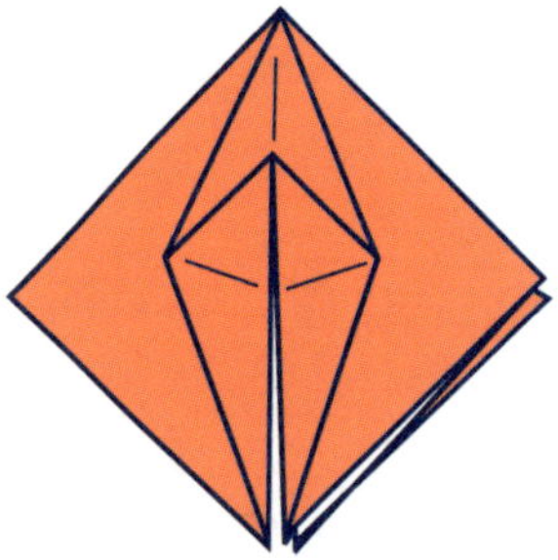

Resultado final.

1

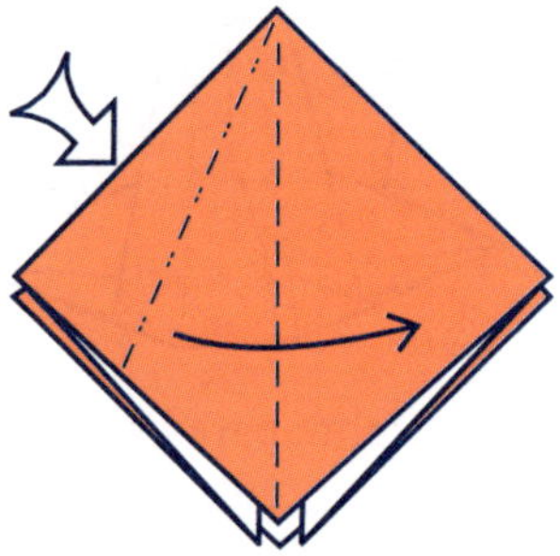

Começe pela base preliminar (p. 51). Faça uma dobra achatada.

2

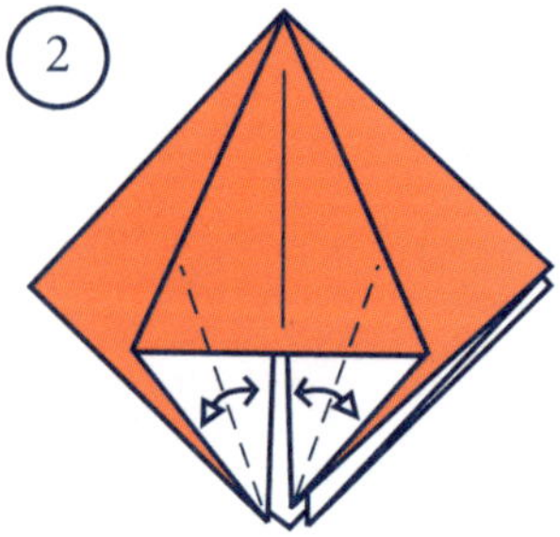

Vinque na bissetriz.

3

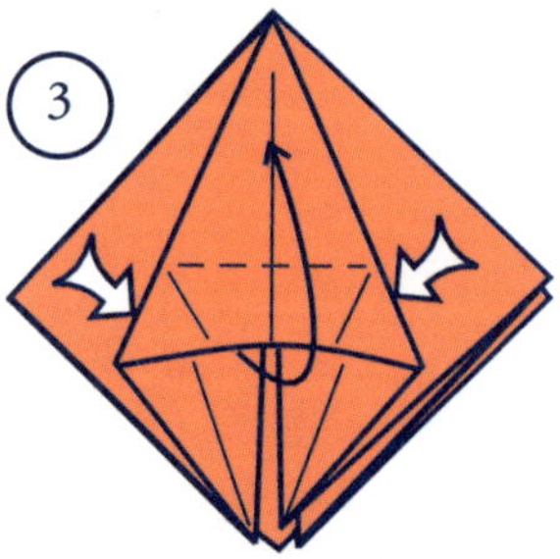

Vinque na indicação.
Dobre para cima e feche as laterais.

4

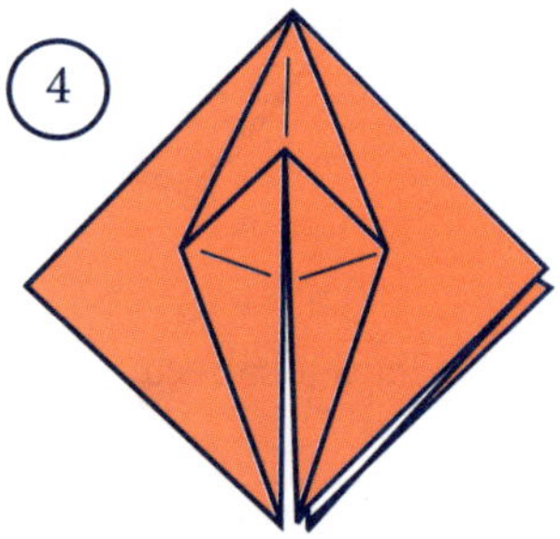

Dobra pétala.
Se repetirmos isso nas outras três abas, teremos uma forma chamada de base da rã.

1

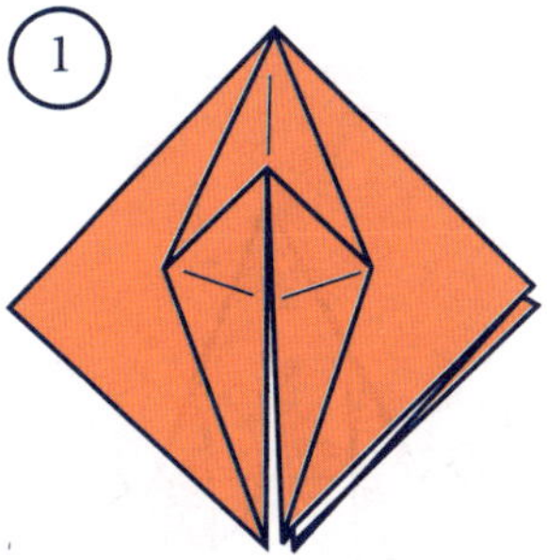

Comece pela base preliminar e faça uma dobra pétala em uma das abas. Repita na aba da direita.

2

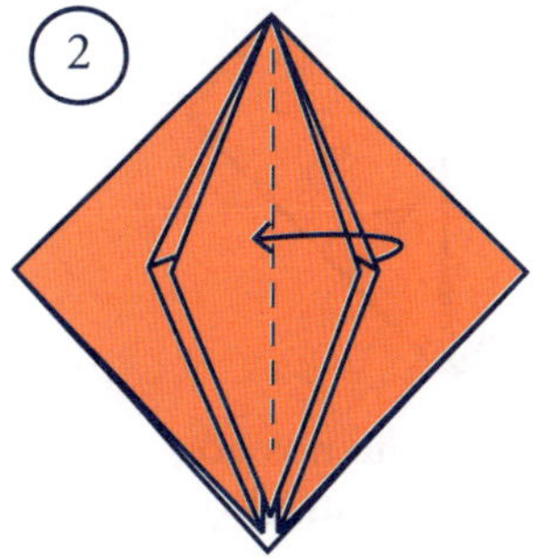

Passe as abas para a esquerda.

3

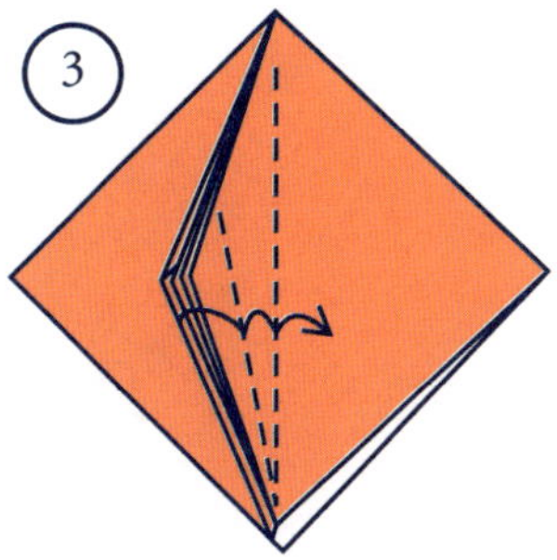

Dobre duas vezes para afinar a aba da direita. Repita na aba esquerda e abra a "pétala".

4

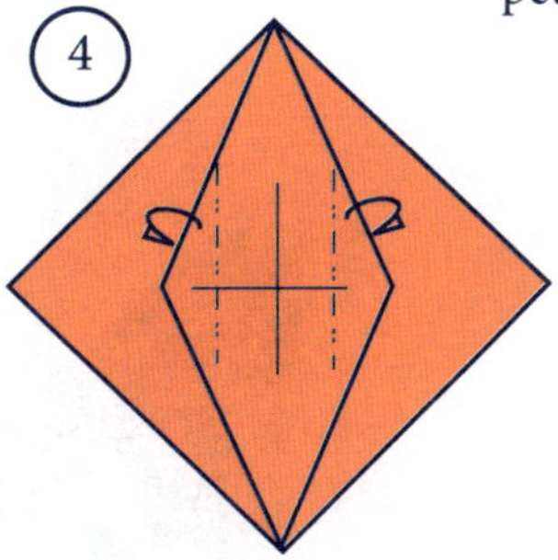

As abas afinadas estão por baixo. Dobre para trás nas indicações. Vire o modelo.

5

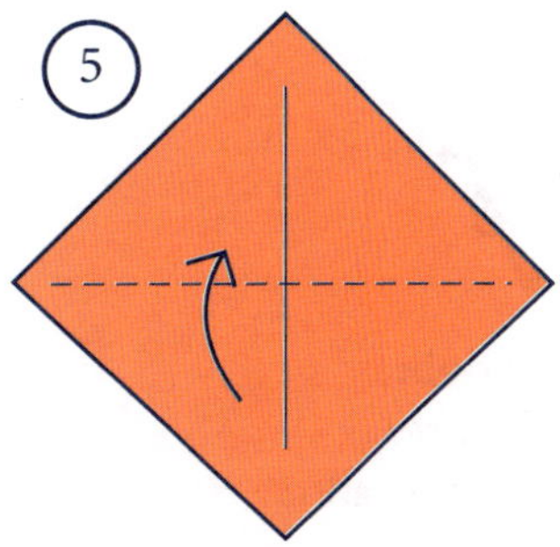

Dobre só uma aba para cima.

6

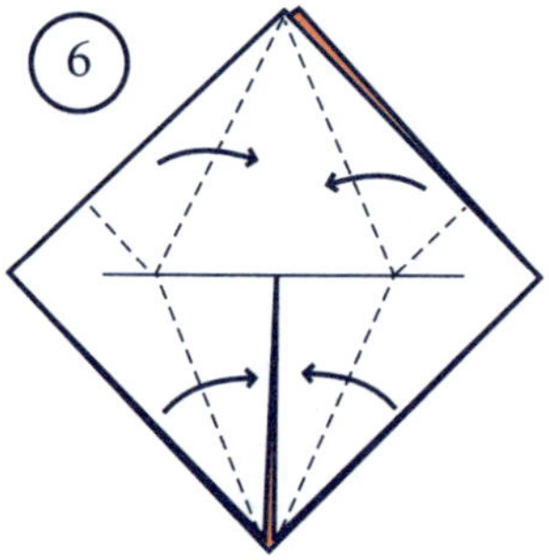

Faça orelha de coelho nos dois lados. Depois vire o modelo.

7

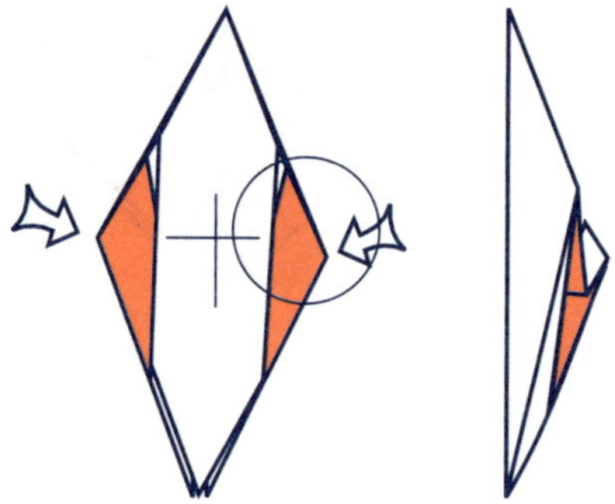

Dobre os dois lados para dentro. Veja o detalhe do afundamento.

8

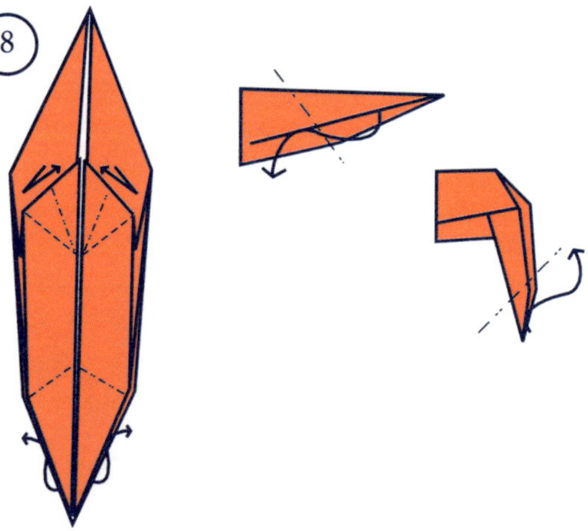

Pernas traseiras: dobras invertidas por dentro.
Pernas dianteiras: plissado simples.
Arredonde a cabeça.

1

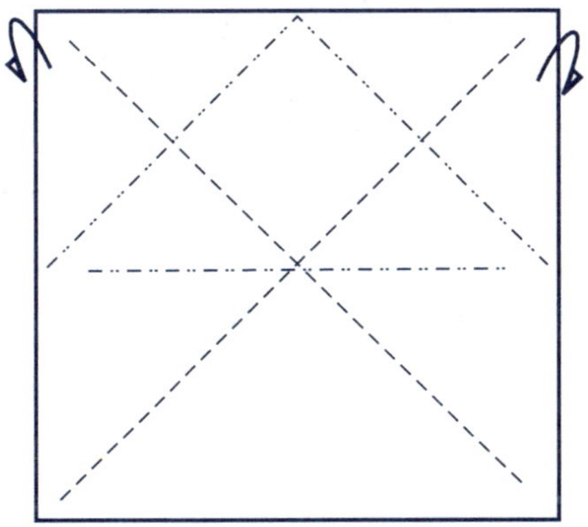

Vinque as diagonais e a mediana.
Atenção para as linhas vale e montanha.
Dobre os cantos para trás.

2

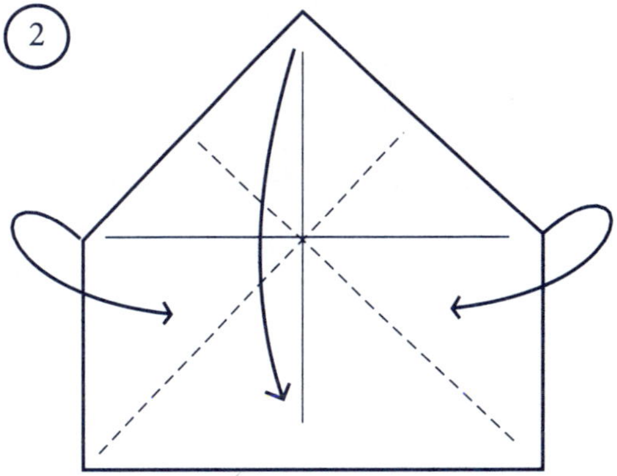

Dobre os lados para o centro. O canto superior vai descer automaticamente se os vincos foram feitos na direção correta.

3

Faça uma dobra achatada.

4

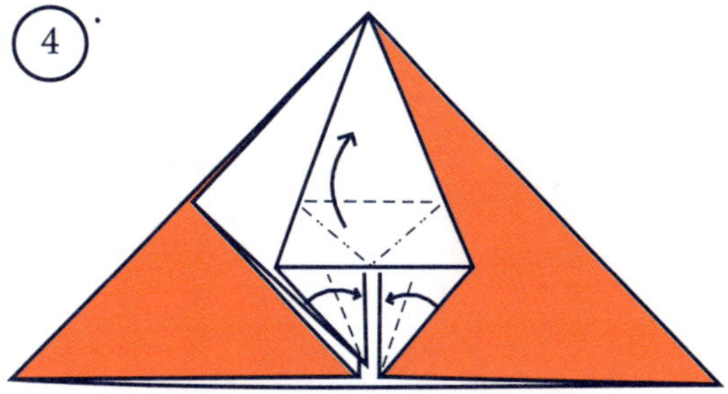

Faça uma dobra pétala (p. 74).

5

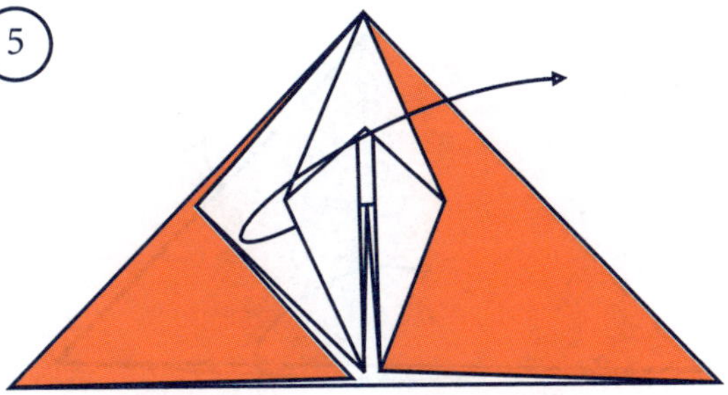

Retire o papel escondido.

6

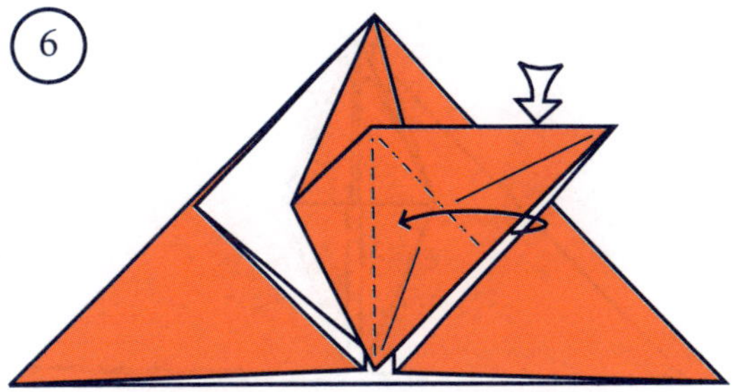

Faça uma dobra achatada.

7

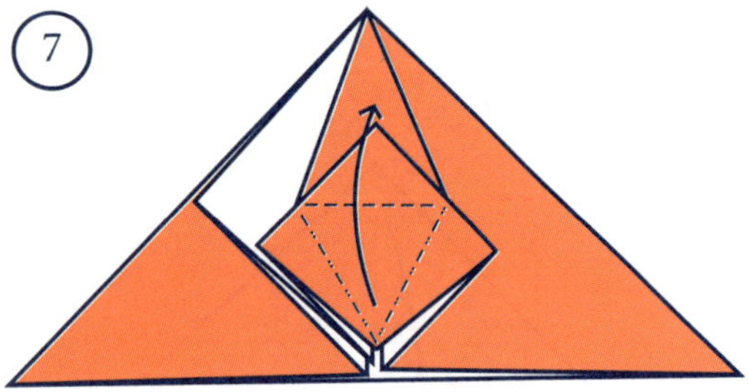

Dobre para cima.

8

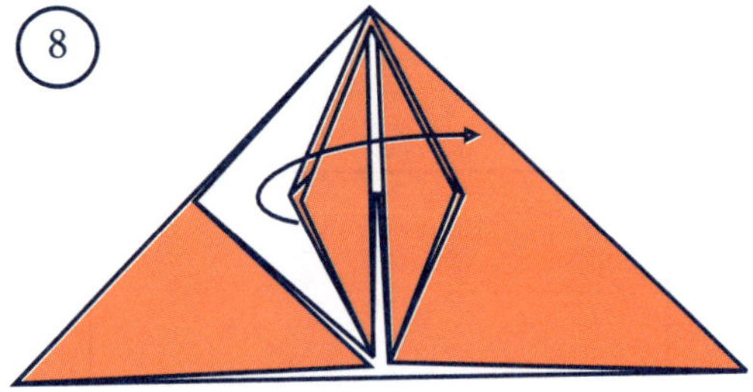

Passe as duas abas para a direita e repita a operação do lado esquerdo.

9

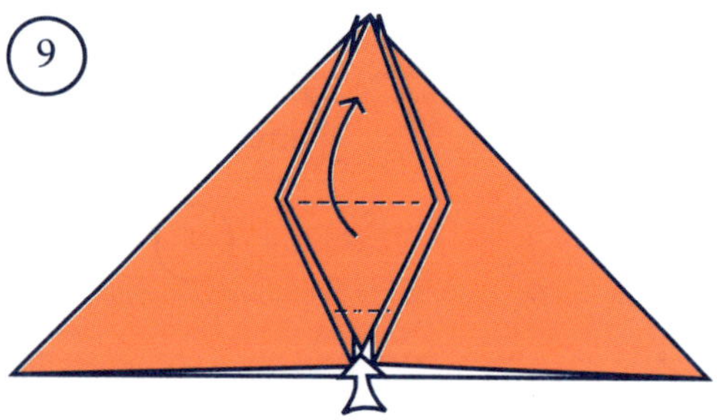

Afunde a ponta e dobre o resto para cima.

10

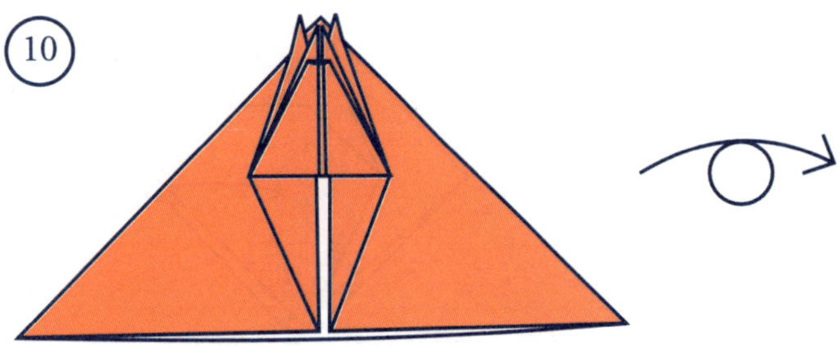

Vire o modelo.

11

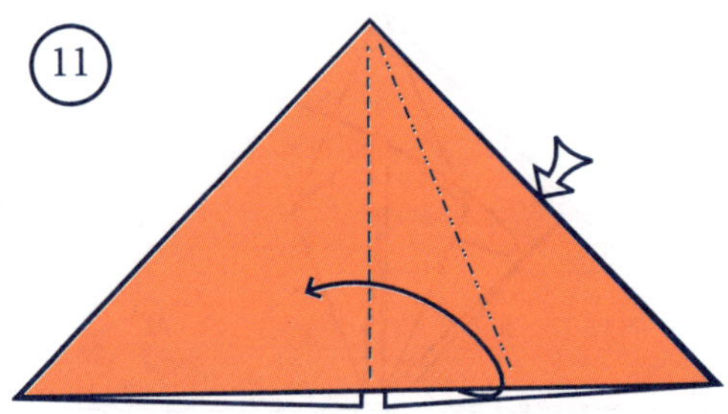

Faça uma dobra achatada.

12

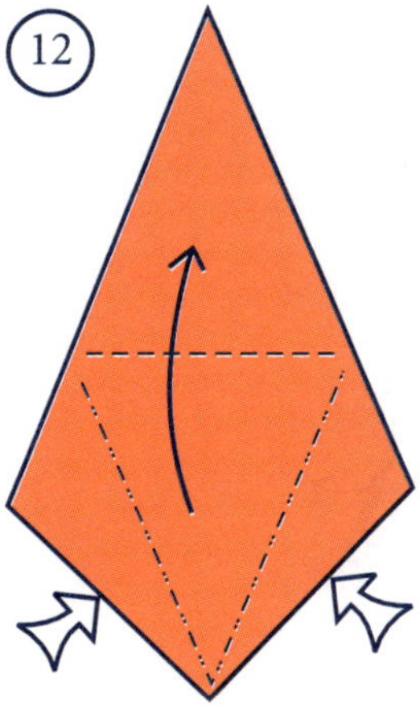

Detalhe.
Vinque as diagonais.
Dobre para cima dobrando os lados para dentro.

13

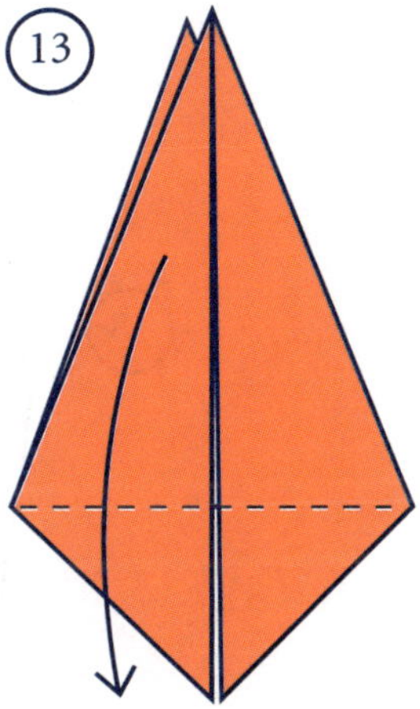

Dobre para baixo.

14

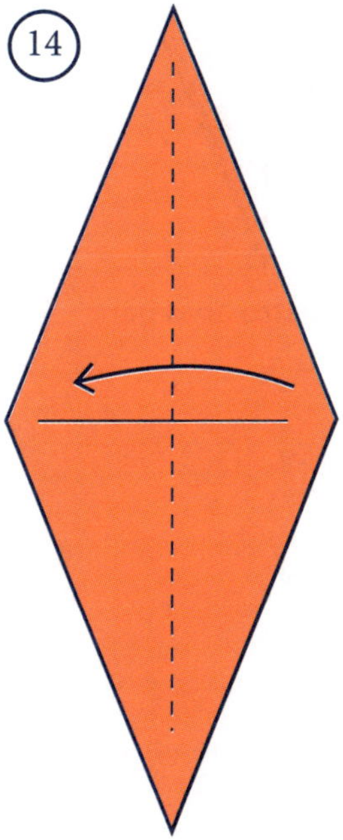

Dobre para a esquerda.

15

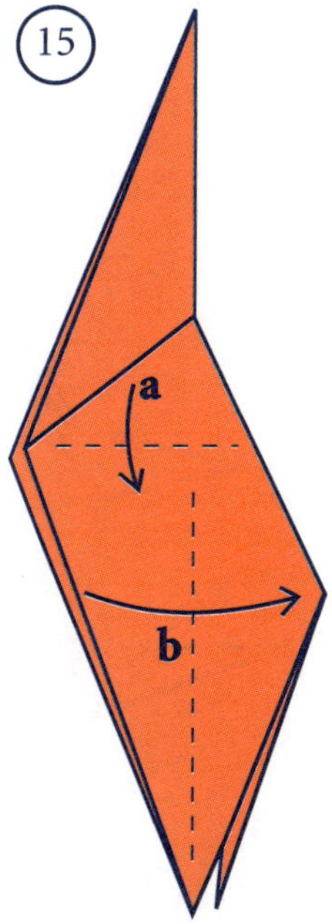

a) Dobre o triângulo para cima.
b) Dobre as abas para dentro.

16

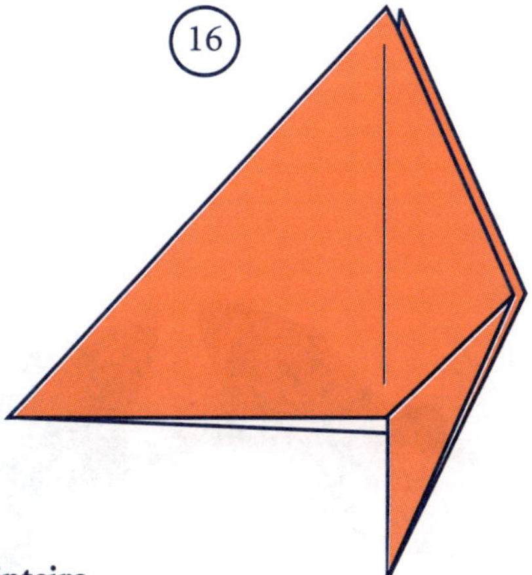

Modelo inteiro.
Repita as fases 11 a 15 no lado esquerdo.

17

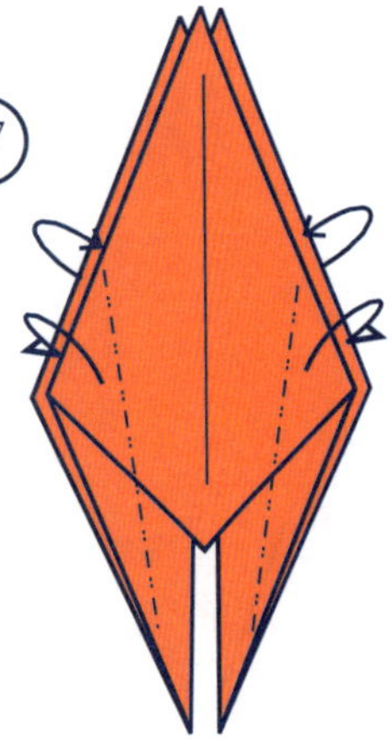

Dobre as quatro abas para dentro.

18

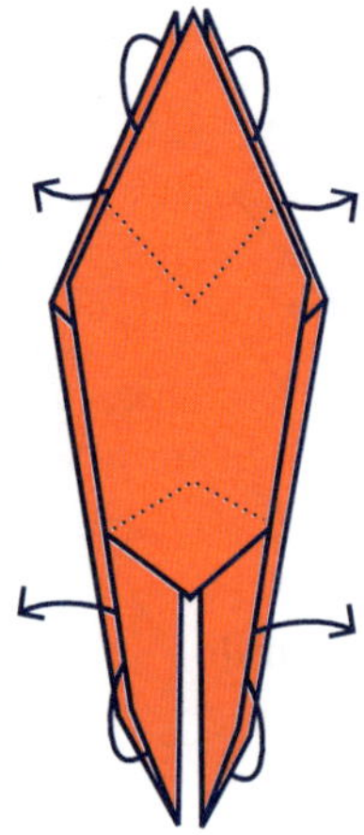

Faça quatro dobras invertidas por dentro para fazer as pernas.

19

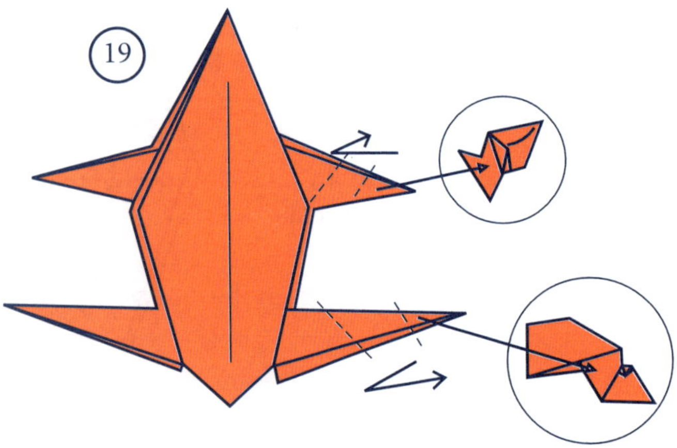

Faça dobras invertidas por dentro também nas patas. Para eliminar o resto da cauda, dobre o triângulo traseiro para dentro.

Capítulo III

PEÇAS COMPLEXAS

A rigor, este capítulo não traz peças de extrema complexidade. Algumas trazem a receita resumida, mas isso não será uma dificuldade para quem já domina as técnicas fundamentais. Antes de executar cada dobra, convém olhar a próxima fase atentamente para ver o resultado da anterior. Papéis finos e resistentes e em tamanho maior são indicados para as peças de maior complexidade. No entanto, olhando as fotos, o leitor perceberá que em alguns casos usei papel com alta gramatura, alguns previamente pintados ou impermeabilizados. Bom divertimento!

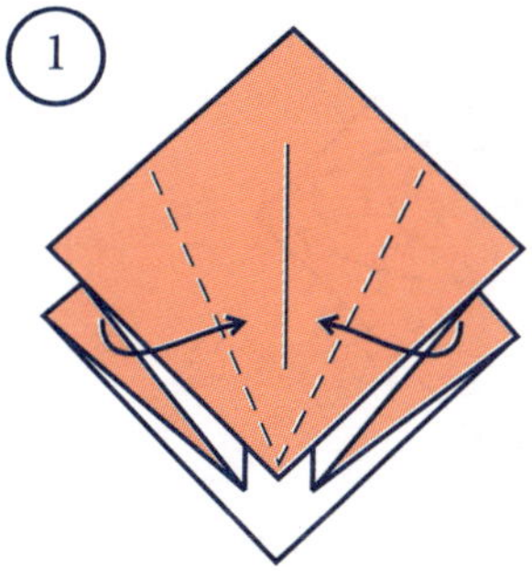

Começe pela base preliminar. Dobre as duas abas laterais para a diagonal.

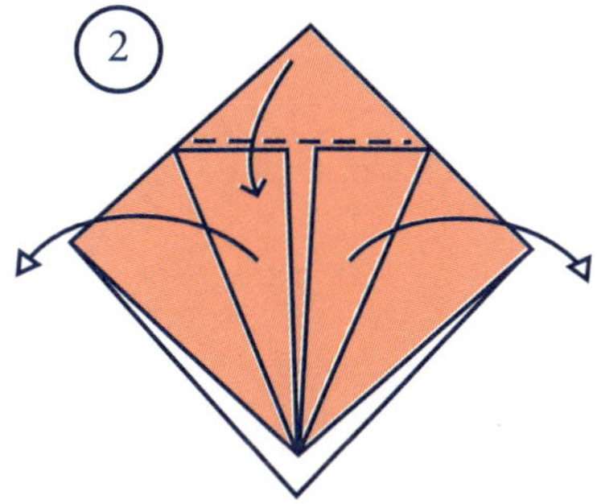

Dobre o pequeno triângulo para baixo e desdobre as laterais.

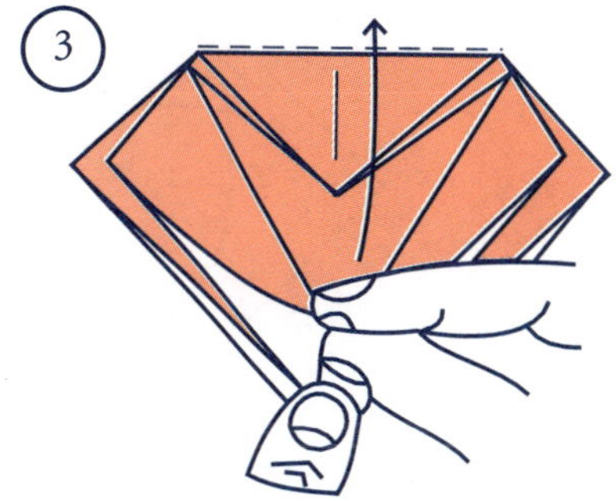

Segure na ponta da aba superior. Prenda com a outra mão as três abas de baixo. Leve a aba superior para cima como indica a seta.

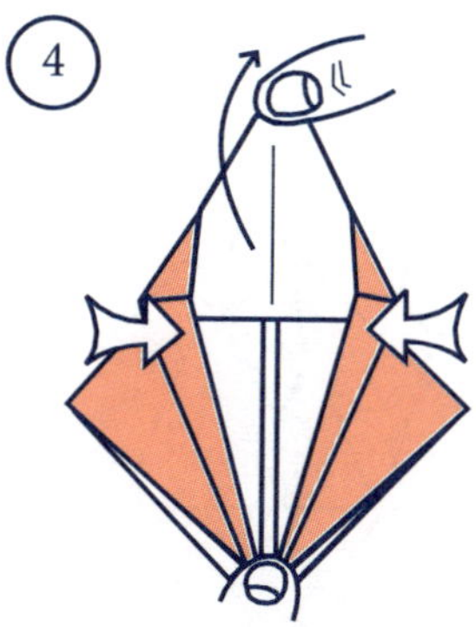

Continue levando a ponta para cima e ao mesmo tempo vá achatando as abas laterais.

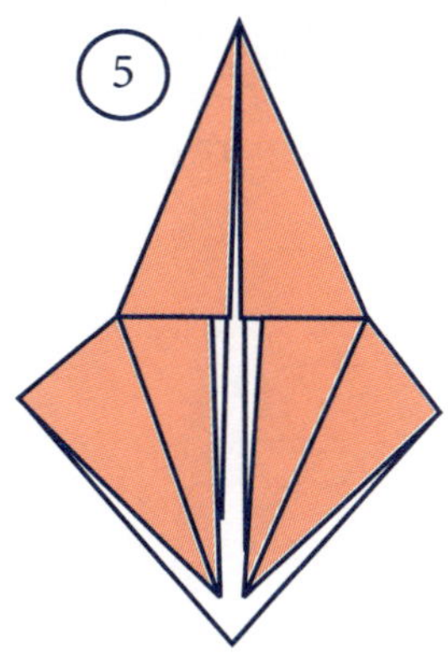

Pronto. Agora, vire o modelo e repita as fases 1 a 4 do outro lado.

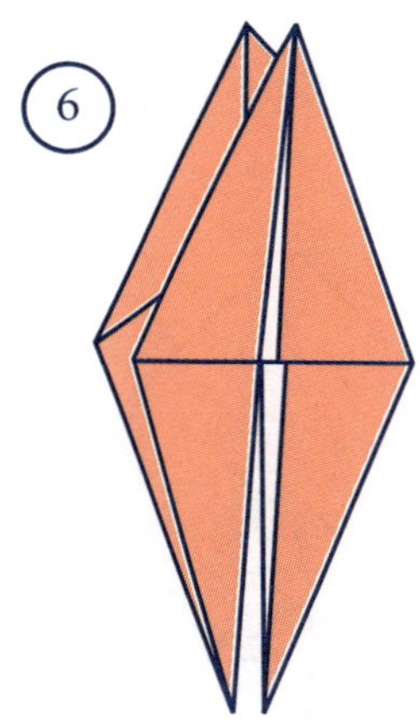

Resultado final. Duas pontas embaixo e duas em cima. Essa forma é o ponto de partida para dobrar o clássico Tsuru.

PÔNEI

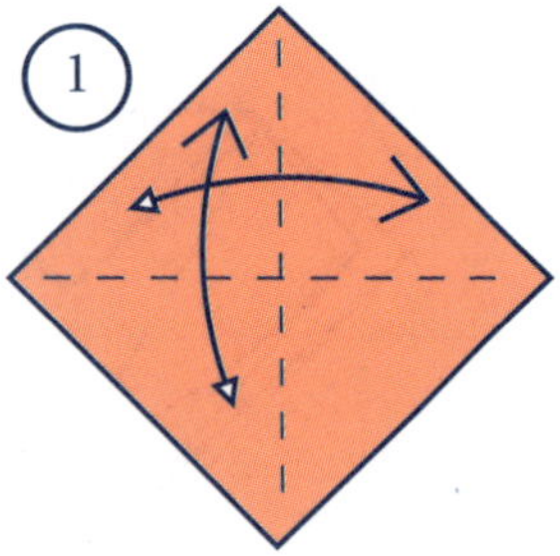

Vinque as diagonais.

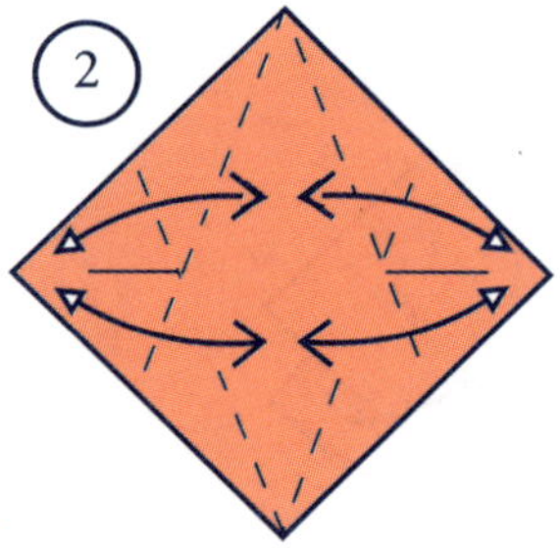

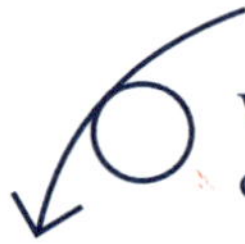

Vinque as bissetrizes e vire o papel.

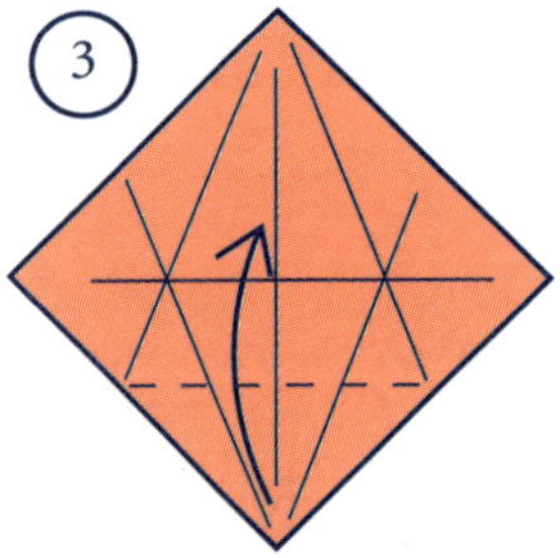

Dobre para cima.

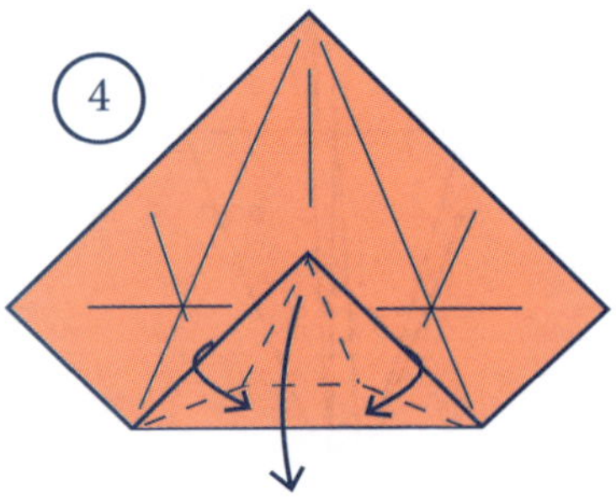

Vinque nas indicações e dobre para o lado e para baixo. Dobra semelhante à orelha de coelho.

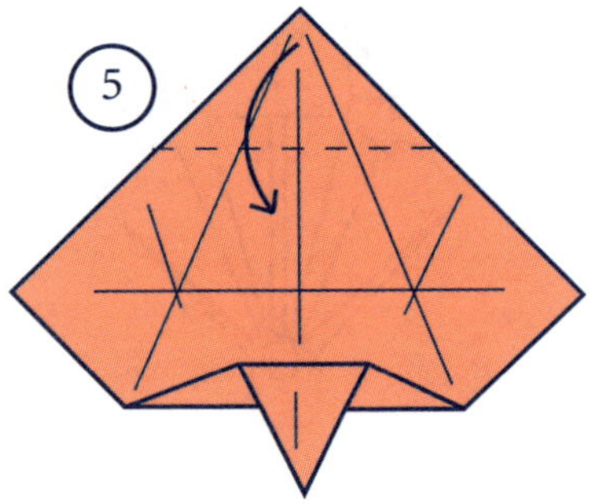

Repita as fases 1 a 4 no lado superior.

SACI SENTADO, P. 95

DASHMUND

GAZELA, P. 99

Leão, p. 105

Dragão voador, p. 108

Tetraedro, p. 124

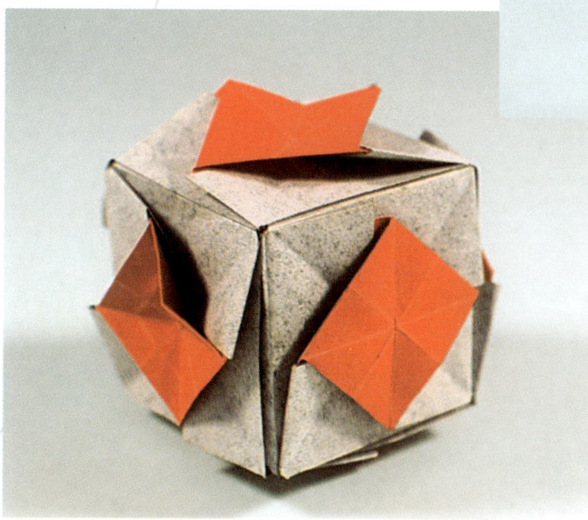

O CUBO, P. 128

Os guardiães, p. 130

Dodecaedro, p. 132

TINA, P. 134

Dodecaedro regular, p. 138

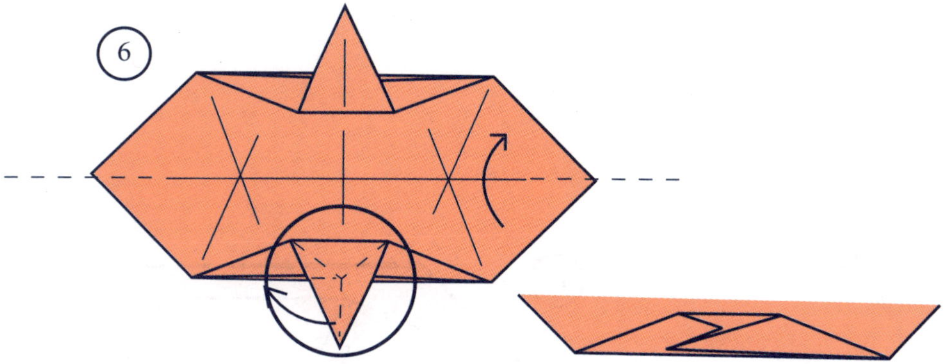

Faça a orelha de coelho, repita na ponta de cima e desdobre. Veja detalhe.
Dobre a peça toda ao meio para trás.

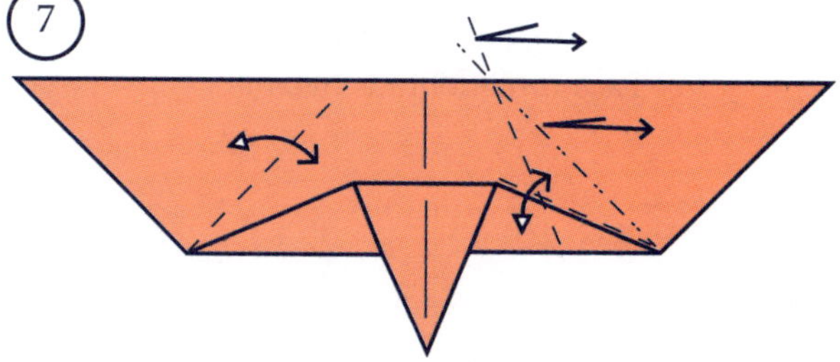

Vinque nas indicações e faça um plissado duplo.

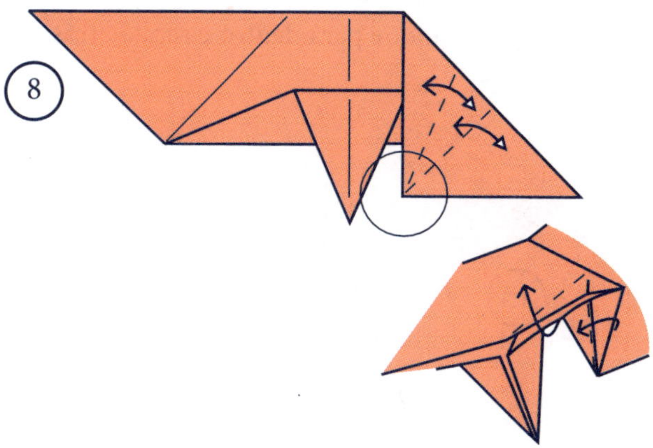

Vinque nas indicações.
Dobre a parte interna do papel na frente e atrás.

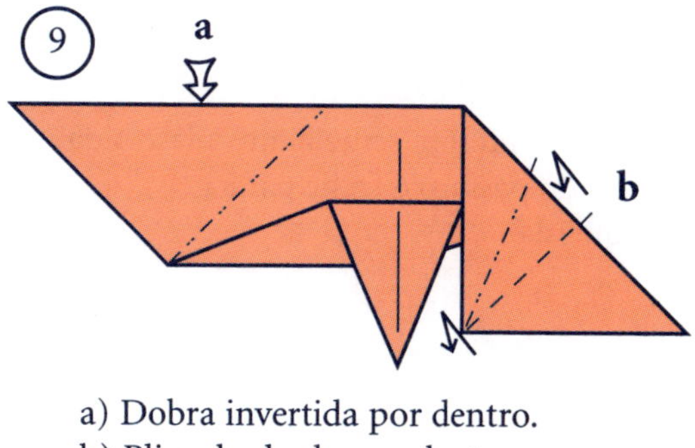

a) Dobra invertida por dentro.
b) Plissado duplo por dentro.

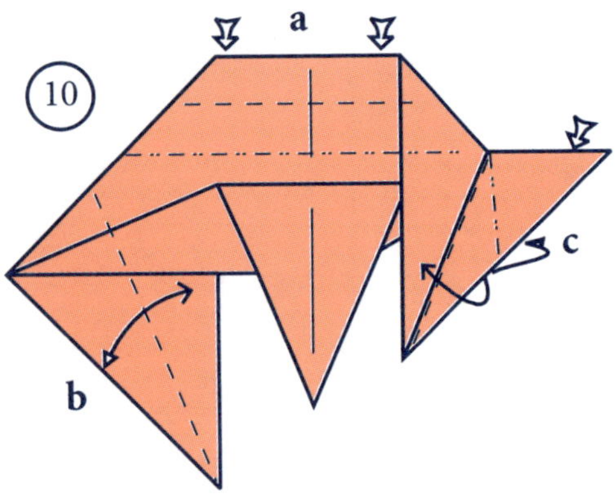

a) Dobre para dentro.
b) Vinque e repita atrás.
c) Faça uma dobra achatada.

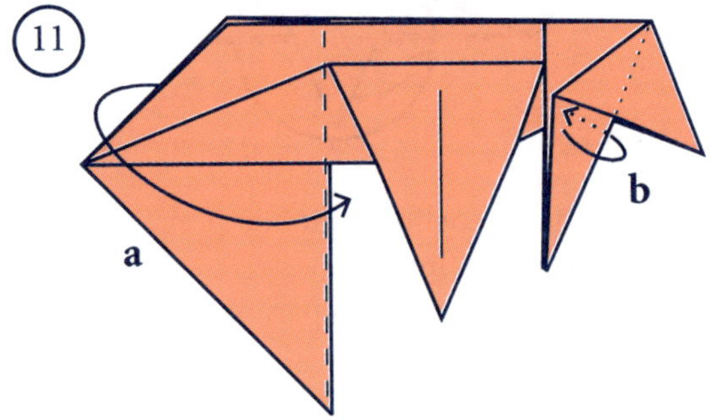

a) Abra.
b) Coloque para dentro e repita atrás.

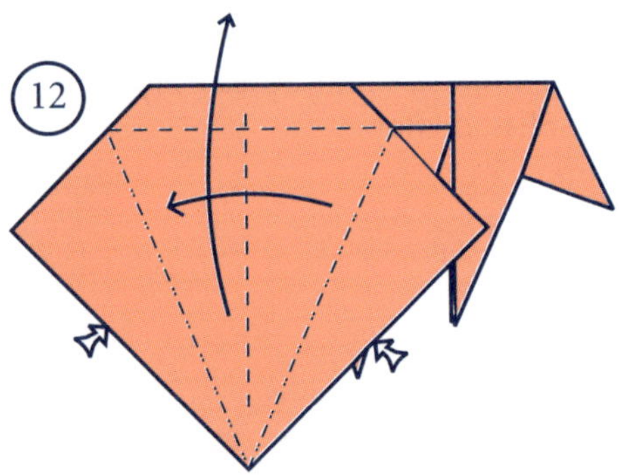

Faça uma dobra semelhante à fase 4 da base do pássaro e feche para a esquerda.

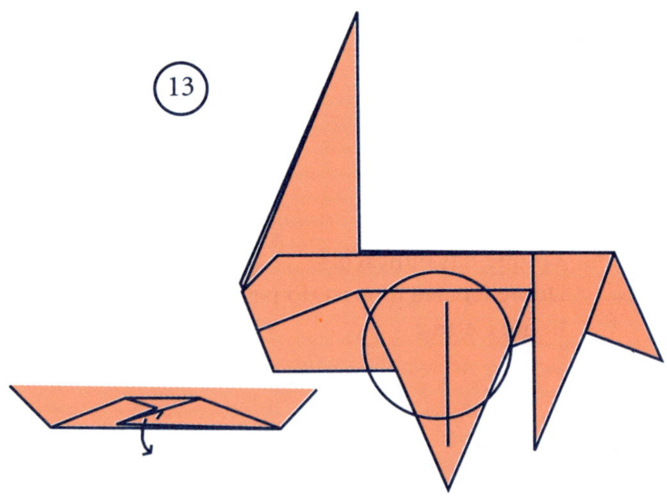

Repita a fase 6 e dobre ambas as “pernas” para baixo.

14

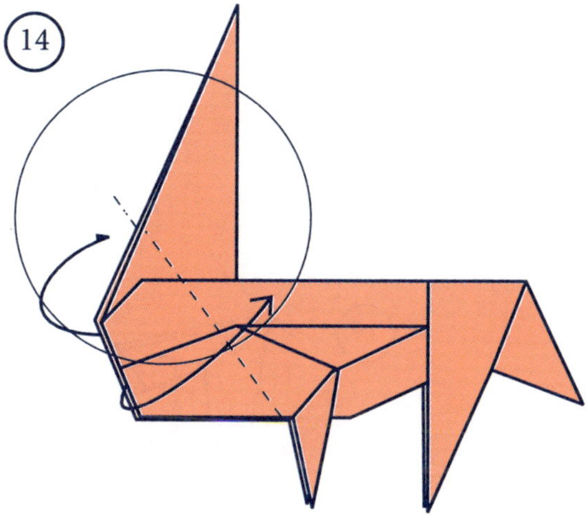

Produção da cabeça.
Dobre as abas para a direita.

15

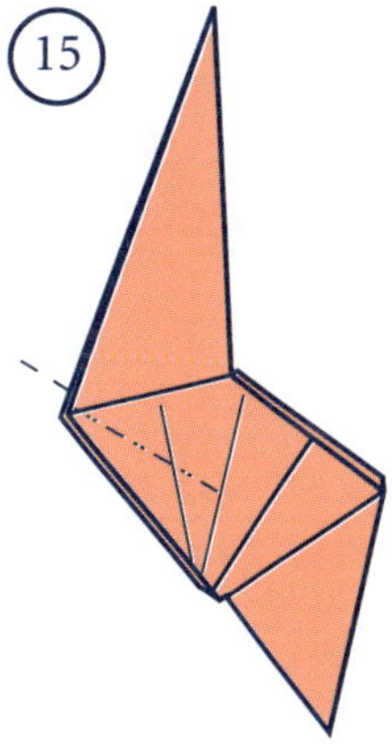

Detalhe.
Faça uma dobra invertida por dentro.

16

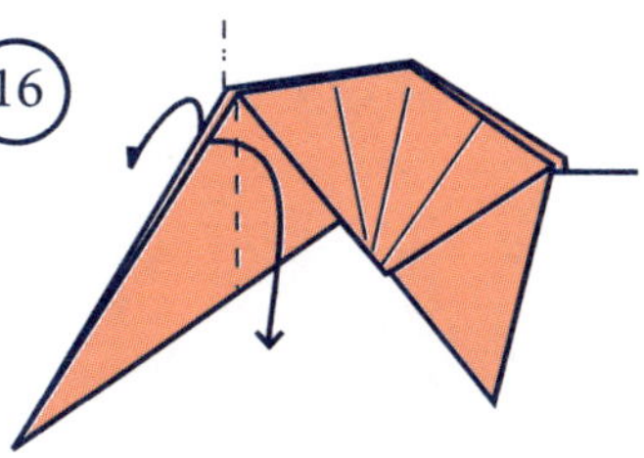

Faça uma dobra invertida por fora.

17

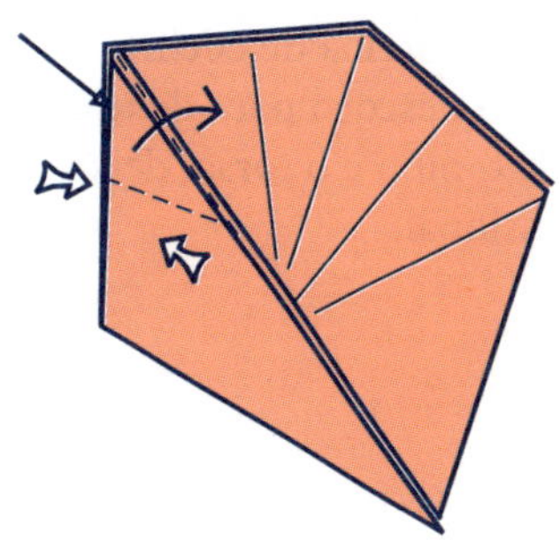

Abra no centro e leve para a direita.

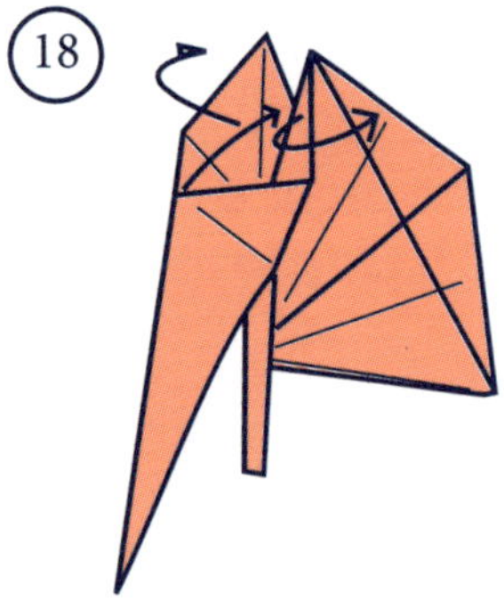

Continue levando para a direita.

Dobre para dentro.
A cabeça está voltada para a direita.

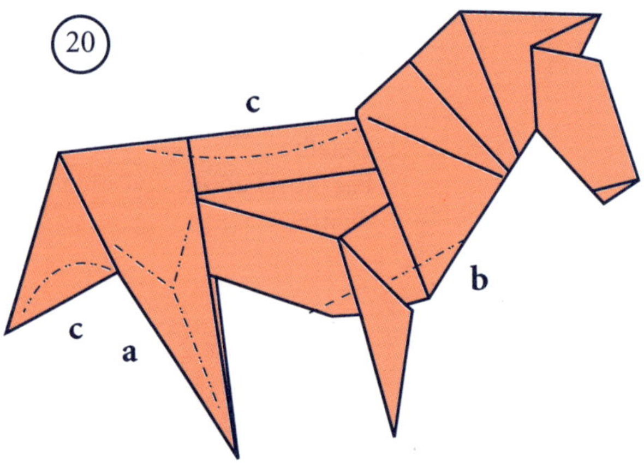

a) Faça uma orelha de coelho nas pernas traseiras.
b) Dobre o pescoço para dentro.
c) Molde o rabo e o torso, deixando o pônei tridimensional.

Base para quadrúpedes

Uma mesma base, com pequenas variações, pode servir para a produção de inúmeras figuras e animais.

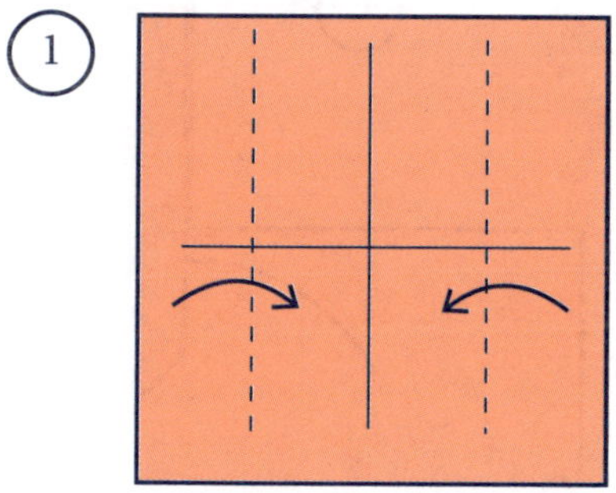

Vinque as medianas e dobre as laterais para o meio.

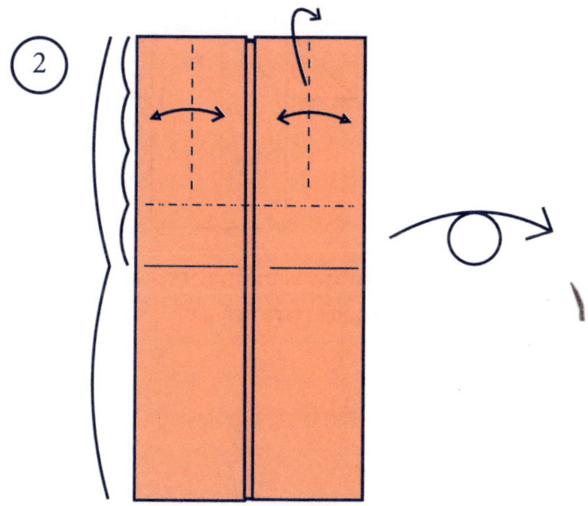

Faça os vincos e dobre para trás. Vire o modelo.

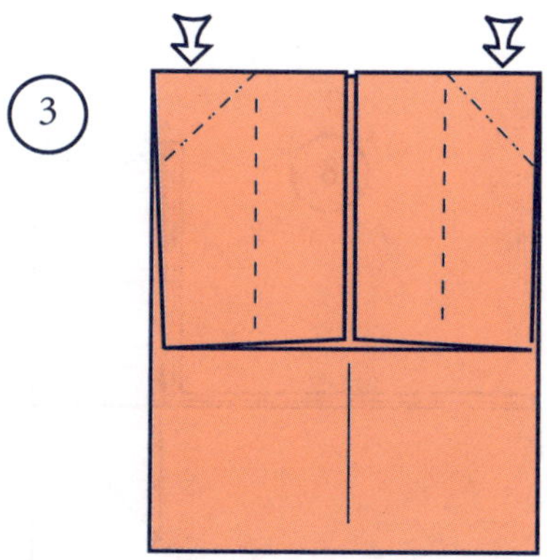

Faça uma dobra para dentro em cada canto.

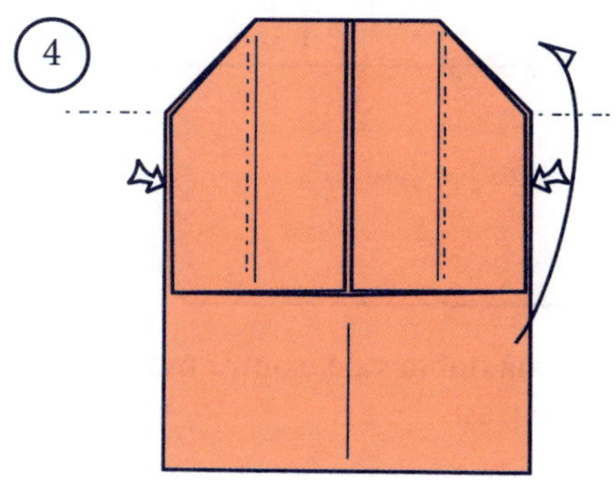

Dobra as abas para dentro e a parte de trás para cima.

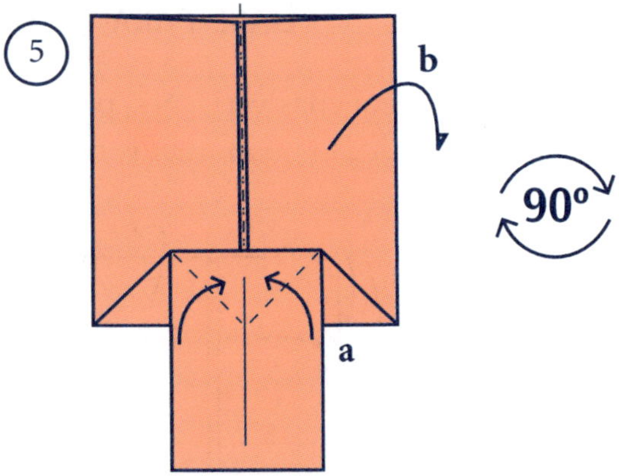

a) Faça uma dobra semelhante à orelha de coelho.
b) Dobre ao meio para trás.

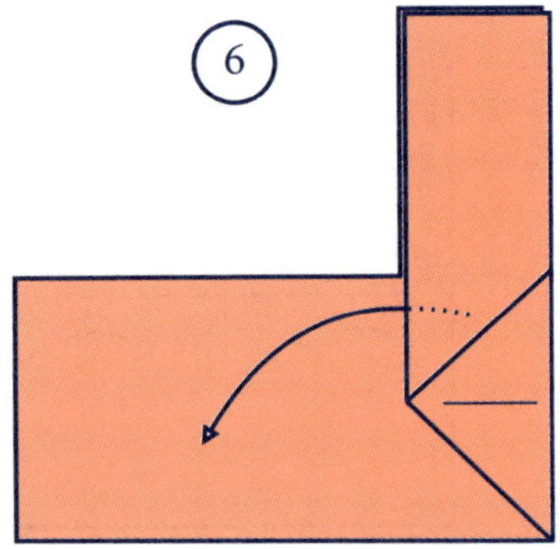

Retire o papel interno.

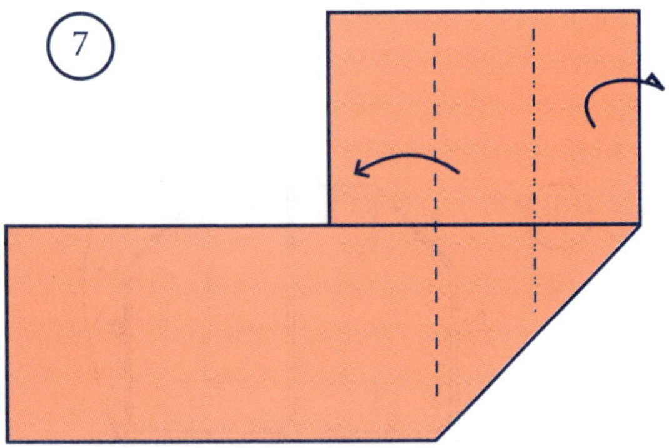

Faça uma dobra vale e outra montanha.
Repita atrás.

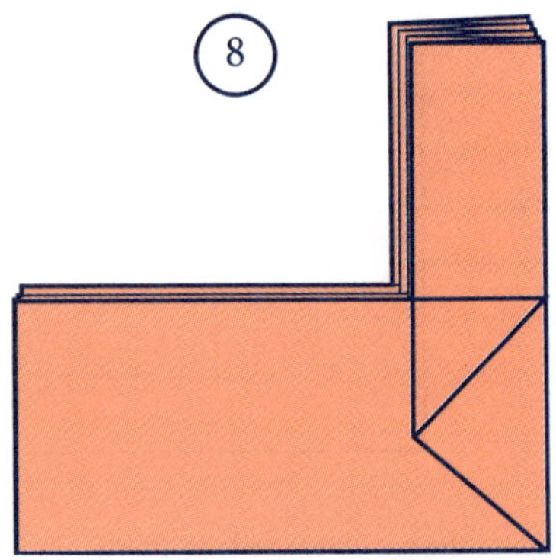

Pescoço na vertical.

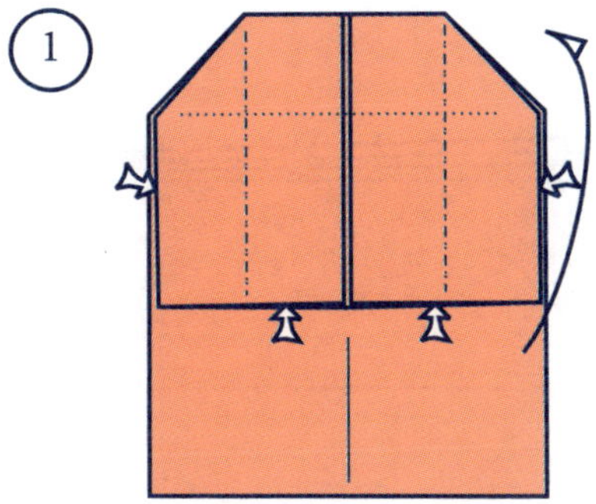

Comece pela fase 5 da base do pescoço.
Abra a aba dupla e inverta o papel de fora para dentro.
Literalmente vire pelo avesso. Faça o mesmo na outra aba.
Depois dobre a aba maior para trás.

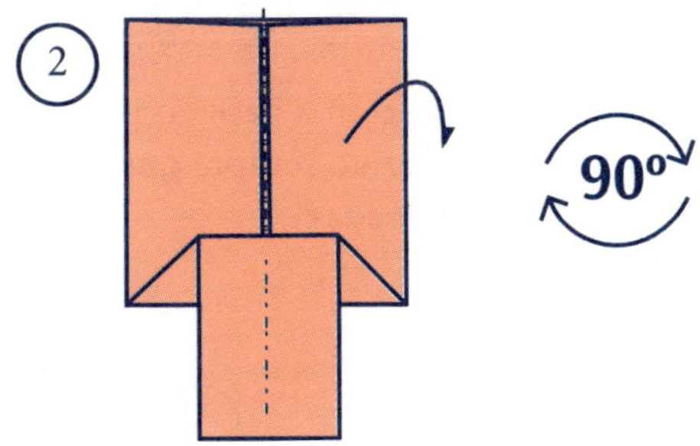

Dobre ao meio para trás
e gire o modelo.

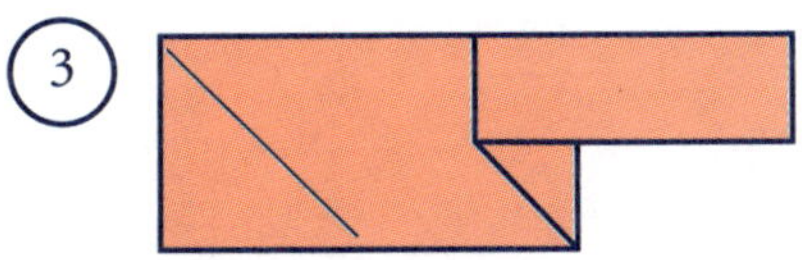

As duas bases têm quatro abas duplas.

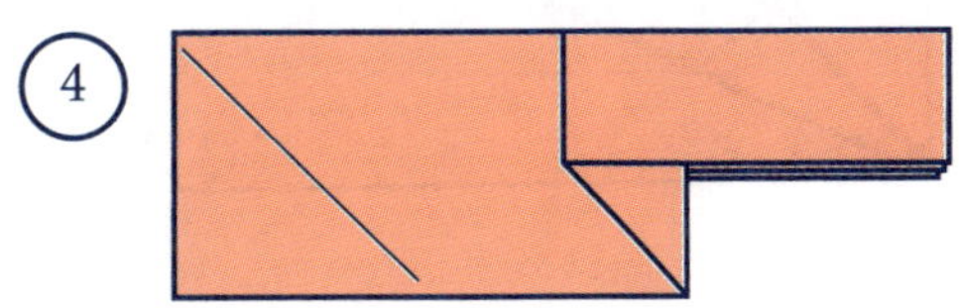

Pescoço na horizontal.

DEDOS

As duas bases têm na extremidade do "pescoço" 4 abas que serão transformadas em 5 pontas. Com estas pontas é possível fazer dedos de personagens.

1

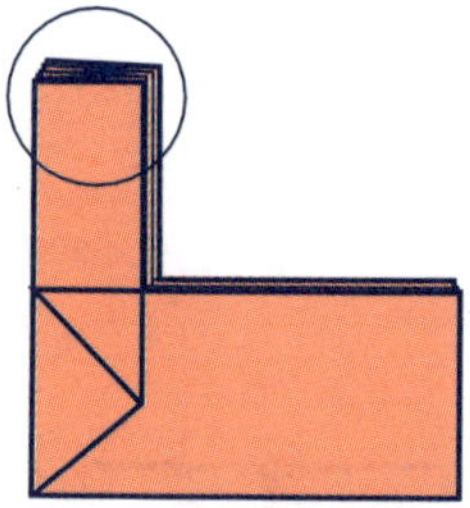

Este exemplo começa com a base do pescoço vertical, mas pode ser reproduzido sempre que houver cinco pontas a serem trabalhadas.

2

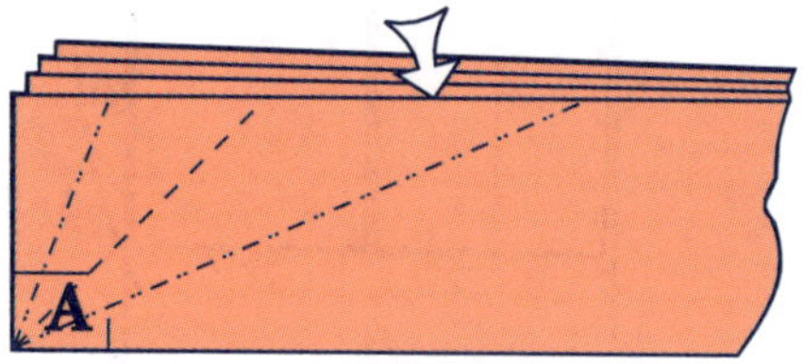

Detalhe.
O ângulo A é dividido em quatro.
Faça uma dobra invertida por dentro.

3

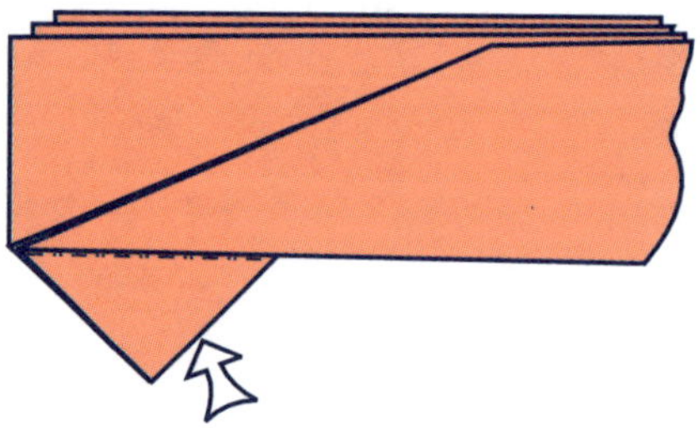

Dobre novamente por dentro.

4

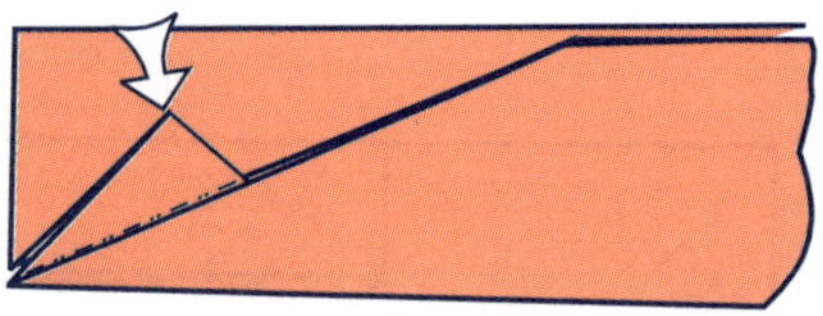

Faça mais uma dobra para dentro para conseguir a primeira ponta.
Repita nas outras abas.

5

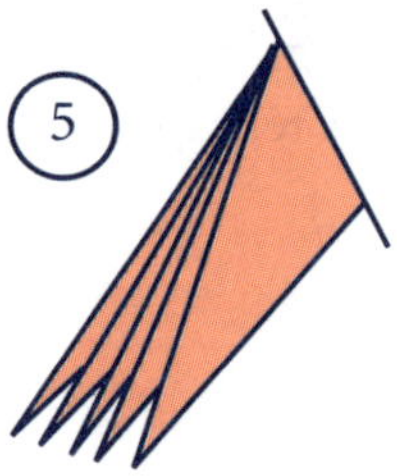

Detalhe das 5 pontas obtidas.

PITÁGORAS

Usar papel A4.

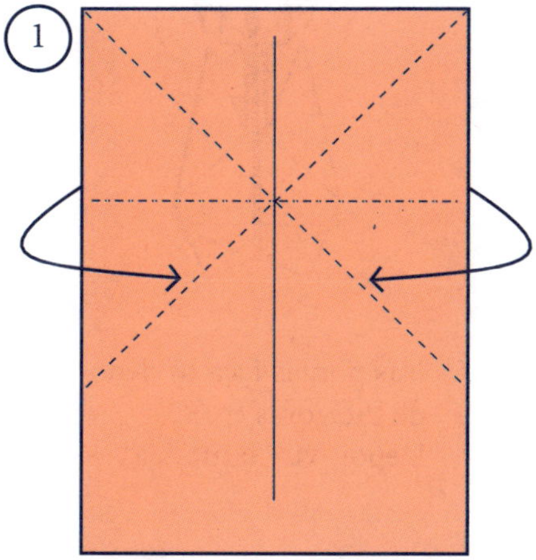

Dobre uma base do balão (p. 29) na parte superior do papel.

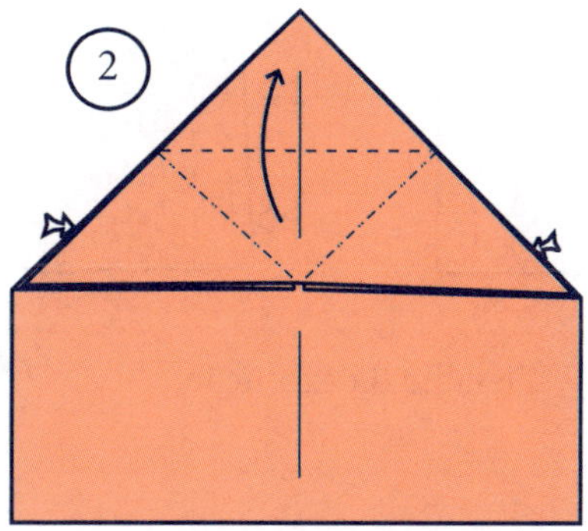

Dobre para cima e as laterais para o centro ao mesmo tempo.
Dobre a aba criada para baixo.

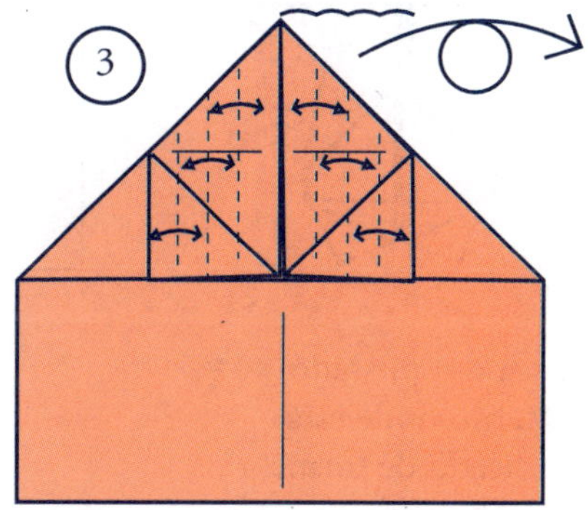

Divida cada aba por quatro vincando bem. Vire o modelo.

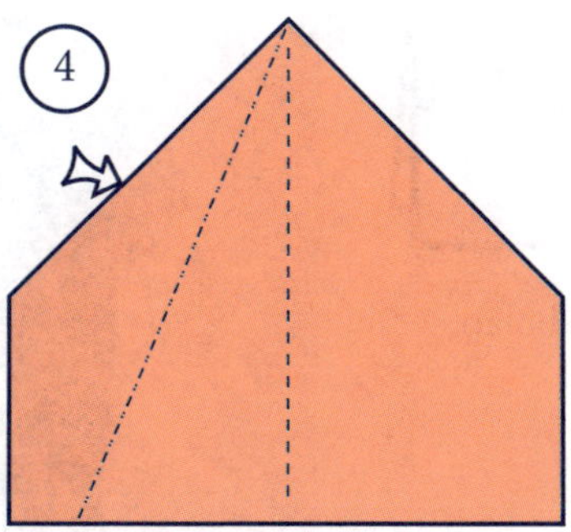

Faça uma dobra achatada.

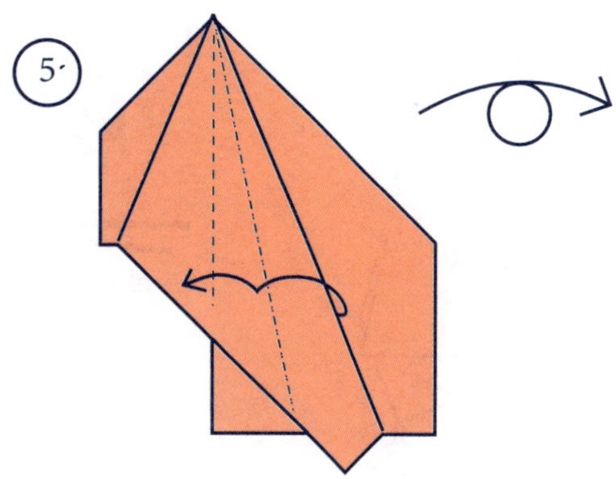

Faça outra dobra achatada e depois leve para a esquerda.
Repita as fases 4 a 5 do lado direito e vire o modelo.

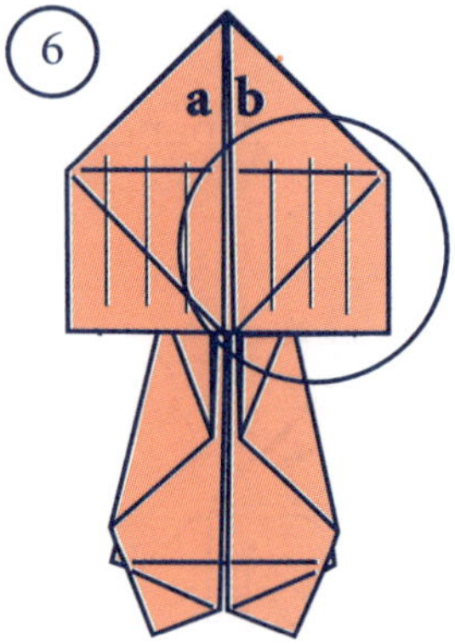

Faça um plissado interno onde está indicado de forma a criar 5 abas.

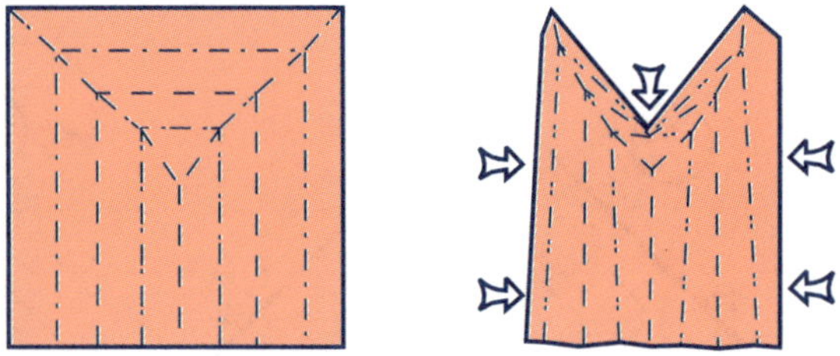

Detalhe da execução.

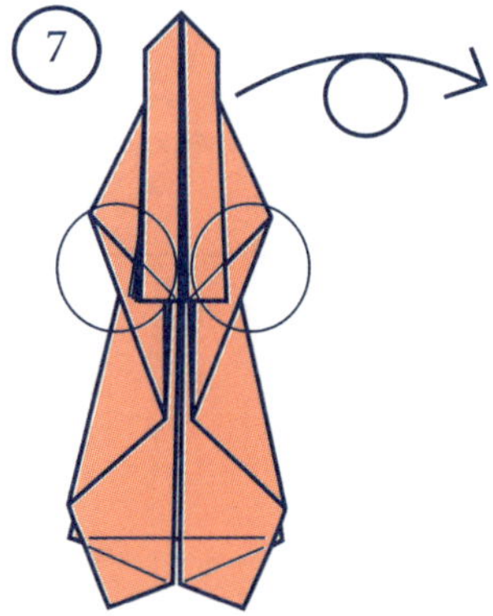

Nas pontas faça os dedos de Pitágoras (p. 92). Depois vire o modelo.

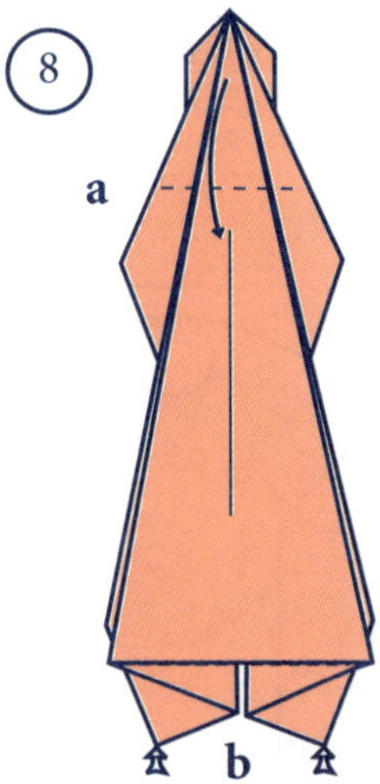

a) Dobre parte do capuz para baixo.
b) Dobre as duas pontas para dentro.

Os alunos foram feitos com a base do balão.

SACI SENTADO

A receita está resumida.

1

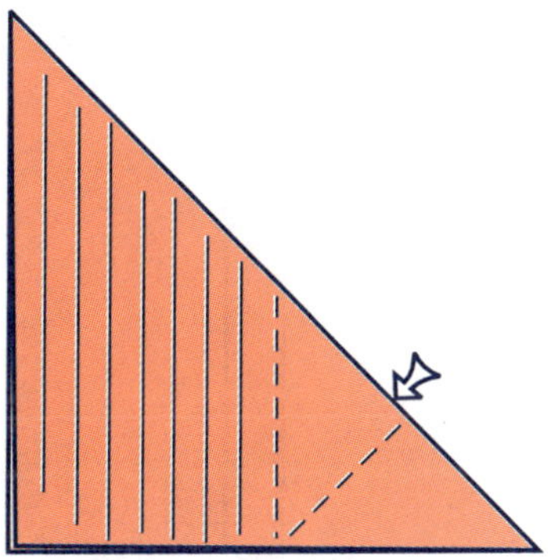

Dobre um quadrado por uma das diagonais. Divida a metade esquerda em oito, vincando bem. Faça uma dobra para dentro.

2

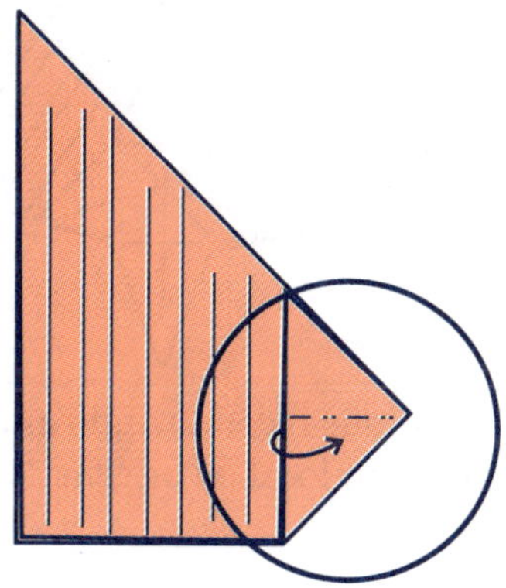

Abra.

3

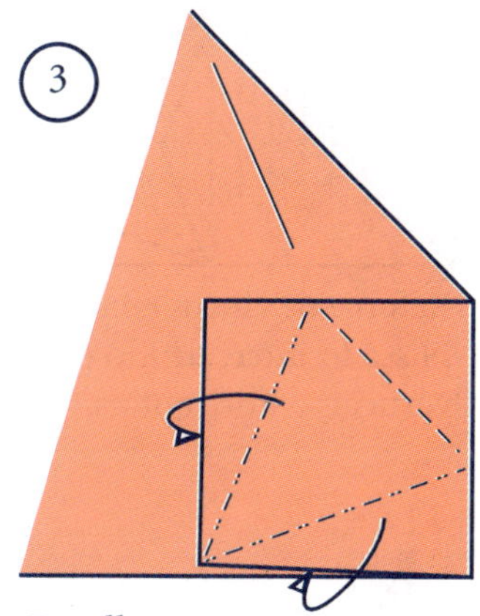

Detalhe.
Dobre como na base do pássaro (p. 83).

4

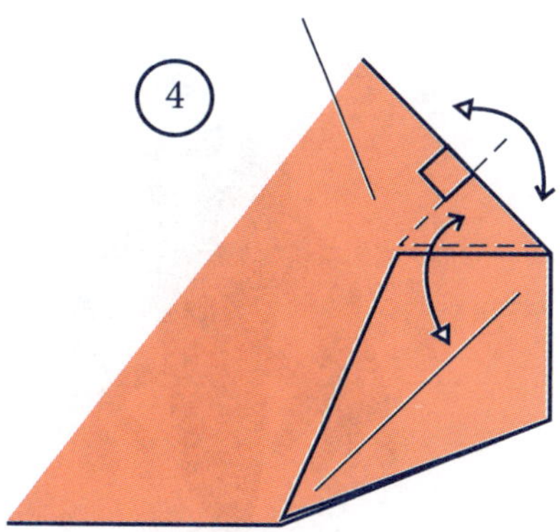

Vinque nas indicações. Depois desdobre como na figura 1 e faça uma dobra achatada.

5

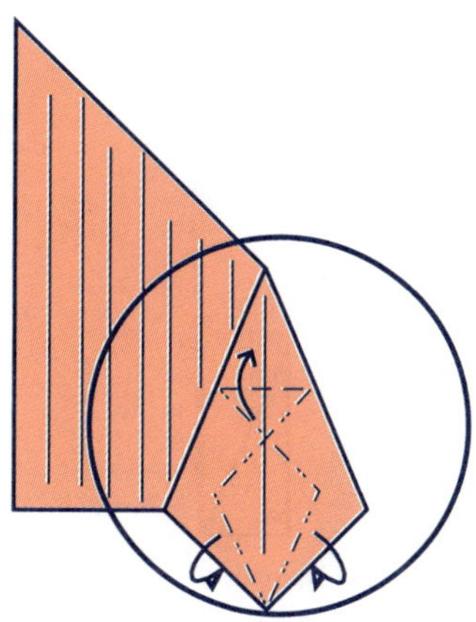

Dobre seguindo as linhas vale e montanha.

6

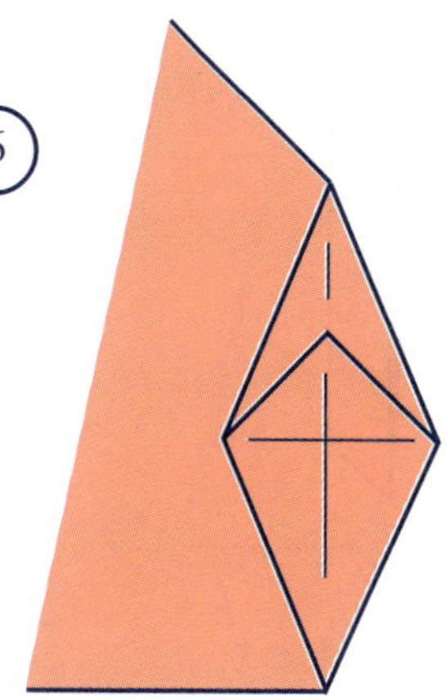

Detalhe.
Desdobre tudo.

7

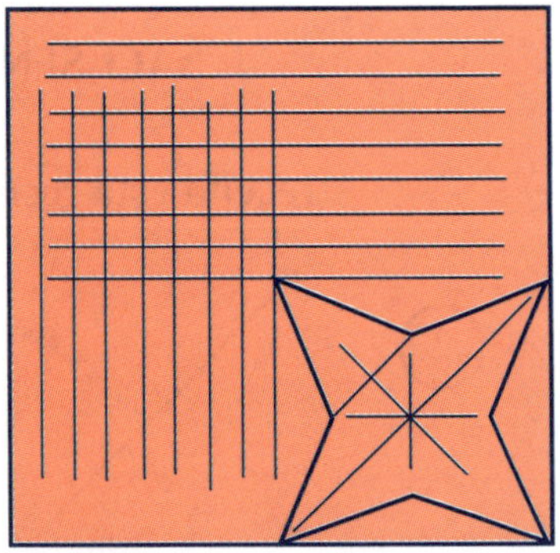

Reforce os vincos e faça um plissado intercalando os vincos verticais e horizontais.

8

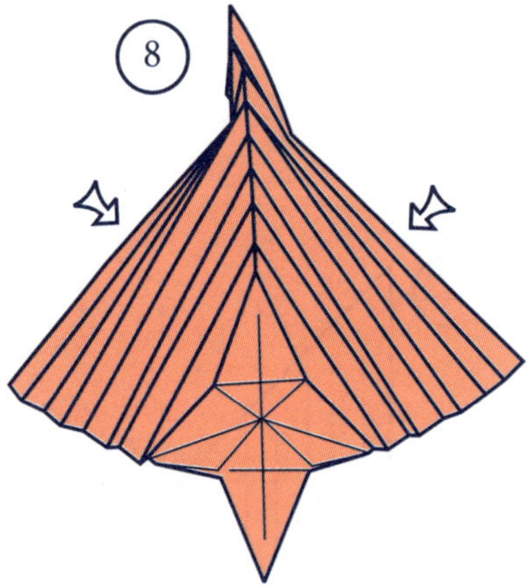

Continue reconduzindo as dobras para seu local de origem.

9

Esta é a forma conseguida após as dobras. Passe os "braços" para baixo.

10

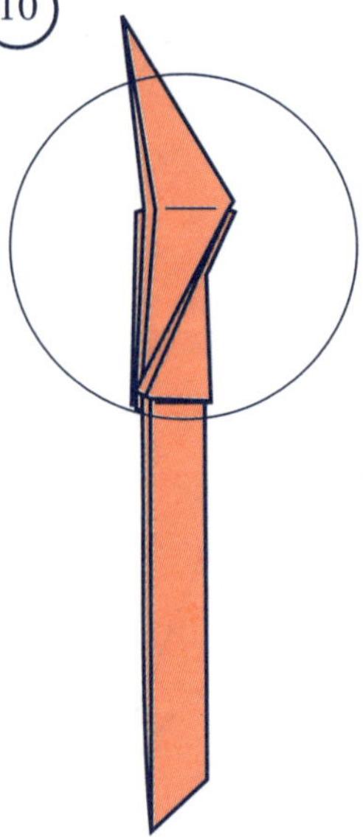

Vire o modelo.

11

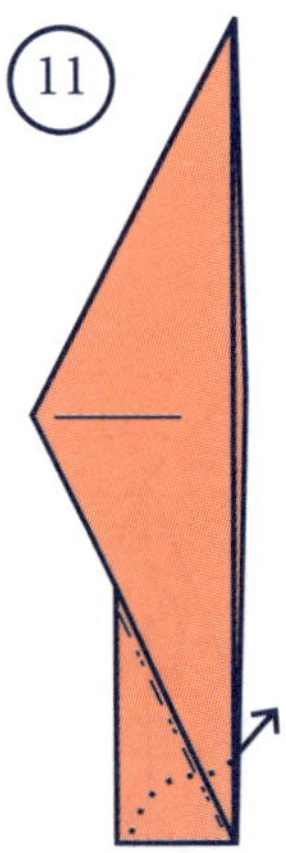

Detalhe do braço. Agora faça os dedos e dê forma ao Saci (p. 92).

A partir da base do pescoço também é possível fazer cabeças de diferentes bichos.

1

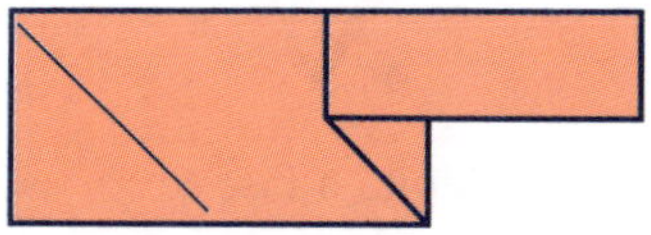

Este exemplo começa com a base do pescoço horizontal, mas pode ser reproduzido sempre que houver pontas a serem trabalhadas.

2

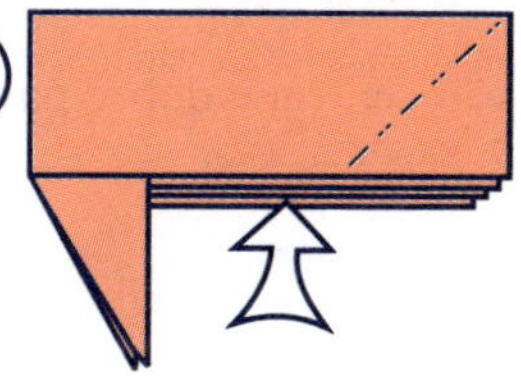

Vinque na indicação.
Faça uma dobra por dentro em cada aba.

3

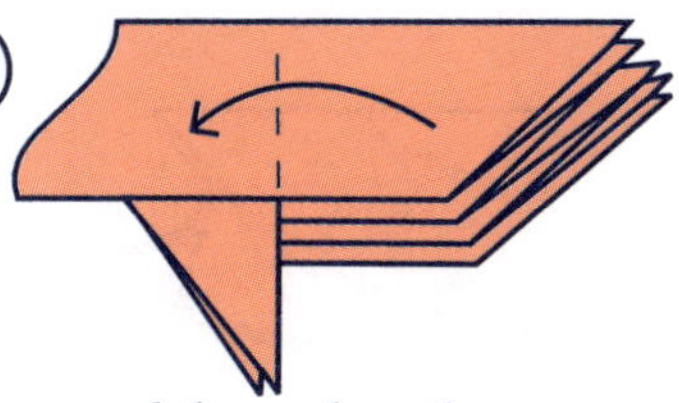

Faça uma dobra achatada com a segunda aba.

4

Continue achatando e esticando para a esquerda.

5

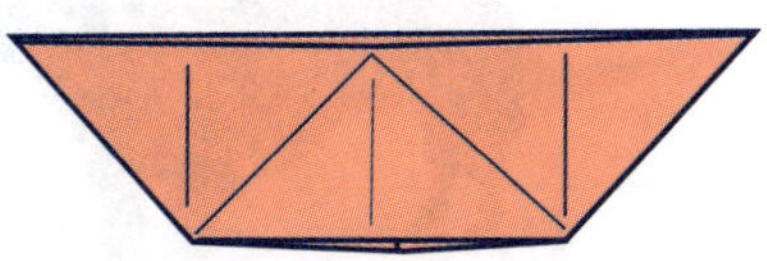

Repita nas abas de trás.

6

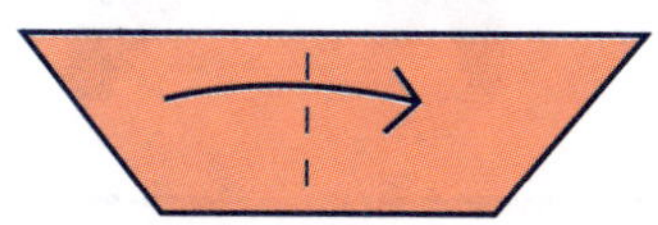

Leve a ponta para a direita e repita atrás.

7

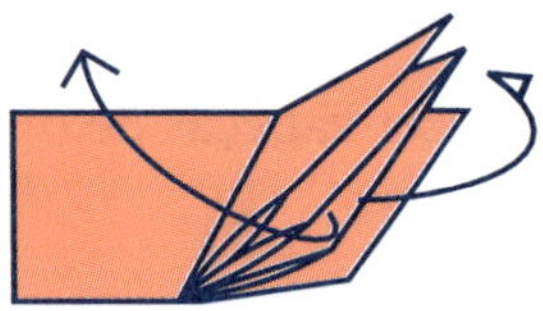

Abra o vão central e dobre para fora.

8

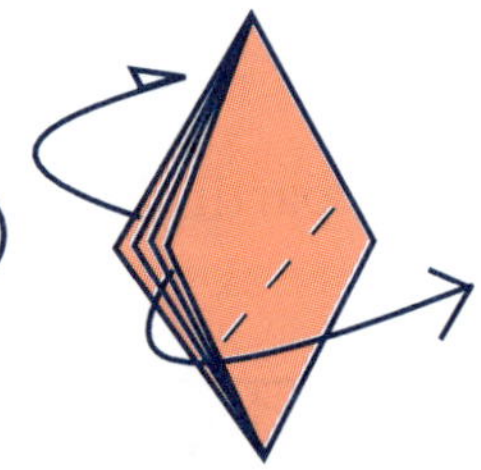

Repita a fase 6.

9

Molde orelhas e focinhos.

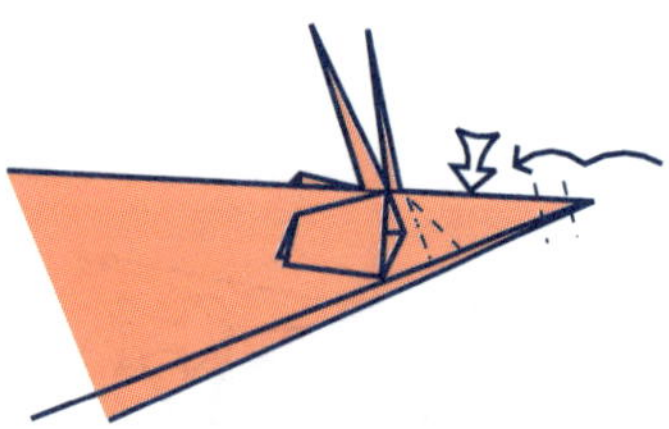

Boi

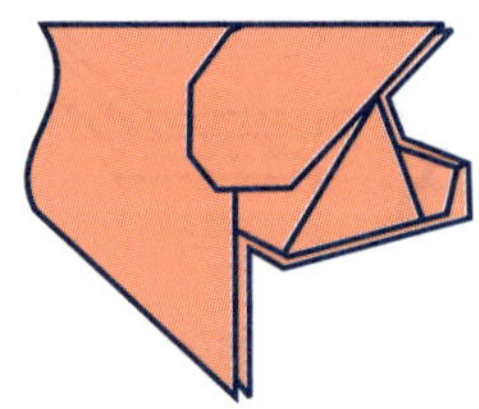

Porco

Boi

Daschmund

1

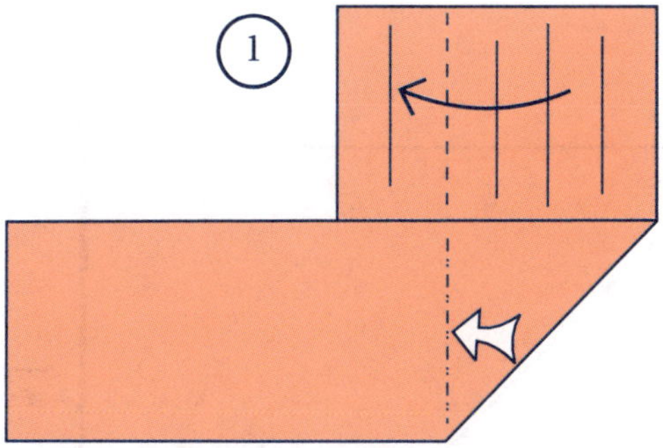

Começe pela fase 8 da base do pescoço (p. 90). Vinque e dobre por dentro na indicação

2

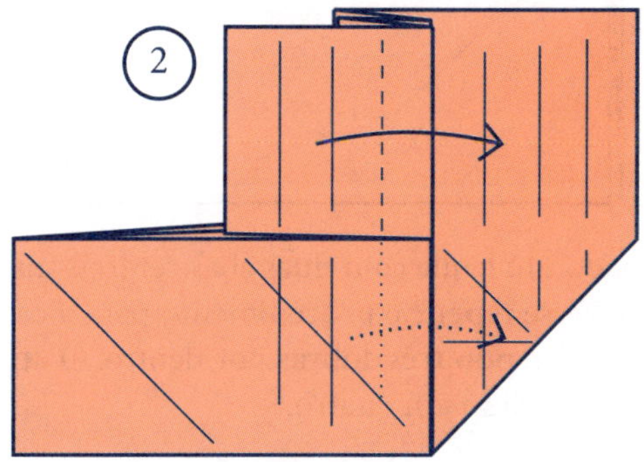

Dobre por dentro novamente.

3

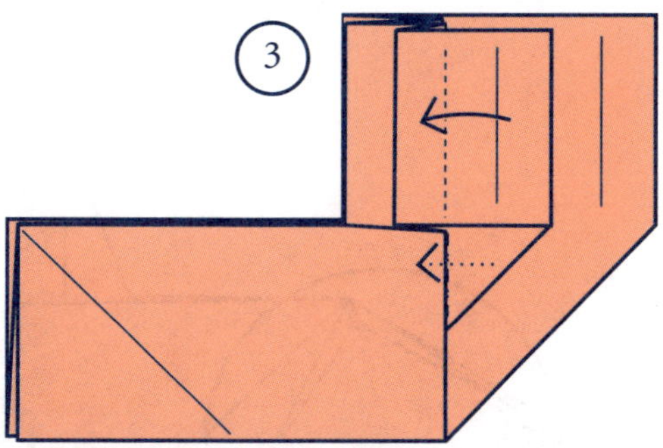

Dobre por dentro mais uma vez.

4

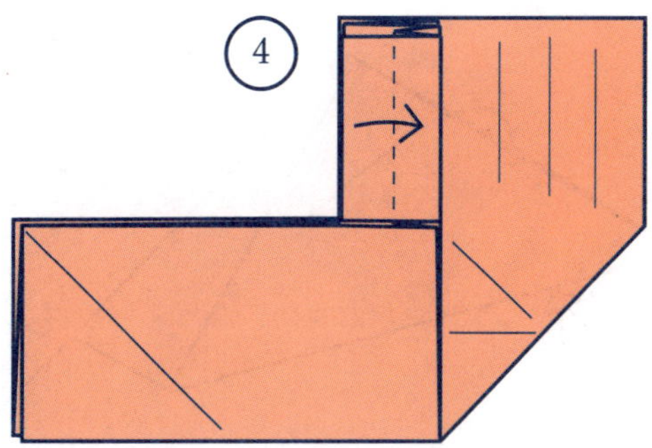

Ainda uma vez e depois repita tudo na aba de trás.

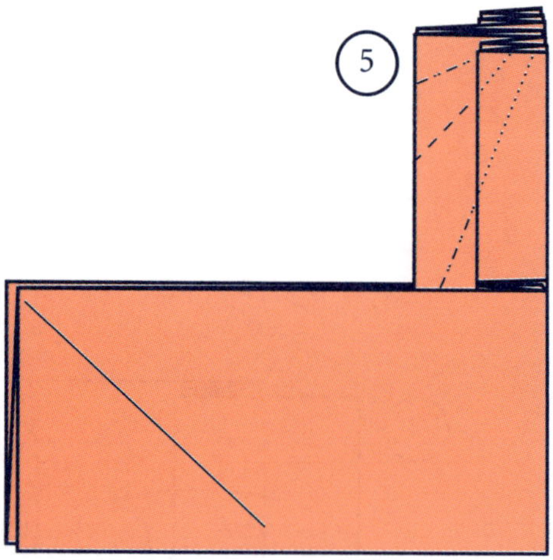

Foi formado um leque com duas abas centrais mais largas. Nestas, deve-se repetir o procedimento para a cabeça do boi (p. 98), fazendo três dobras por dentro. O ângulo superior é dividido em quatro.

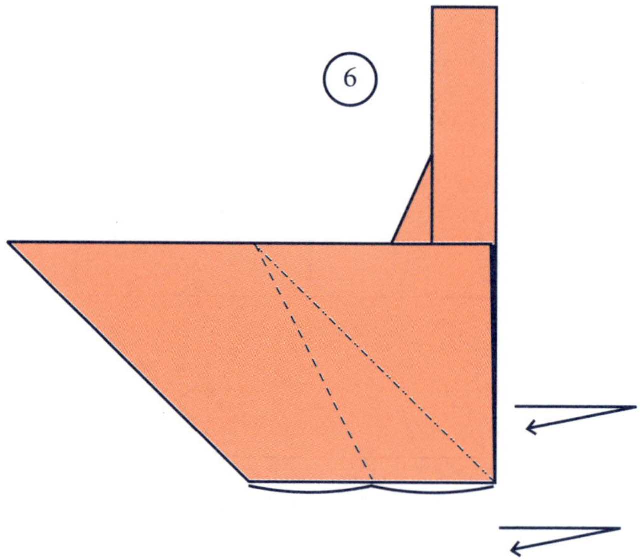

Faça um plissado duplo para as pernas dianteiras.

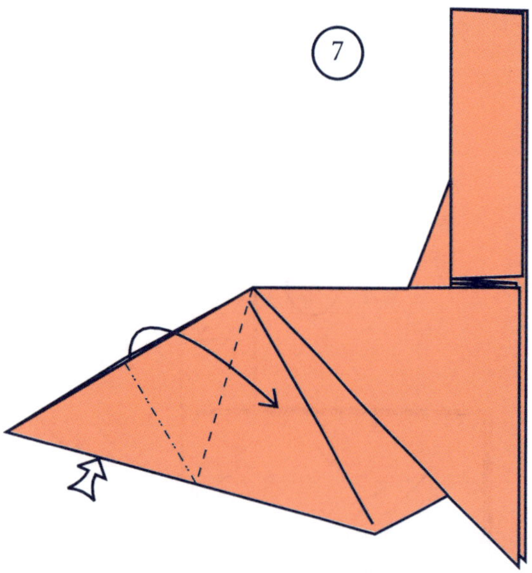

Pernas traseiras.
Faça uma dobra achatada e repita na aba de trás.

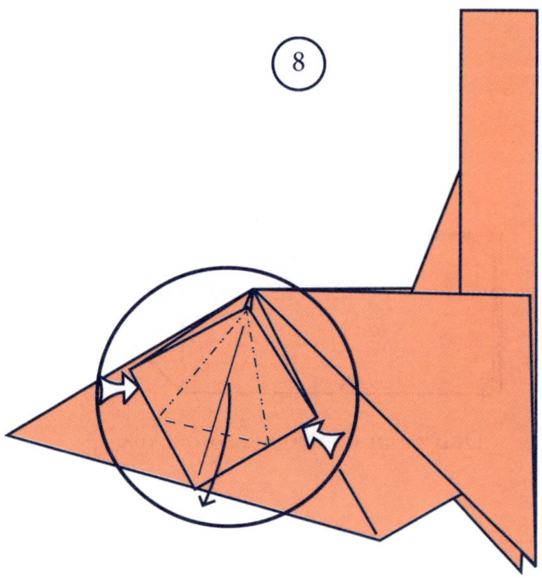

Dobre como na base do pássaro (p. 83) e repita na aba de trás.

9

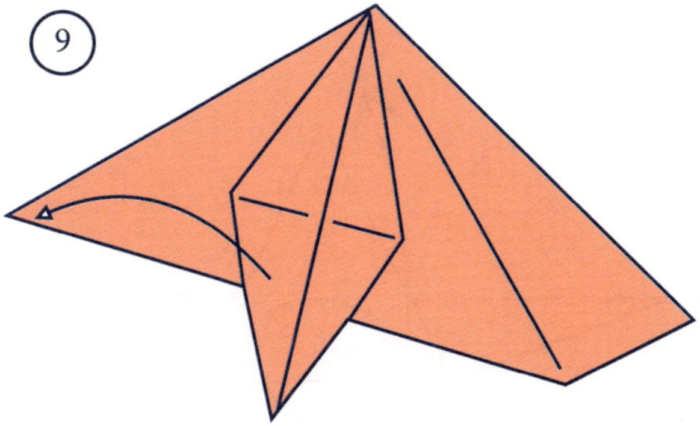

Detalhe.
Desdobre e repita na aba de trás.

10

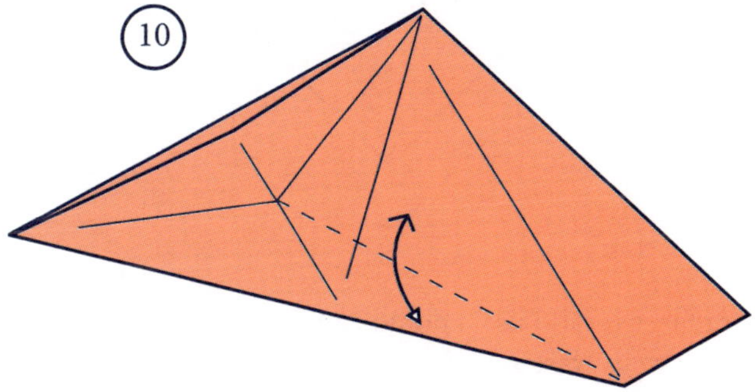

Vinque e repita na aba de trás.

11

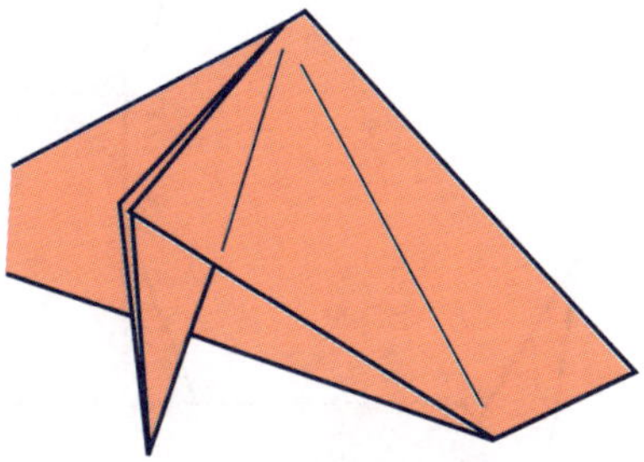

Refaça as fases 7, 8 e 9 afundando no vinco feito na fase 10, e repita na aba de trás.

12

Detalhe do afundamento.

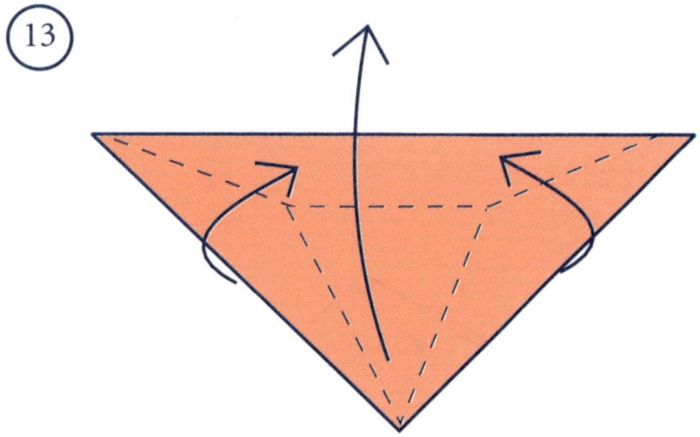

Detalhe.
Para fazer o rabo use a ponta central entre as duas pernas traseiras.
Dobre exatamente como foi feito nas pernas dianteiras do pônei (p. 88).

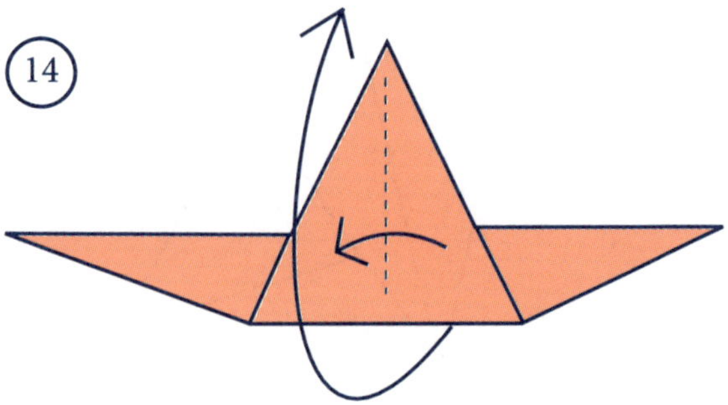

Dobra simultânea.
Levante e leve para a esquerda.

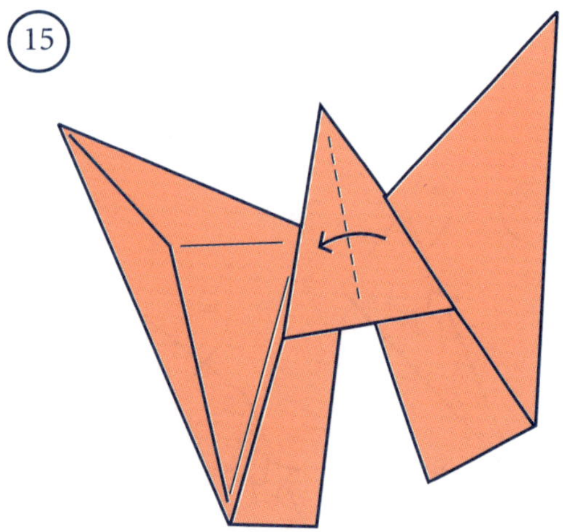

Detalhe ampliado.

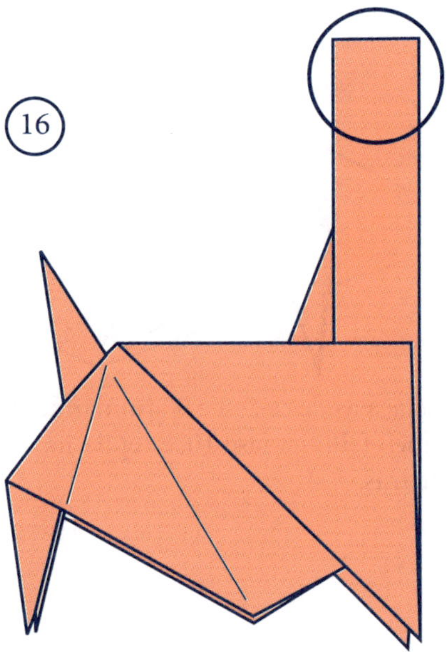

Modelo inteiro.
Começa agora a produção da cabeça.

CABEÇA DA GAZELA

17

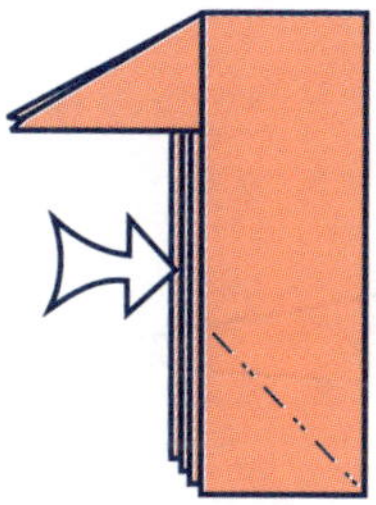

Detalhe do pescoço. Faça os procedimentos 1 a 4 das cabeças de bichos (p. 97). Repita a operação nas três pontas da frente e nas três de trás.

18

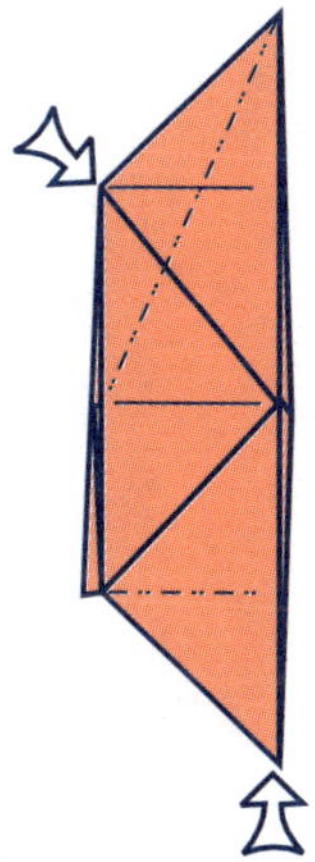

Faça dobras para dentro nas duas pontas indicadas. Repita atrás.

19

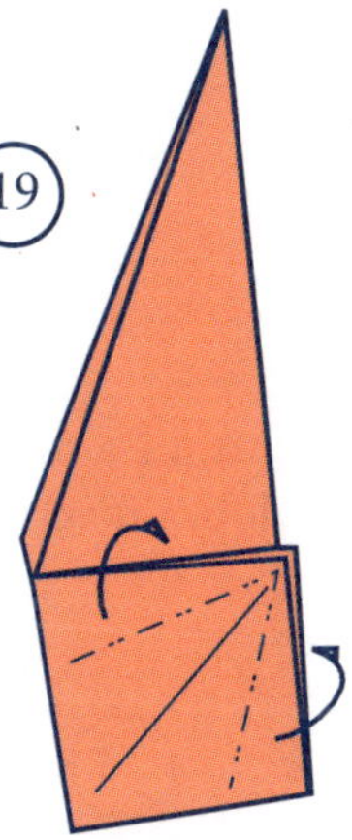

Dobre a orelha como na base do pássaro e repita atrás.

20

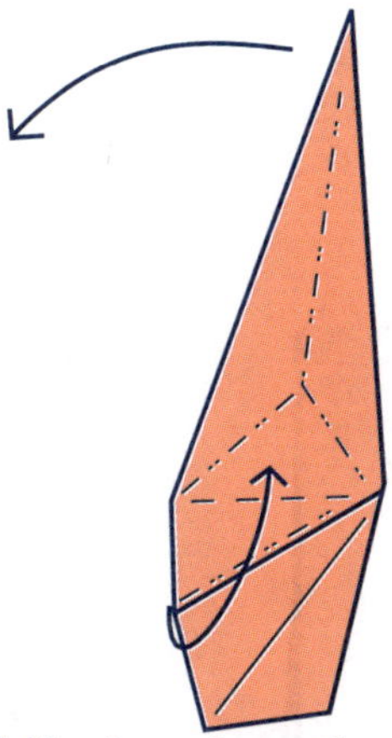

Afine o chifre fazendo orelha de coelho. Faça uma dobra achatada levando a orelha para trás. Repita no outro chifre e na outra orelha.

21

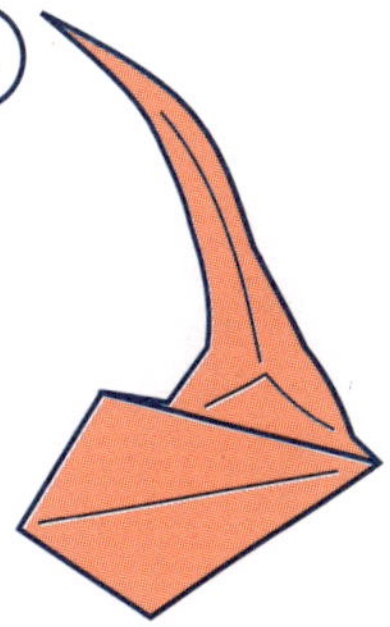

Detalhe de uma orelha e um chifre.

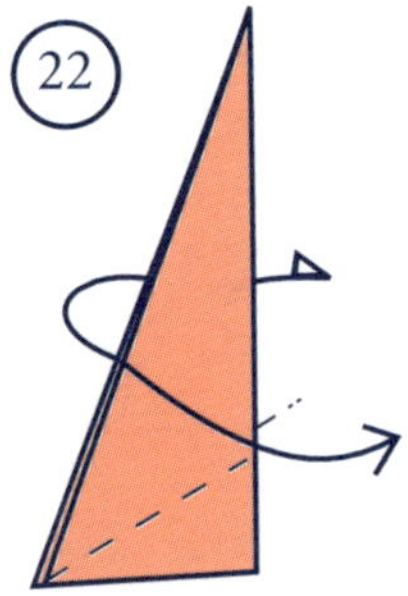

A ponta central é a cabeça.
Faça uma dobra invertida por fora.

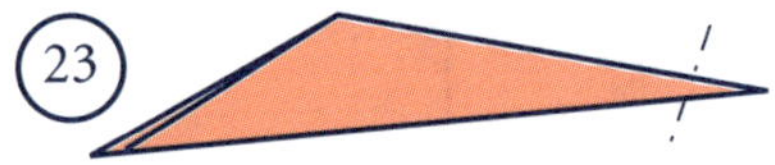

Detalhe.
Dobre a ponta para dentro.
A cabeça pode ser moldada para ficar tridimensional.

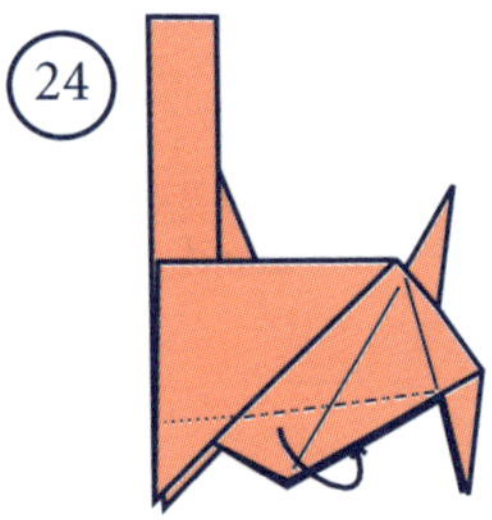

Modelo inteiro (sem a cabeça).
Dobre para dentro.
Abra o modelo sem desmanchar as dobras. Para afinar as pernas dianteiras, faça uma orelha de coelho simples ou adapte como achar melhor.

GAZELA

CENTAURO

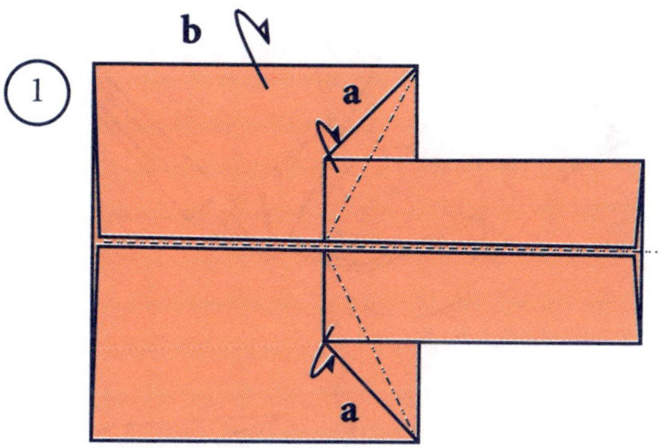

Comece a partir da fase 2 da variação da base do pescoço (p. 91).
a) Dobre para trás.
b) Dobre ao meio para trás.

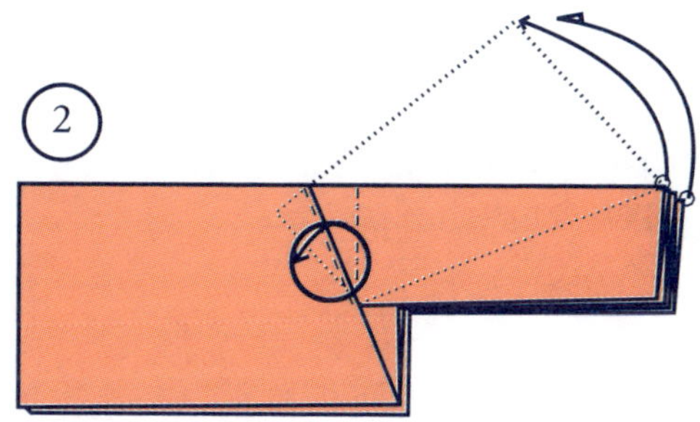

Levante só as partes externas das abas laterais. Retire um pouco o papel escondido. O círculo indica onde tem papel escondido.

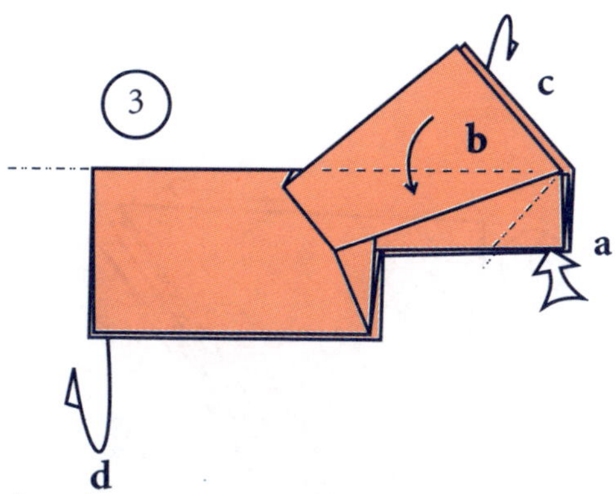

a) Dobre os cantos para dentro.
b e c) Dobre as abas para baixo, uma para frente outra para trás.
d) Abra a figura.

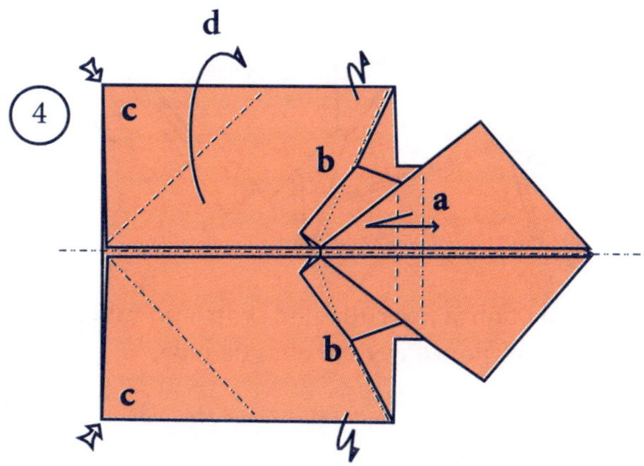

a) Plisse.
b) Vinque firme.
c) Dobre para dentro.
d) Dobre ao meio para trás.

5

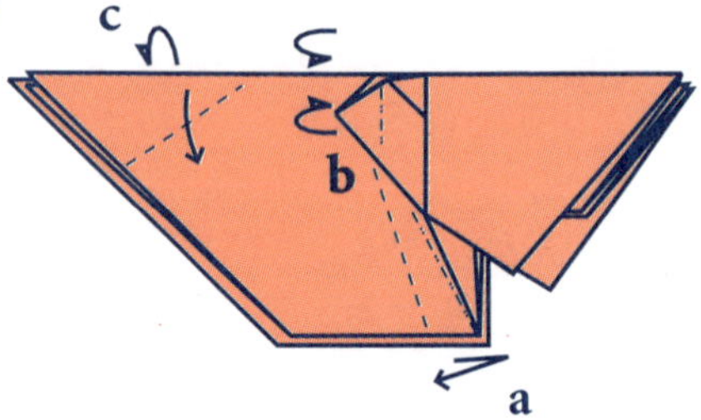

a) Plisse.
b) Dobre para trás.
c) Dobre para baixo.

6

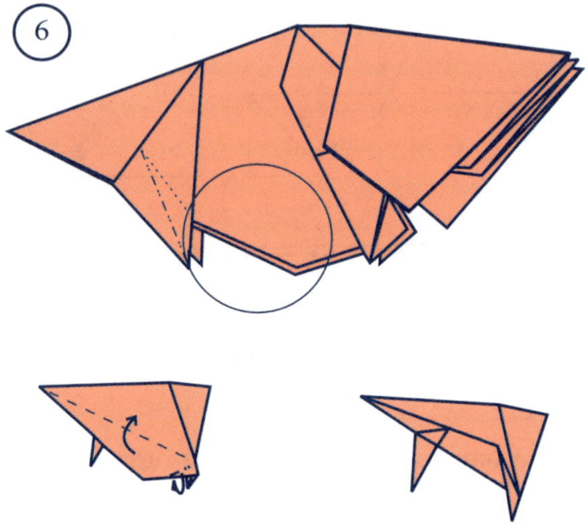

Afine as pernas traseiras.
Veja no detalhe a parte interna da aba de trás.

7

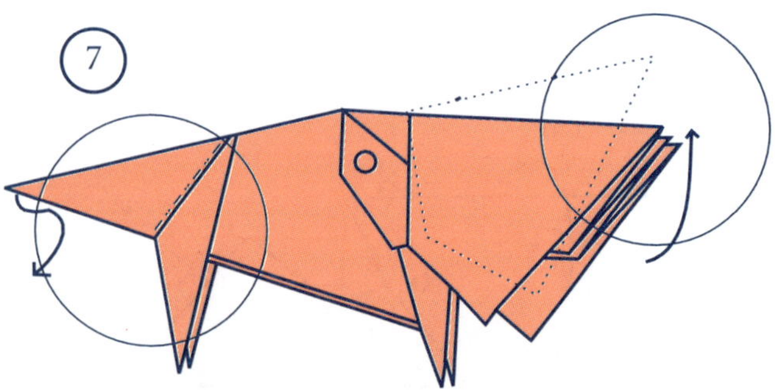

Faça uma dobra invertida por dentro no rabo.
Levante um pouco as duas abas da juba.

8

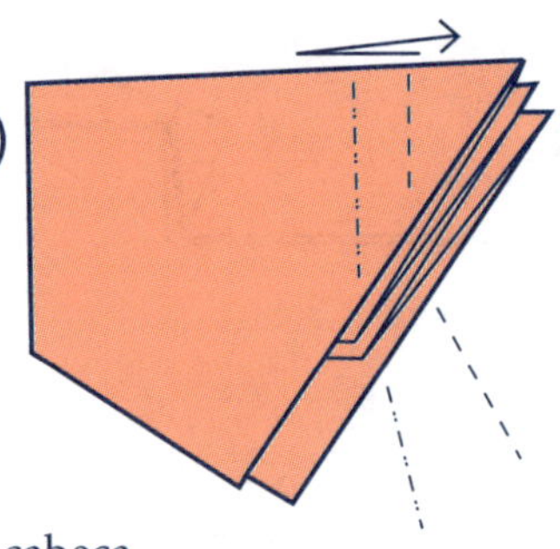

Detalhe da cabeça.
Plisse para fazer as orelhas nas duas abas externas.
Molde o focinho como achar melhor.

9

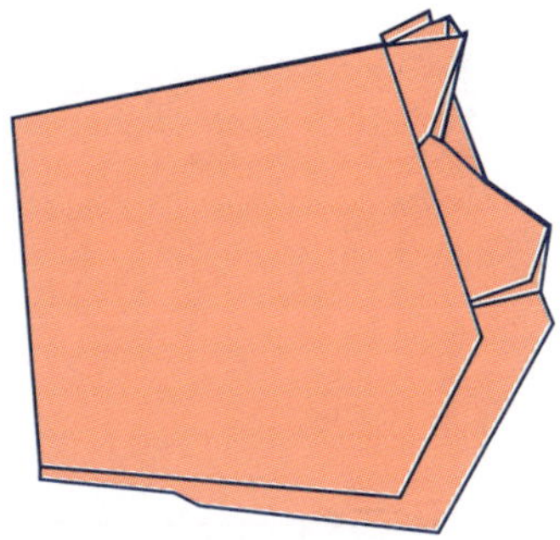

Resultado final da cabeça.

10

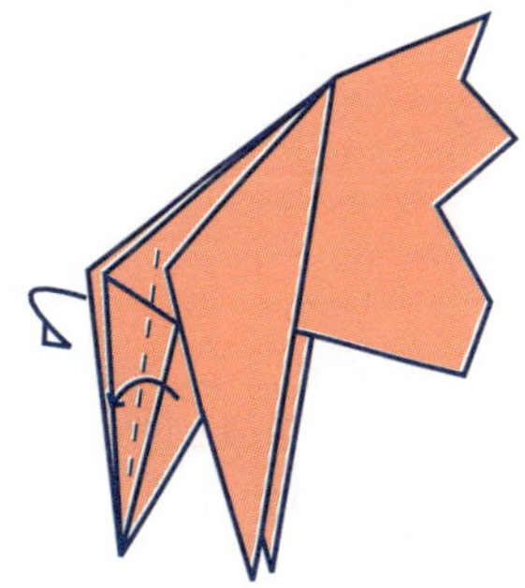

Detalhe do rabo.
Afine o rabo dobrando para dentro.

11

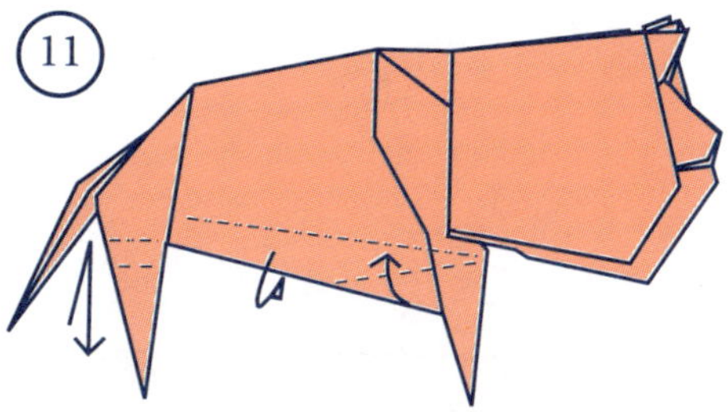

Plisse as pernas traseiras e dobre a barriga para dentro.
Repita nas abas de trás.

Dragão voador

1

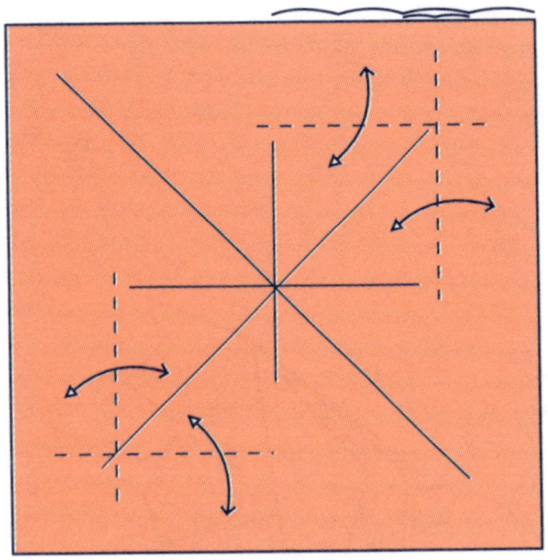

Vinque nas indicações.
Dobre na diagonal.

2

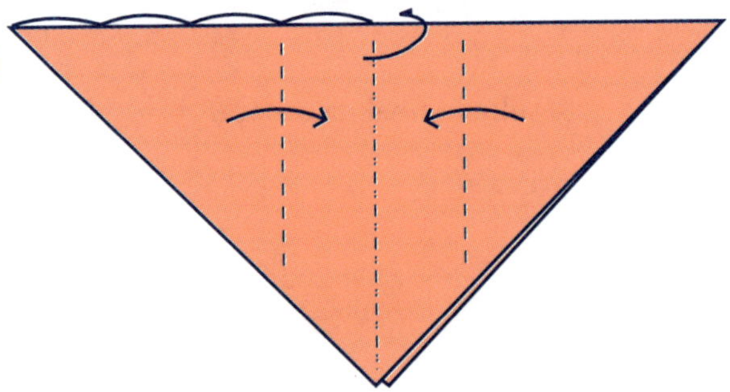

Observe as divisões e dobre seguindo as linhas vale e montanha.

3

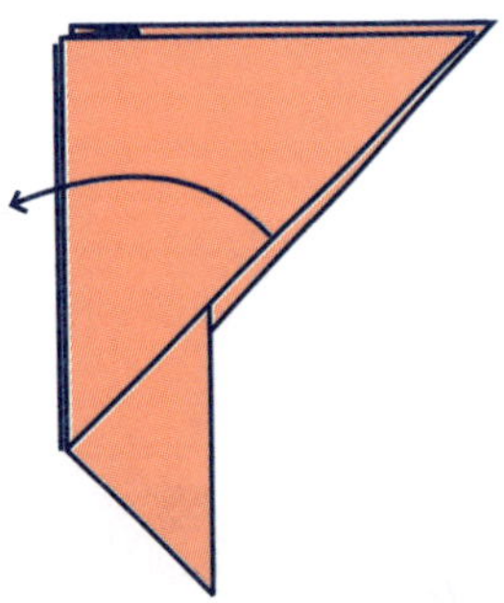

Dobre só a aba da frente.

4

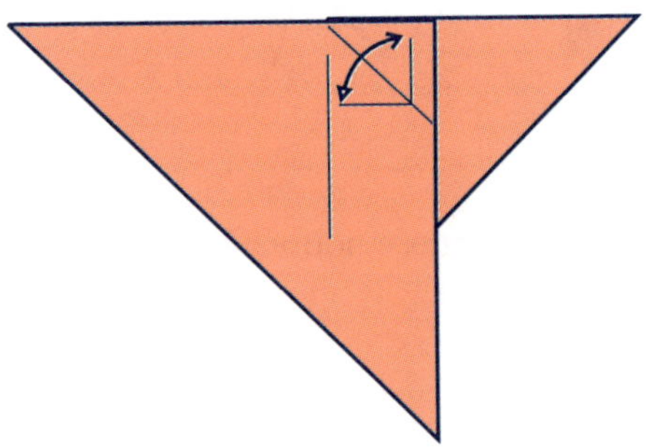

Vinque dividindo o ângulo reto e desdobre tudo.

5

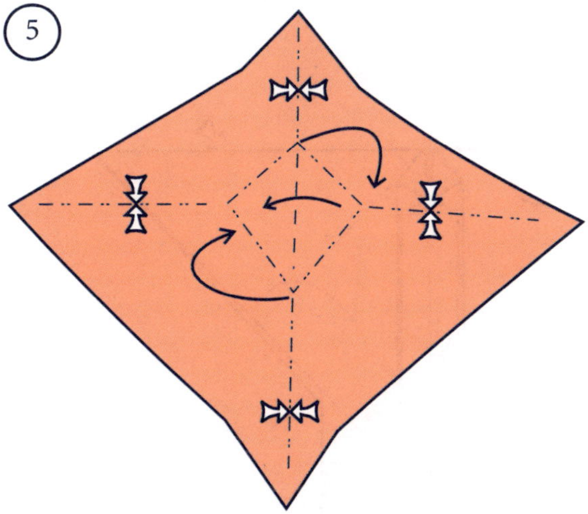

Redobre seguindo as linhas vale e montanha, e gire no sentido horário.

6

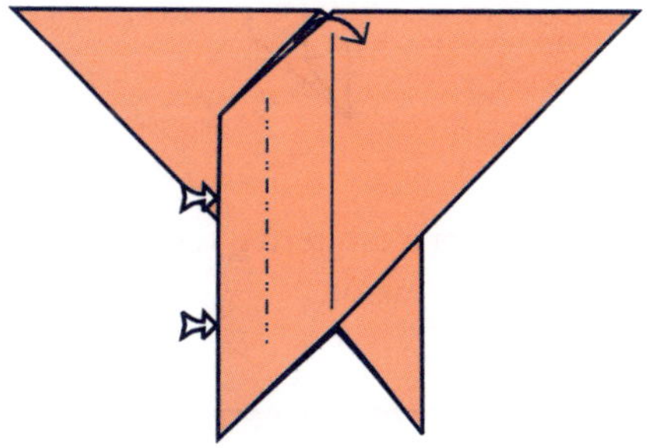

Faça uma dobra achatada em uma das abas. Repita na parte de trás do modelo.

7

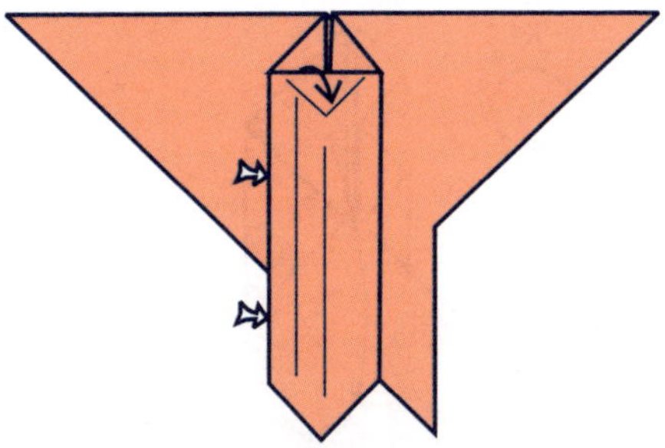

Faça uma nova dobra achatada. Não repita atrás.

8

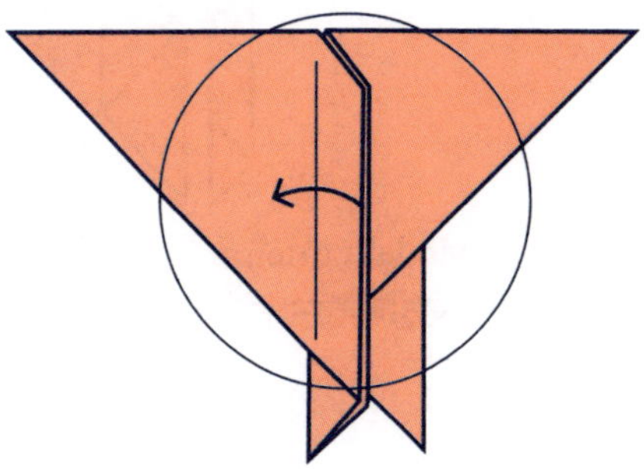

Passe o que foi feito para a esquerda.

9

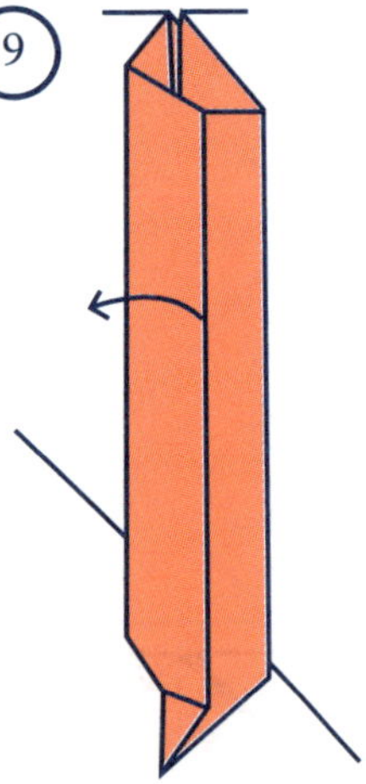

Detalhe.
Depois de passar para a esquerda, repita a operação na metade direita da aba maior.

10

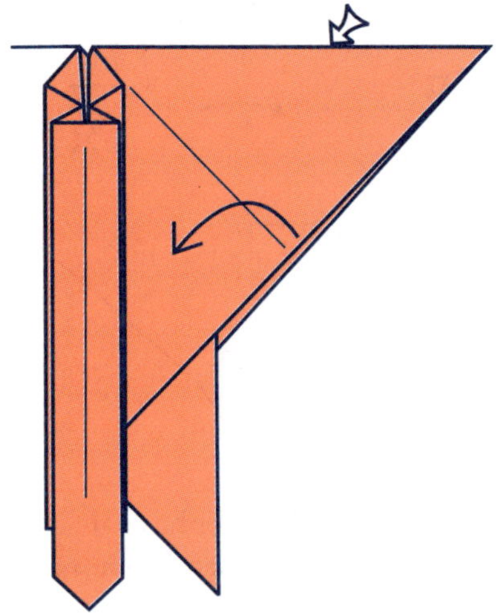

Detalhe ampliado.
Faça uma dobra achatada.

11

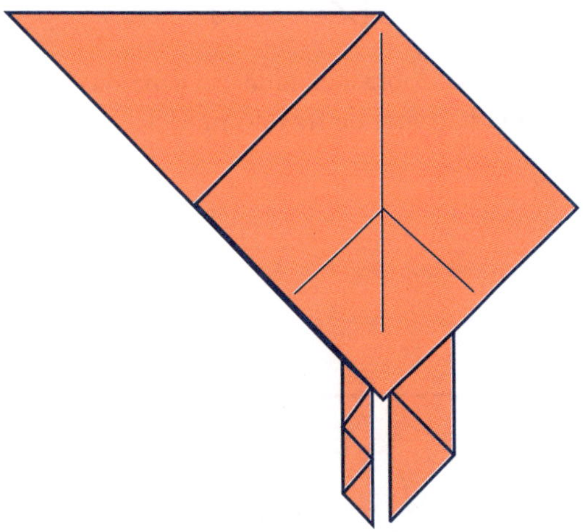

Modelo inteiro.
Repita atrás.

12

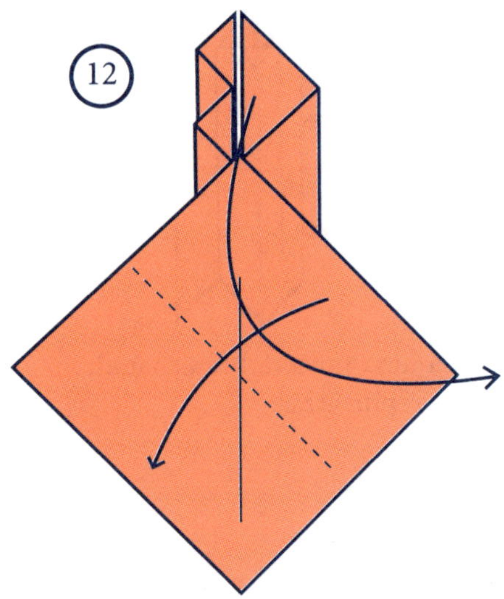

Dobre o quadrado ao meio, levando a ponta superior para a direita.

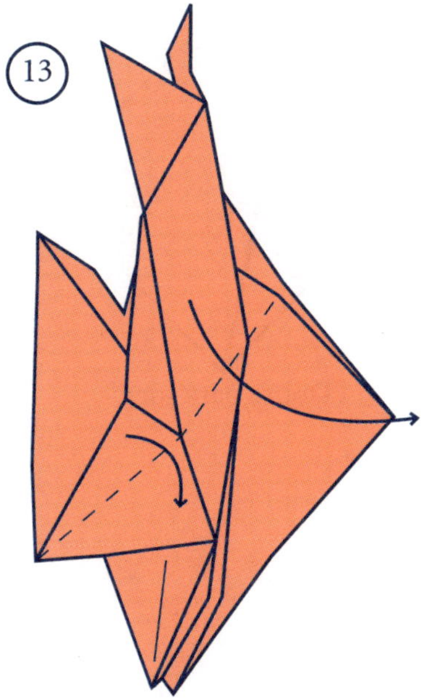

Detalhe da execução da fase anterior.

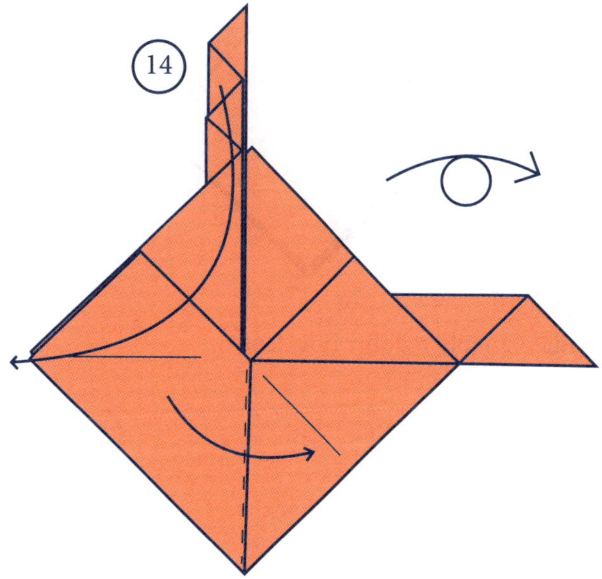

Repetir a operação no lado esquerdo, levando só a parte de baixo para a direita. Vire o modelo.

Repita a operação anterior.
Vire o modelo.

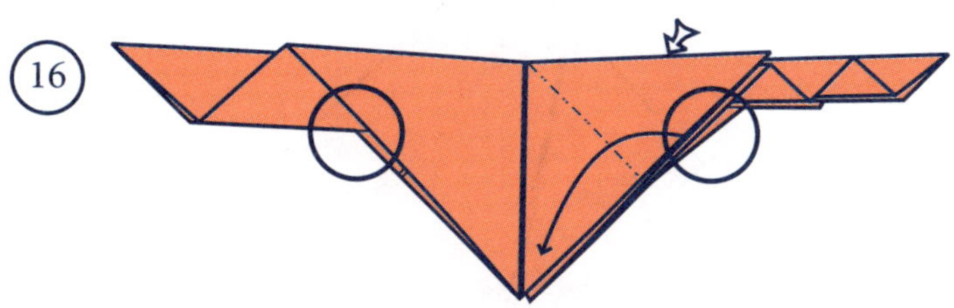

Os círculos indicam onde se formaram abas que estão voltadas para a mesma direção. É preciso separá-las. Para isso, abra um pouco o modelo. Caso não consiga com os dedos, use uma pinça. Depois faça uma dobra achatada na indicação.

17

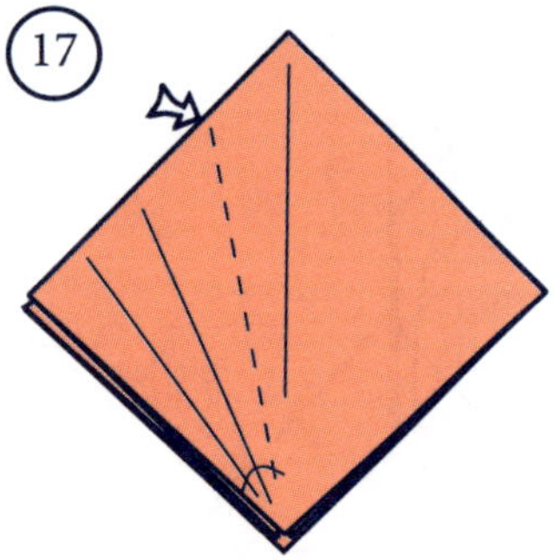

Detalhe.
Divida o ângulo e dobre por dentro.

18

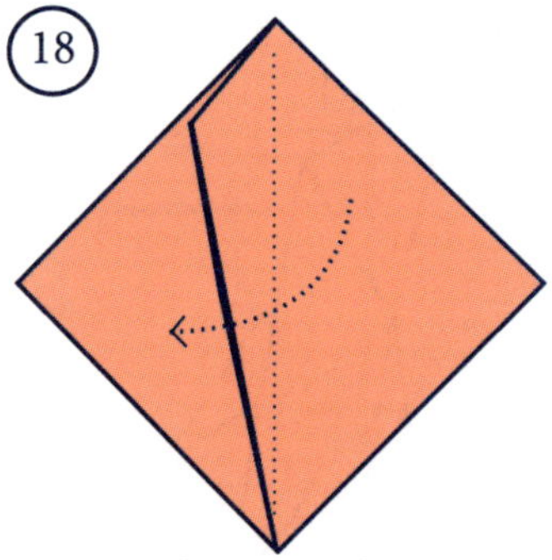

Dobre para fora.

19

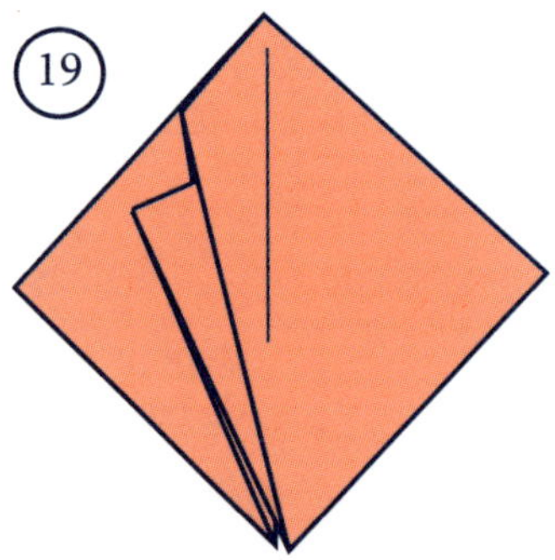

Dobre para dentro.

20

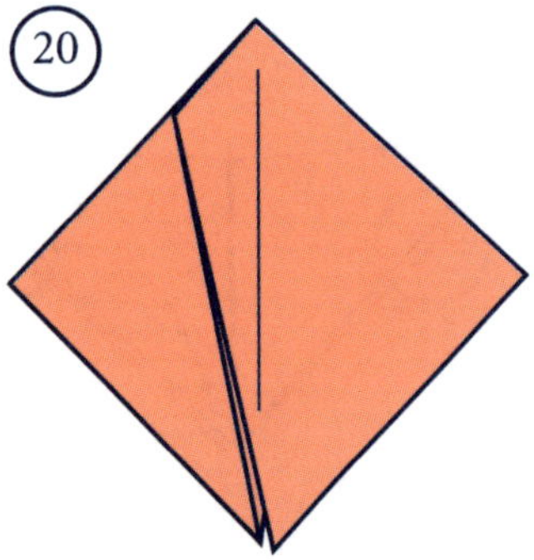

Repita as fases 17 a 19 do lado direito. Depois, repita na parte de trás do modelo.

21

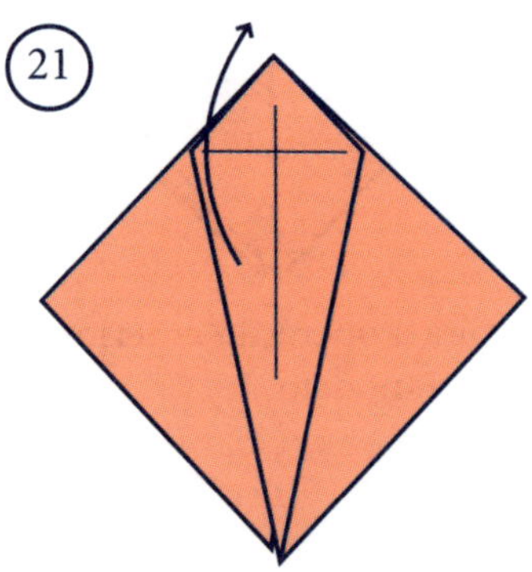

Dobre a ponta para cima. Repita na parte de trás. Esta será uma das pernas do dragão.

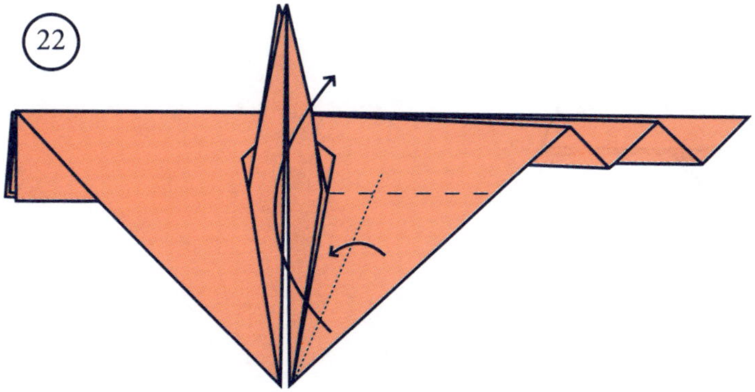

22

Modelo inteiro.
Dobre a aba interna e leve a ponta para cima.
Repita na aba interna esquerda e nas duas abas internas de trás.

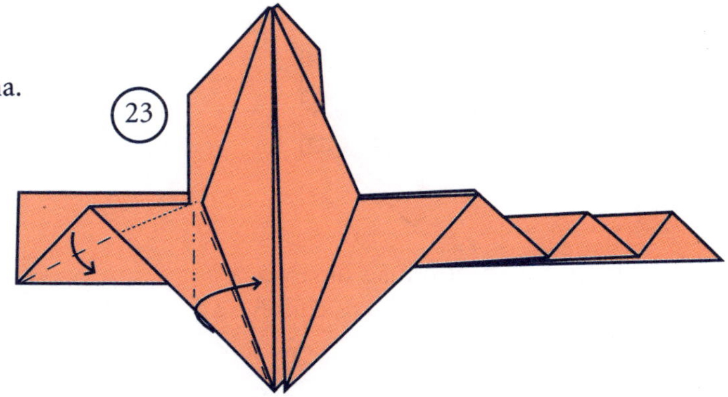

23

Dobra simultânea.
Ao dobrar, coloque uma aba sob a outra.
Repita no lado direito e nas duas abas de trás do modelo.

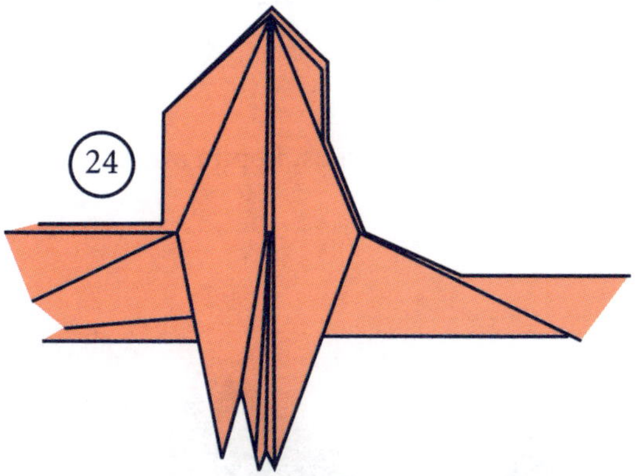

24

Detalhe.
Foram formadas três pernas.
Na parte de trás também.

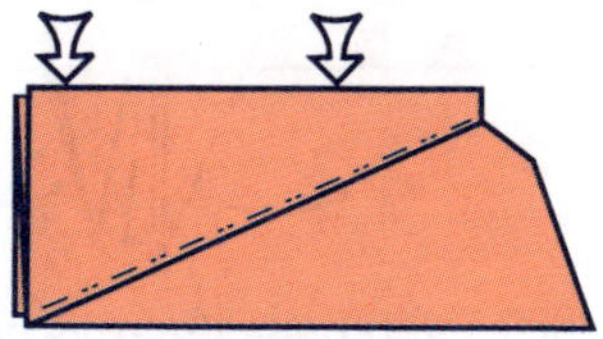

25

Detalhe da cabeça.
Dobre as duas abas para dentro.

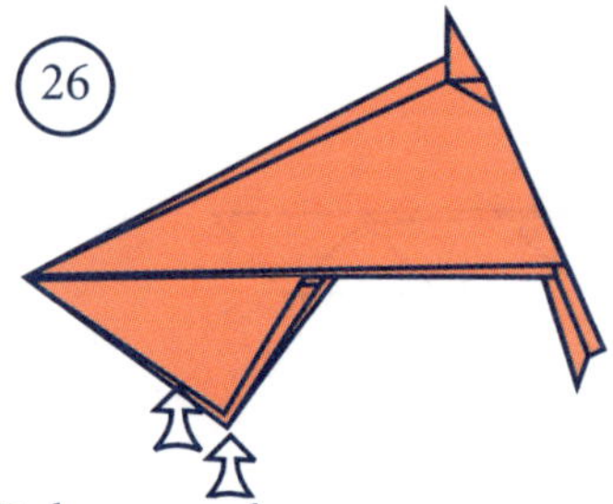

Dobre para dentro novamente.

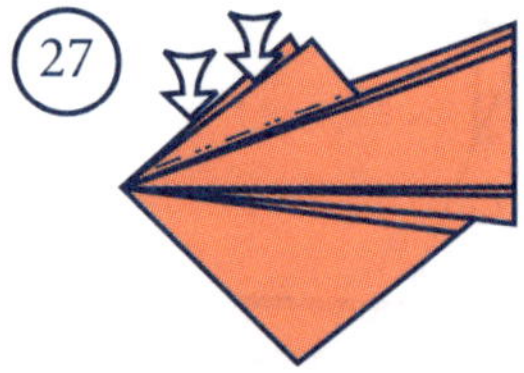

Dobre para dentro mais uma vez.
As pontas laterais serão os chifres e a central, a cabeça.

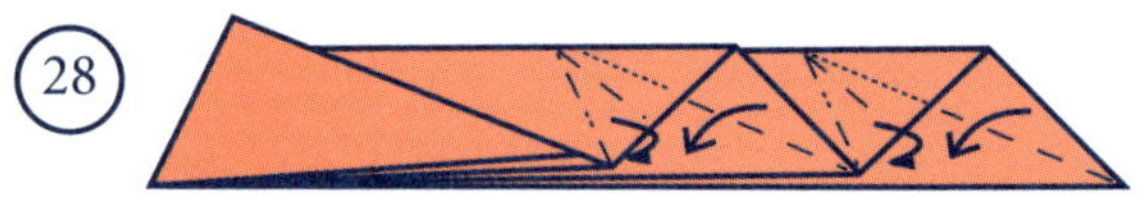

Detalhe do rabo.
Dobre para formar pontas externas. Repita atrás.

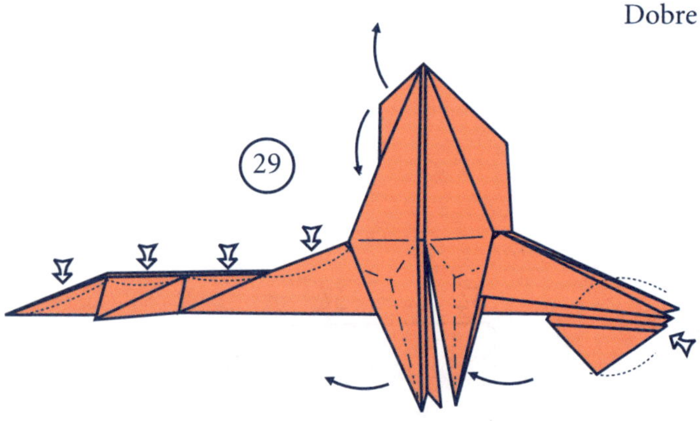

Faça orelhas de coelho para afinar as pernas.
Arredonde a cabeça e abra a boca do dragão.
Achate o rabo formando depressões e abra as asas.

1

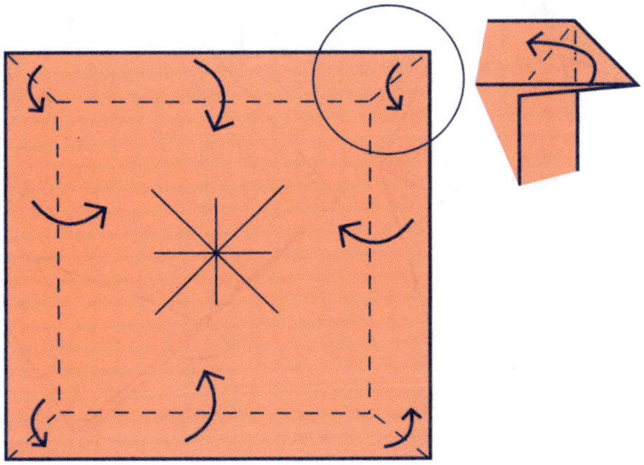

Vinque nas indicações para achar o centro do quadrado. Depois dobre as quatro laterais para o meio formando 4 pequenas bases preliminares nos cantos.

2

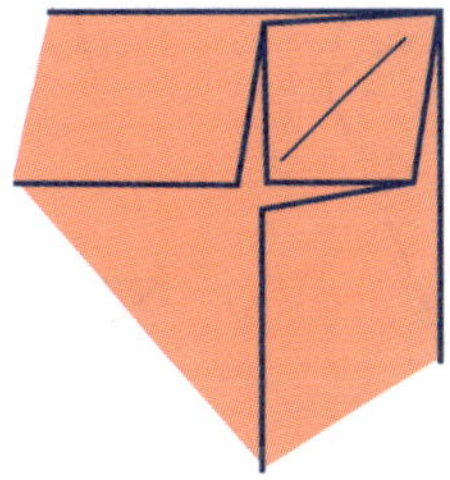

Detalhe do canto.

3

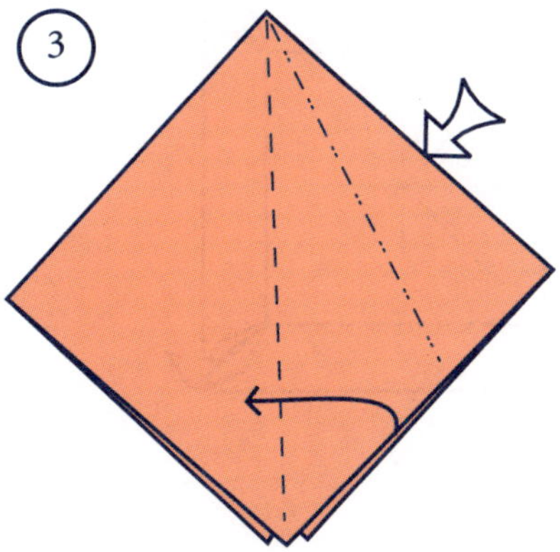

Detalhe.
Faça uma dobra achatada.

4

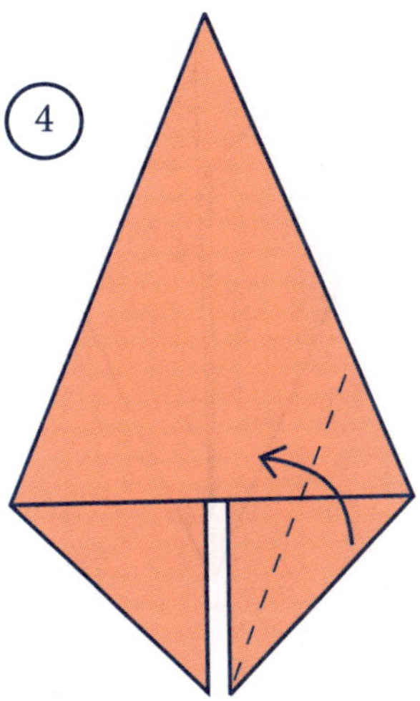

Dobre para a diagonal.

5

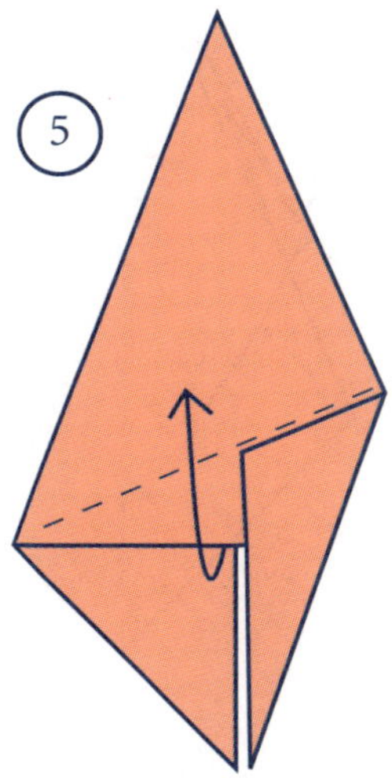

Dobre para cima.

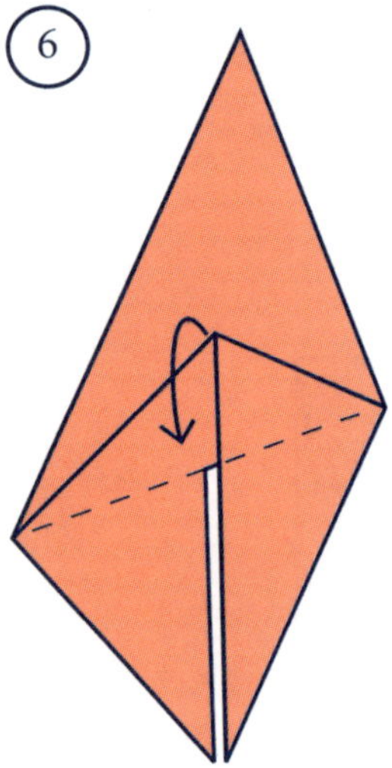

Dobre para baixo.

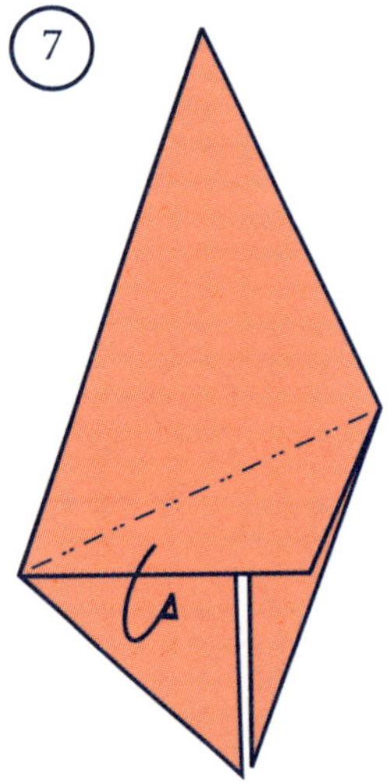

Dobre para dentro.

Faça uma dobra semelhante à orelha de coelho.

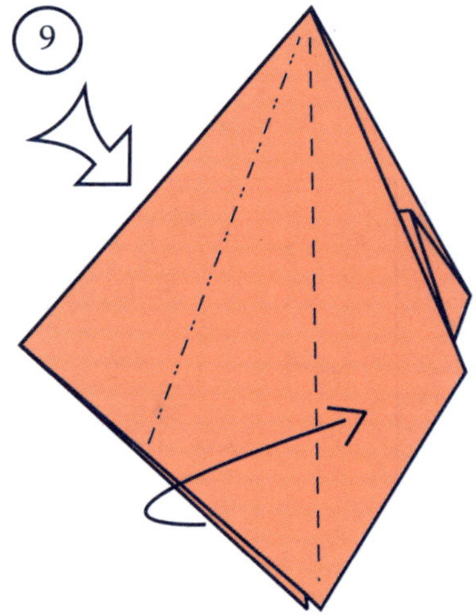

Repita tudo no lado esquerdo.

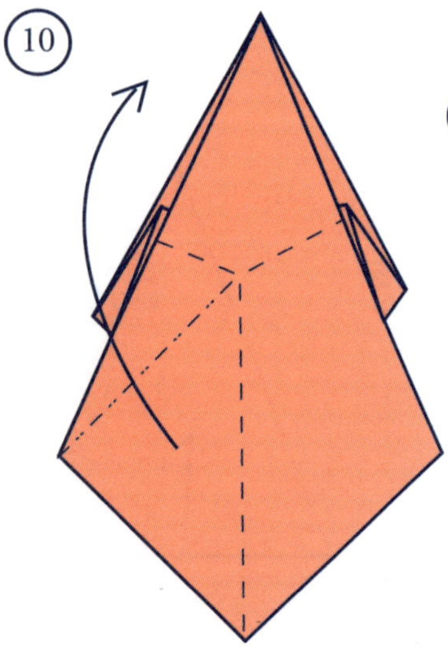

Faça mais uma dobra semelhante à orelha de coelho.

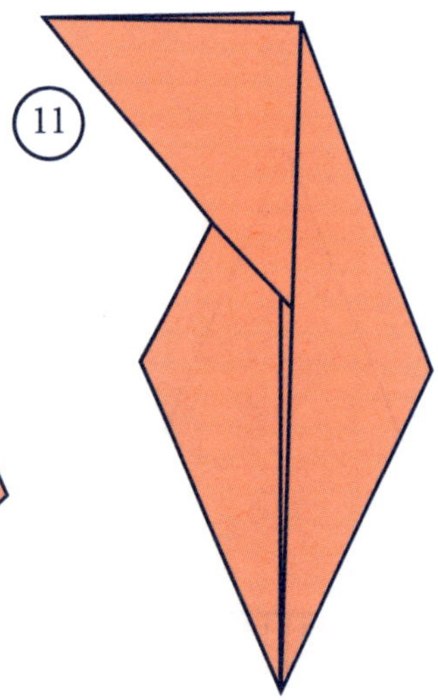

Repita nos quatro cantos do modelo.

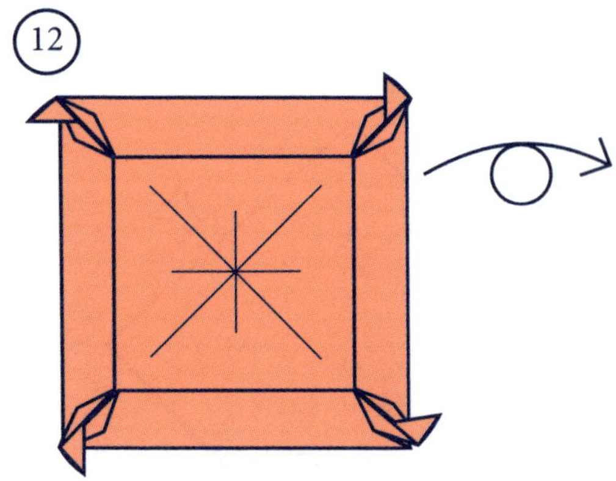

Vire o modelo e dobre a base preliminar.

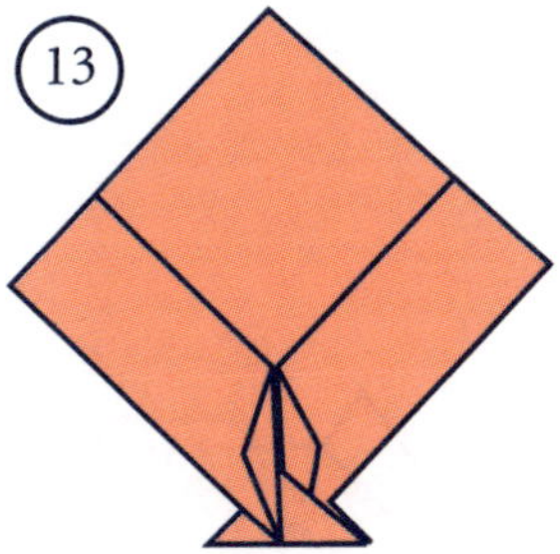

Comece a dobrar a base da rã fazendo uma dobra pétala (p. 74) na aba da frente.

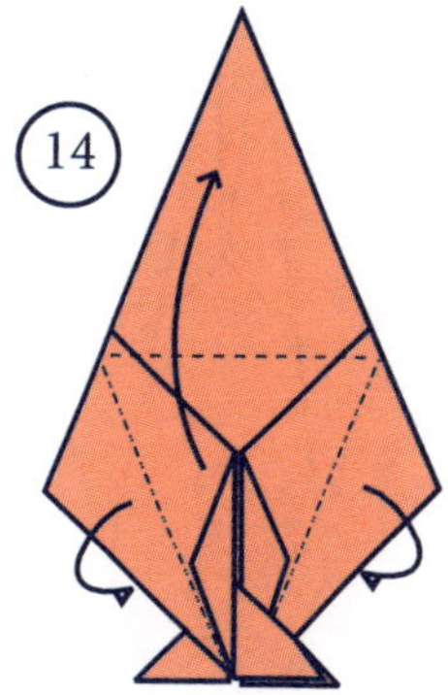

Repita nas outras três abas.

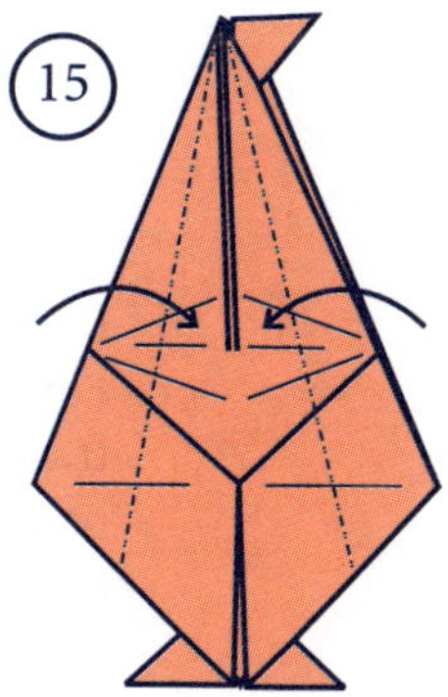

Afine as quatro pontas.

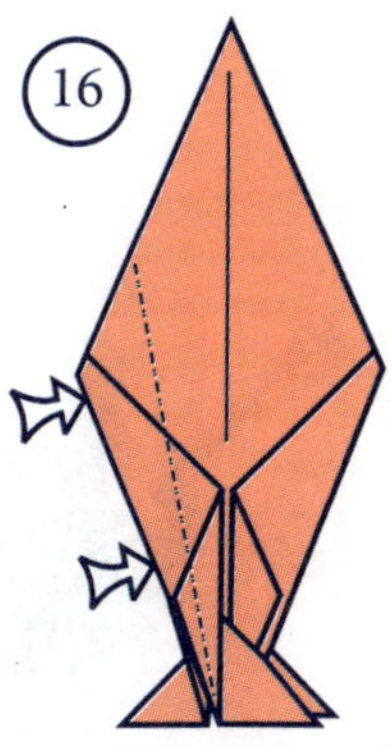

Faça uma dobra para dentro.
Repita nas outras três abas.

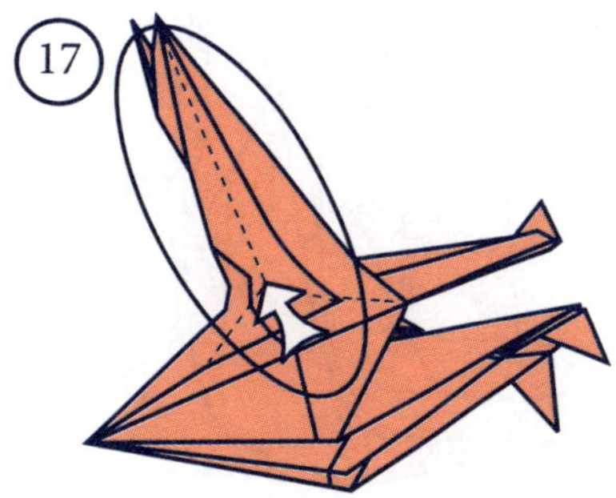

Detalhe do afundamento.

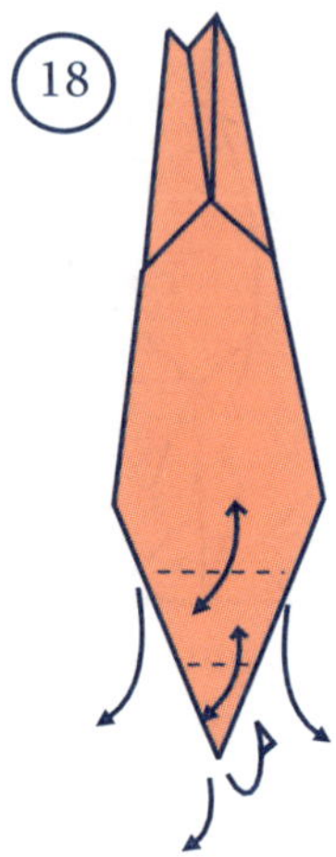

Vinque nas indicações.
Depois abra a parte fechada do modelo sem desmanchar as outras dobras.

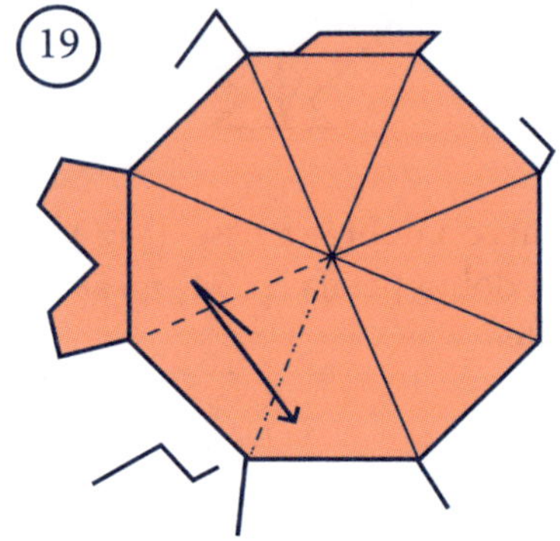

Detalhe da parte aberta vista por baixo. Foi formado um octógono que pode ser transformado num heptágono com uma pequena dobra plissada. Este plissado forma outra pequena aba que, dobrada, serve para prender a parte lateral do vaso.

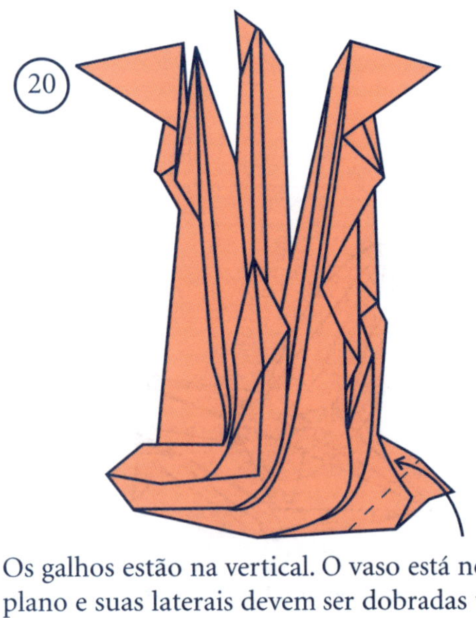

Os galhos estão na vertical. O vaso está no plano e suas laterais devem ser dobradas uma a uma. Dobre as paredes do vaso.

Capítulo IV

GEOMETRIA DO ORIGAMI

Na geometria ensinada na escola, a importância da construção é freqüentemente subestimada. A passagem da manipulação de materiais ou do reconhecimento de formas aos conceitos teóricos costuma ser muito abrupta. Uma mediação natural entre tais níveis de abordagem da geometria são as construções geométricas. O origami pode desempenhar esse papel mediador de modo interessante e fecundo. As atividades aqui apresentadas articulam a construção efetiva de formas ou objetos com elementos ou conceitos geométricos.

A DIVISÃO

Uma das primeiras operações matemáticas com a qual temos contato é a divisão.
O origami começa com a divisão do papel.
Para dividir uma folha quadrada em duas partes iguais, basta dobrar ao meio. As metades formadas, dobradas ao meio, vão dividindo a folha em 4, 8... e quantas mais partes iguais.
A divisão em três partes iguais é um pouco mais complexa. E ainda mais a divisão em cinco.
Abaixo, exemplos de como fazer essas divisões no papel sem a ajuda de uma régua.

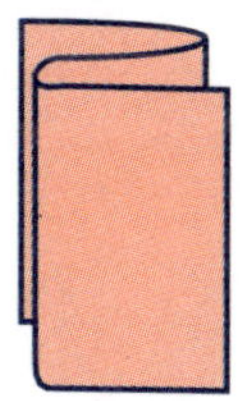

Faça um plissado completo sem dobrar o papel. Quando as três partes estiverem iguais, faça um pequeno vinco nas divisões e depois use as marcas como guia para as dobras.

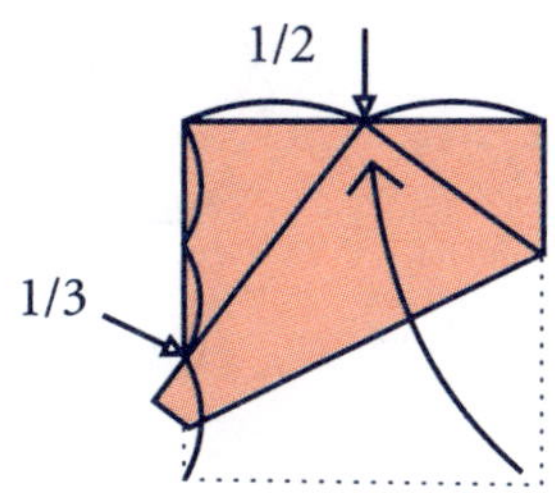

Dobre uma das pontas levando-a até o meio do lado oposto. A interseção da parte de baixo com o outro lado marca 1/3 do lado.

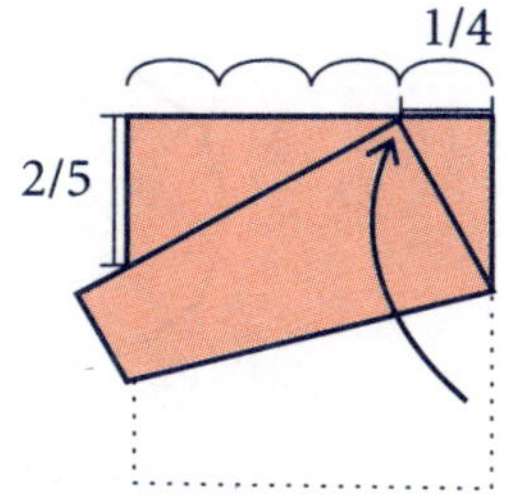

O terceiro exemplo mostra como achar 2/5 do lado. Ora, achando 1/5 ou 2/5, fica mais fácil dividir a folha em 5 partes iguais. Desta vez leve a ponta até 1/4 do lado oposto.

Polígonos regulares

Polígonos são formas fechadas simples cujos lados são segmentos de reta.
Depois de aprender os métodos de construção de polígonos pelo origami, os leitores podem fazer um estudo comparativo com a construção feita com régua, esquadro e compasso, estabelecendo suas diferenças e definindo qual é o mais prático. A partir daí, é possivel construir todos os poliedros e módulos poligonais que se encaixam de maneira a formar belos mosaicos.
Abaixo, são mostrados alguns polígonos regulares, assim chamados por que cada um tem todos os lados com o mesmo tamanho e todos os ângulos internos com a mesma medida. Em tais polígonos, a soma de todos os ângulos externos é igual a 360º.

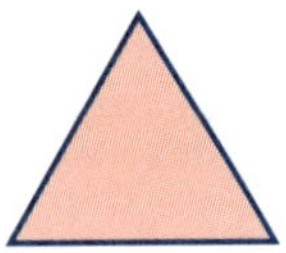

Triângulo

Quadrado

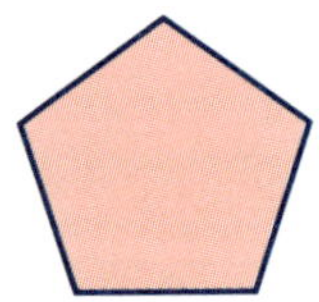

Pentágono

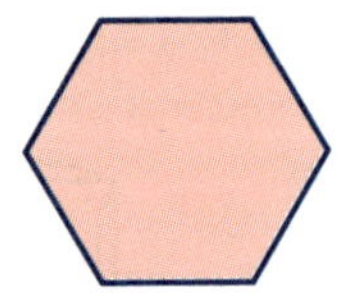

Hexágono

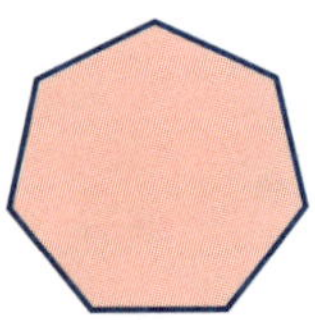

Heptágono

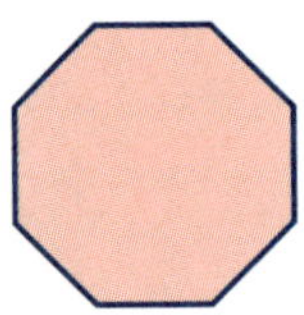

Octógono

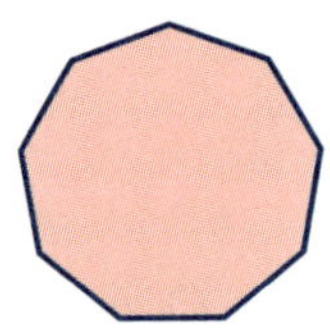

Eneágono

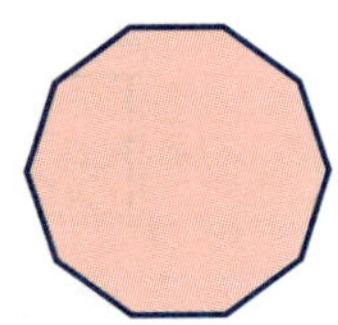

Decágono

Poliedros regulares

Poliedros são figuras espaciais cujas faces são polígonos. Nos poliedros regulares, todas as faces são polígonos regulares com o mesmo número de lados e os ângulos poliédricos ("bicos") são formados sempre pelo mesmo número de faces. Existem apenas cinco tipos de poliedros regulares.

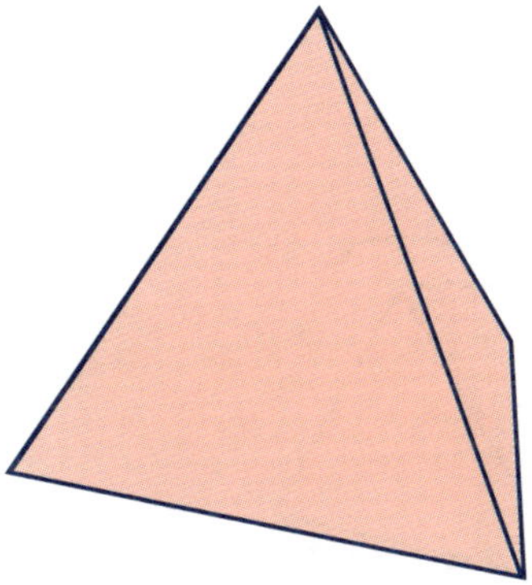

Tetraedro
(4 triângulos)

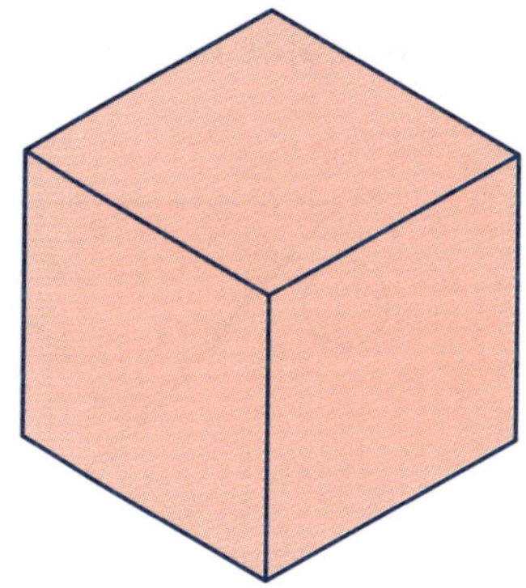

Cubo ou Hexaedro
(6 quadrados)

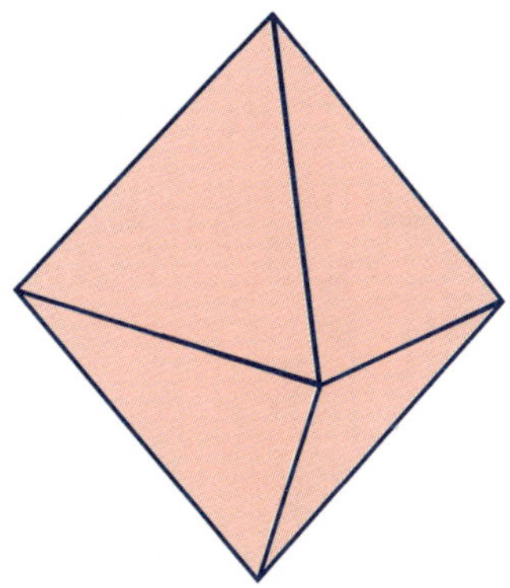

Octaedro
(8 triângulos)

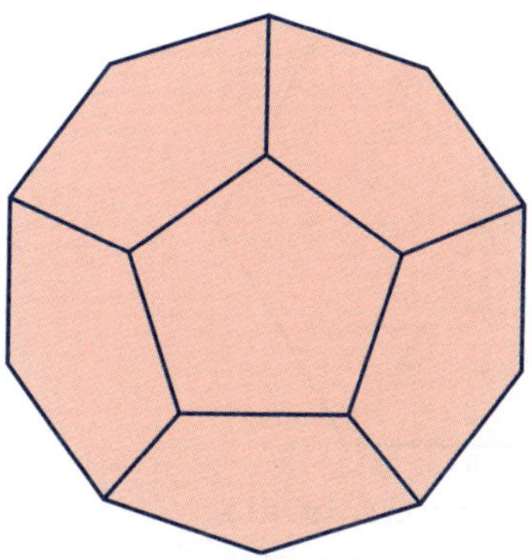

Dodecaedro
(12 pentágonos)

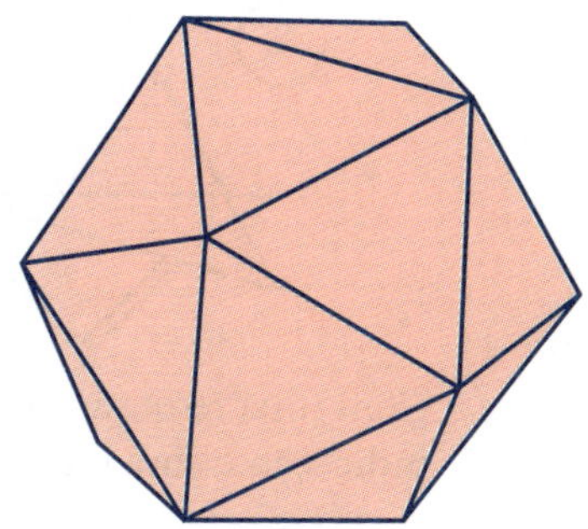

Icosaedro
(20 triângulos)

TRIÂNGULO EQUILÁTERO

O triângulo é uma das formas geométricas mais simples. É a primeira possibilidade de limitar uma superfície com linhas retas formando uma figura.
O triângulo equilátero é aquele que tem todos os seus lados iguais. É o polígono regular com o menor número de lados. Para construí-lo por meio de dobraduras, partiremos de um quadrado, construiremos um hexágono e então chegaremos ao triângulo.

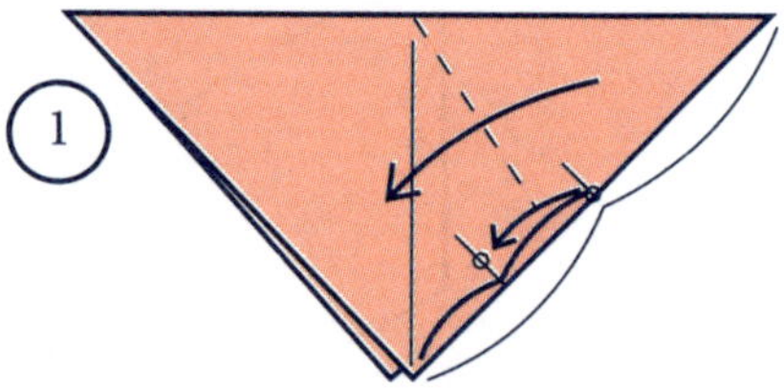

Vinque as diagonais de um quadrado.
Dobre por uma delas.
Divida um lado em quatro e dobre fazendo os pontos identificados coincidirem.

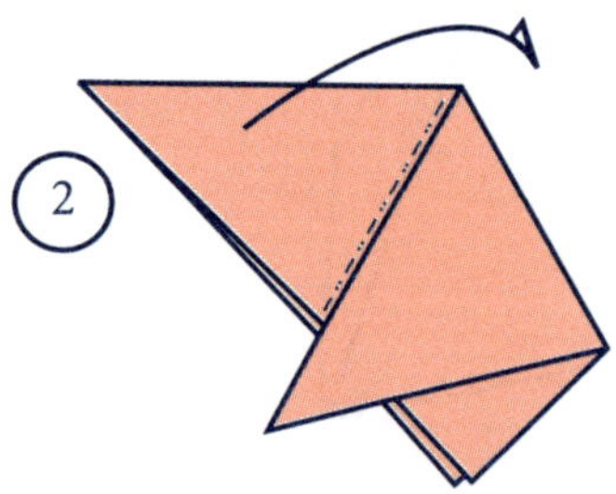

Dobre para trás.

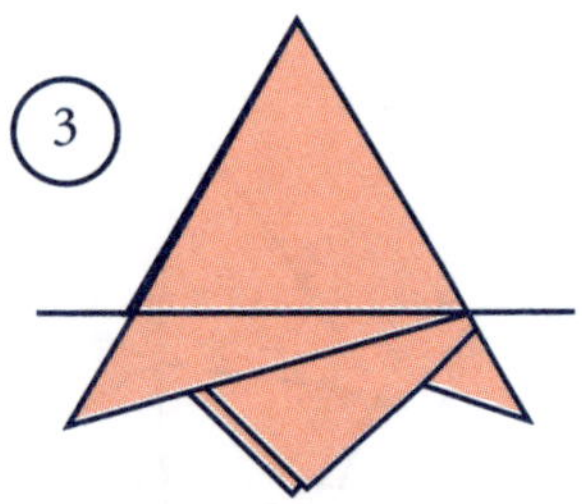

Com uma tesoura, corte na indicação e abra o papel.

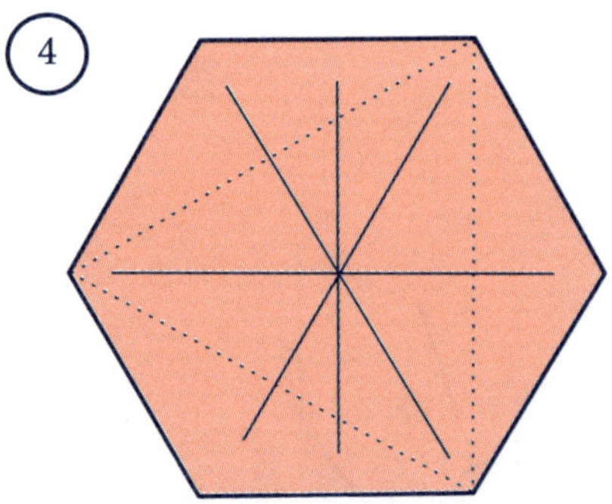

O hexágono regular está formado.
Pode-se ver o triângulo equilátero na linha pontilhada.

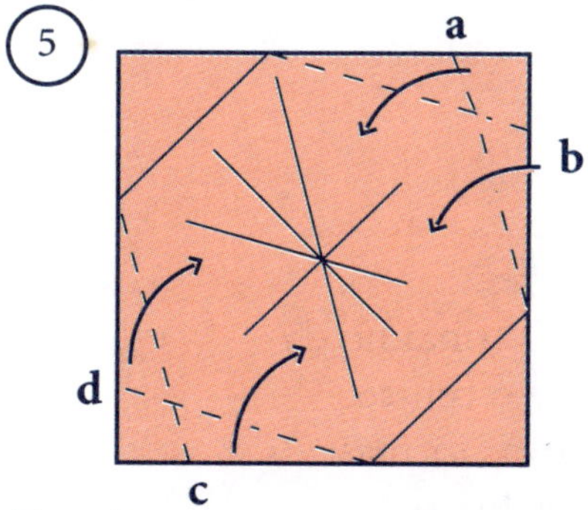

Experimente agora não fazer o corte da fase 3. Abrindo o papel teremos este desenho como resultado. Dobre na ordem.

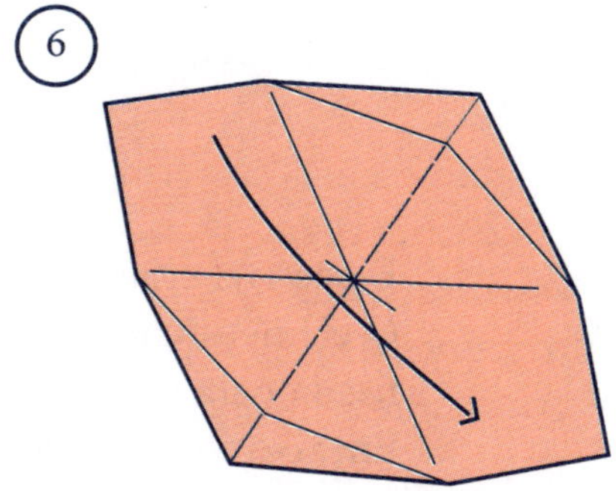

Dobre ao meio.

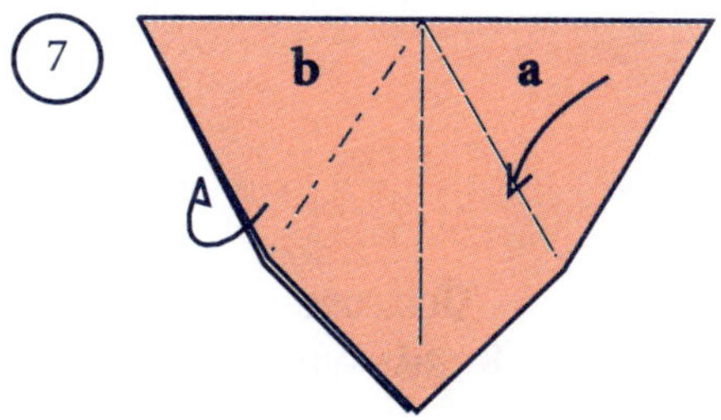

Dobre na ordem.
a) Dobra vale.
b) Dobra montanha.

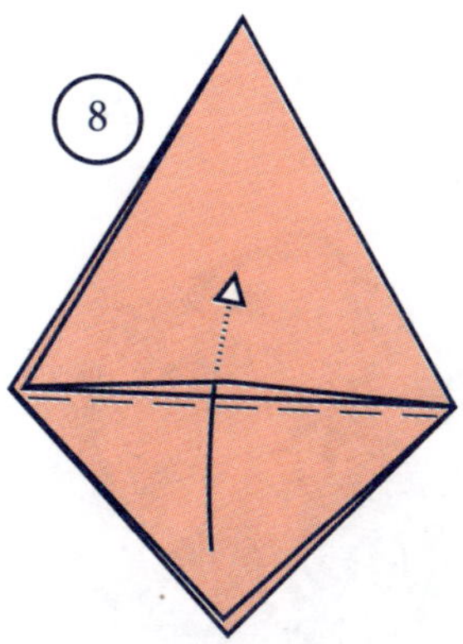

Dobre a ponta para dentro da "bolsa" e repita atrás.

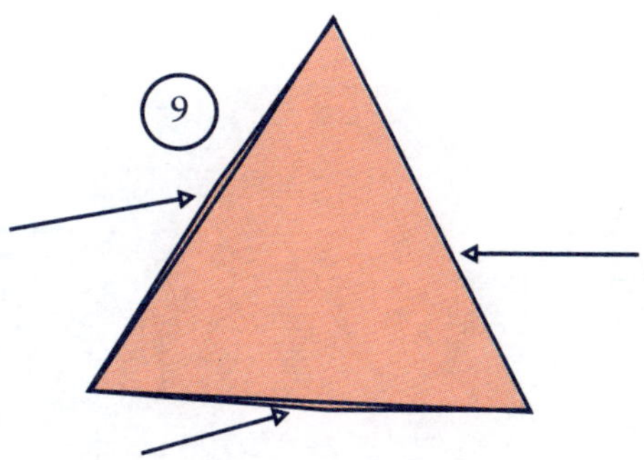

Triângulo equilátero com encaixes laterais.

É possível criar poliedros com a ajuda de módulos triangulares.
O elemento de ligação será uma folha quadrada (com 1/4 do tamanho da usada para o triângulo) com as quatro pontas dobradas para o centro. Encaixe o quadrado nas "bolsas" de cada triângulo e crie novas formas. Experimente construir esses três poliedros regulares: o tetraedro, o octaedro e o icosaedro.

Octaedro
(8 triângulos)

Tetraedro
(4 triângulos)

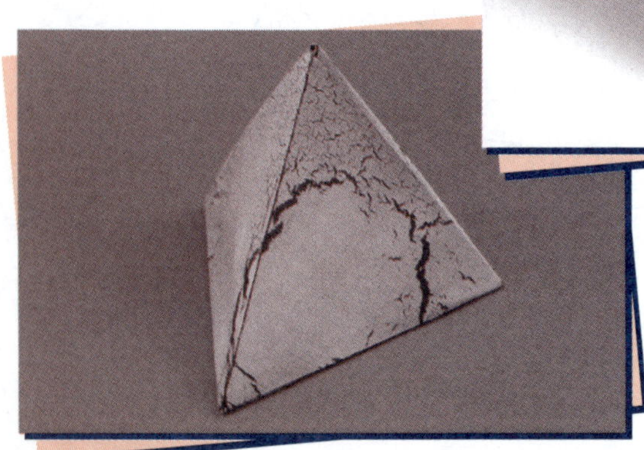

Icosaedro
(20 triângulos)

O quadrado é um polígono regular de quatro lados. Seguem as instruções para fazer um módulo quadrado para construir poliedros e outras figuras compostas.

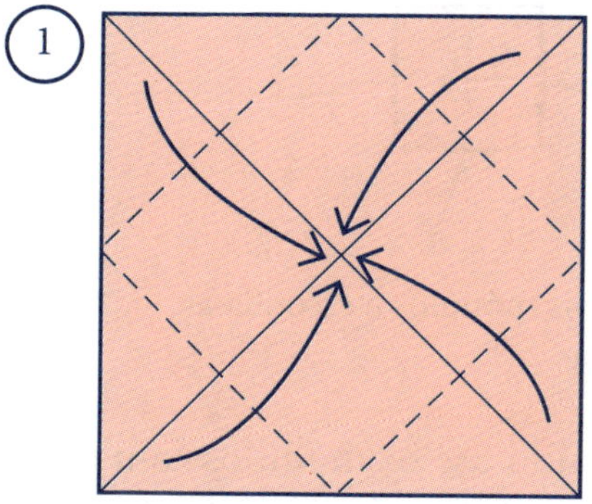

Vinque as diagonais e dobre as quadro pontas para o centro.

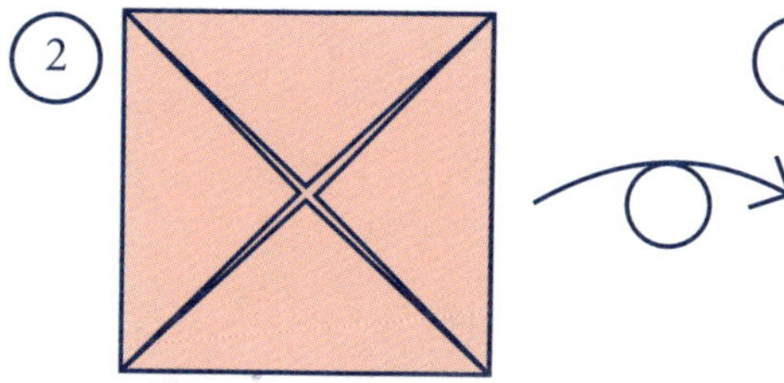

Vire o modelo.

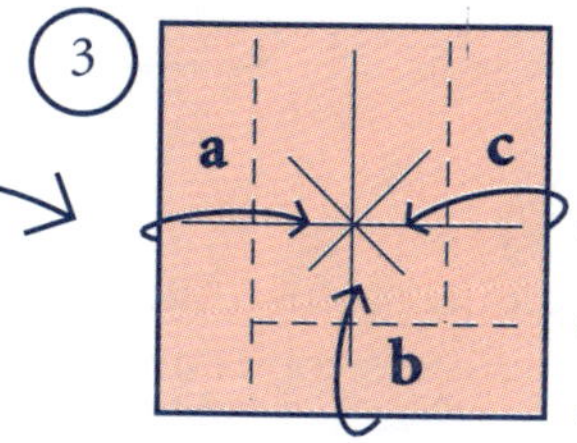

Dobre cada lado para o centro na ordem.

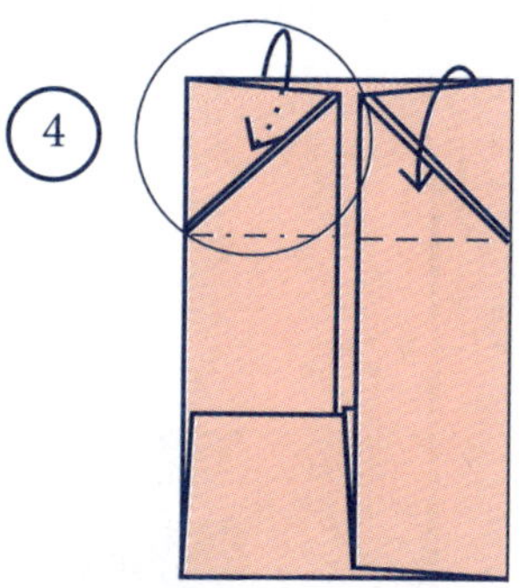

Dobre colocando o lado esquerdo embaixo da aba.

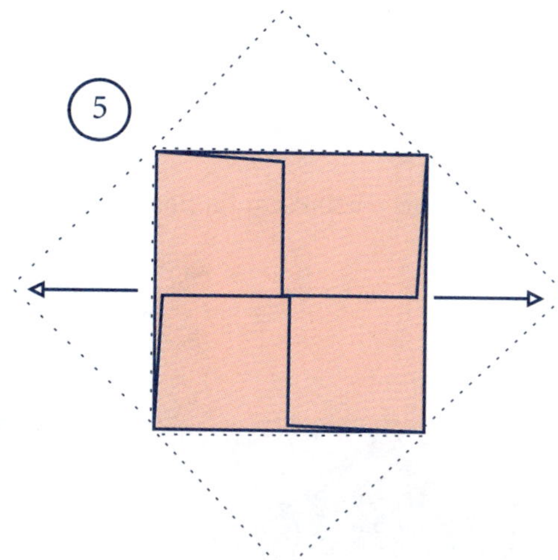

Desdobre as quatro pontas que estão embaixo.

O módulo tem quatro pontas que servirão como encaixes e quatro "bolsas" que receberão os encaixes.

O CUBO

O cubo é o análogo tridimensional do quadrado. É um poliedro formado de seis faces quadradas.

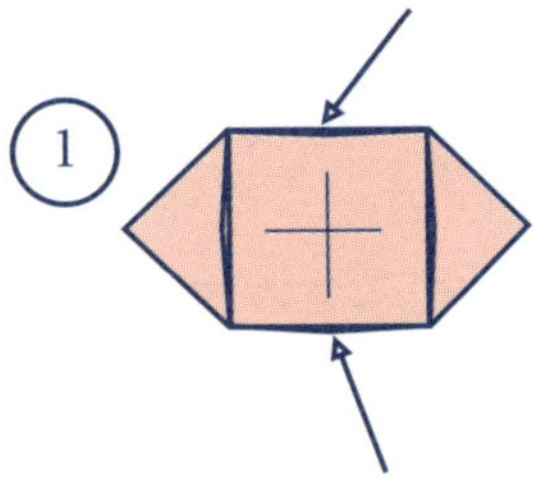

Para montar o cubo, faça dois módulos quadrados e esconda duas pontas nas "bolsas".

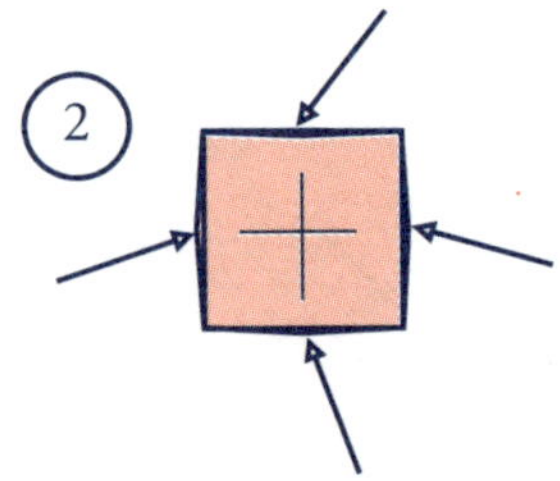

Faça mais dois módulos e esconda as quatro pontas.

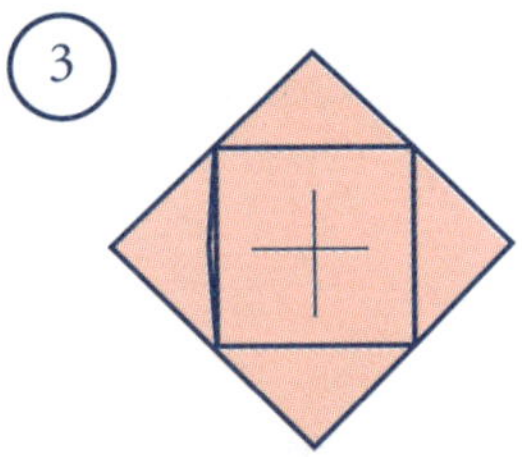

Faça outros dois e não esconda nenhuma ponta.

Para montar o cubo use os módulos com as quatro pontas para fazer a base e o topo. Comece pela base e vá colando os encaixes dentro das bolsas à medida que o monta. Experimente fazer um cubo liso e outro com os quadradinhos para fora. O efeito é totalmente diferente.

1

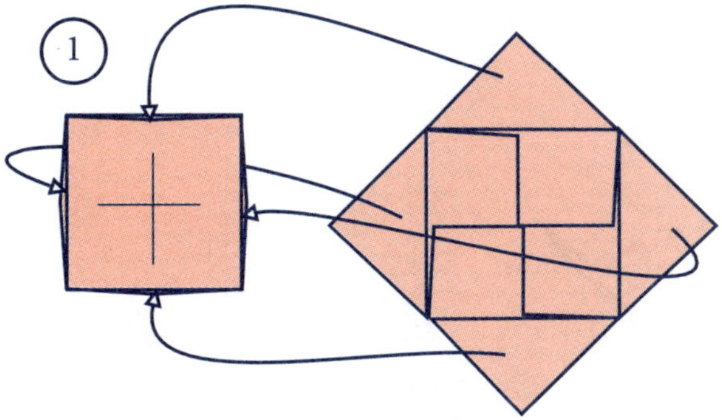

Faça dois módulos. Em um deles, esconda as quatro pontas e no outro não. Encaixe um no outro como mostra o desenho.

2

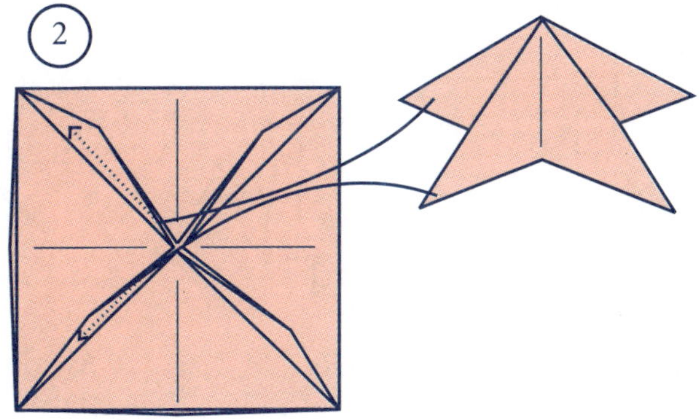

Faça duas bases do balão (p.29) em folhas com 1/4 do tamanho da que foi utilizada para fazer o módulo. Encaixe as pontas de uma das bases nas abas do módulo. Faça o mesmo do outro lado.

3

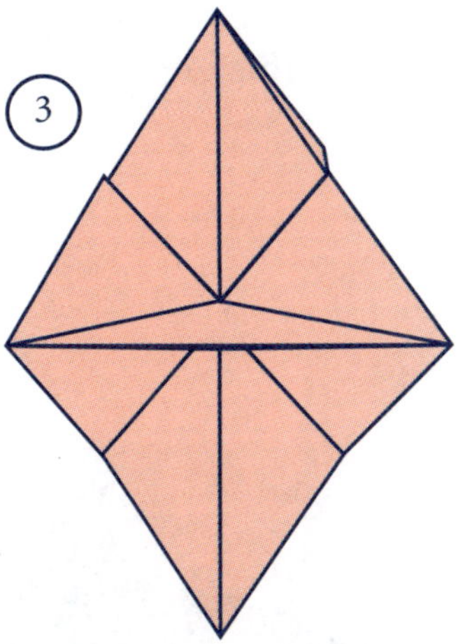

A peça obtida é o esqueleto do octaedro.
Usando duas cores é possível obter efeitos diferentes.
Evite usar papéis de alta gramatura.

Os guardiães

Para montar esse cubo com quatro guardiães, usaremos uma variação do módulo quadrado e depois montaremos normalmente.

1

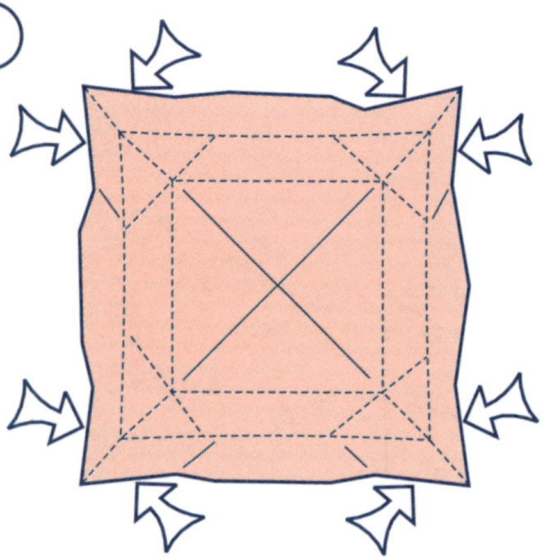

Comece na fase 2 do módulo quadrado.
Vinque nas indicações e dobre seguindo as linhas vale e montanha e apertando os cantos.

2

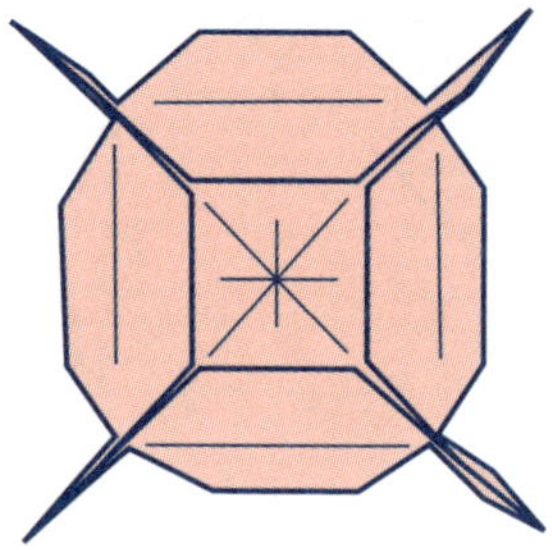

As pontas devem ser trabalhadas para formar os braços e as cabeças dos guardiães, no alto, e suas pernas, embaixo. Se quiser, modele-os você mesmo, inventado uma nova forma.

Use seis módulos para montar o cubo.
O sistema de encaixe é o mesmo que o do cubo tradicional.
Pode-se encaixar um quadrado simples de cor diferente no topo para criar um efeito diferente.

O pentágono é um polígono regular de cinco lados. Abaixo mostraremos como construir um pelo método do origami. Use uma folha de papel circular.

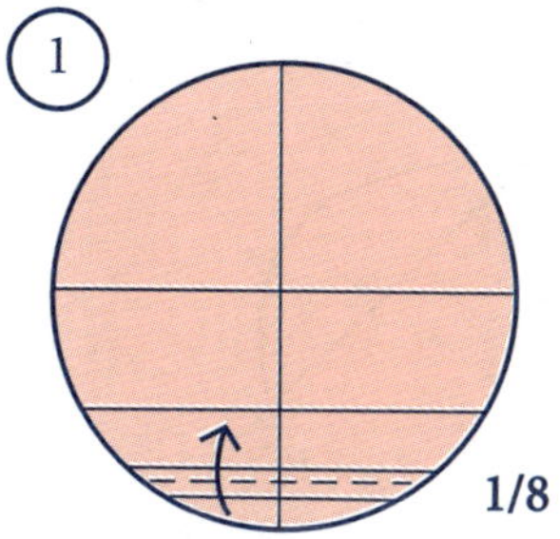

Vinque duas perpendiculares. Divida a parte de baixo do círculo em oito. Dobre para cima fazendo os dois últimos vincos coincidirem.

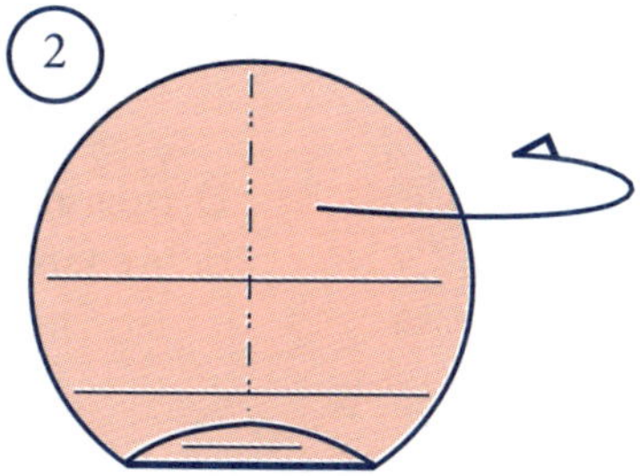

Dobre ao meio para trás.

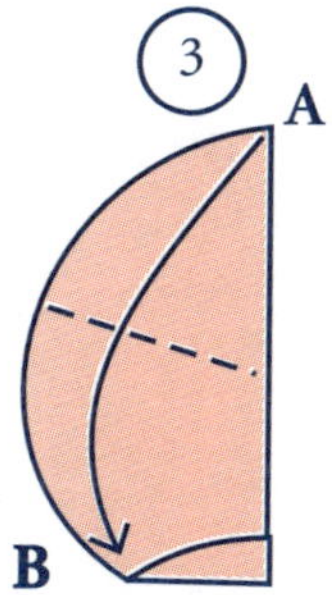

Dobre fazendo os pontos A e B coincidirem.

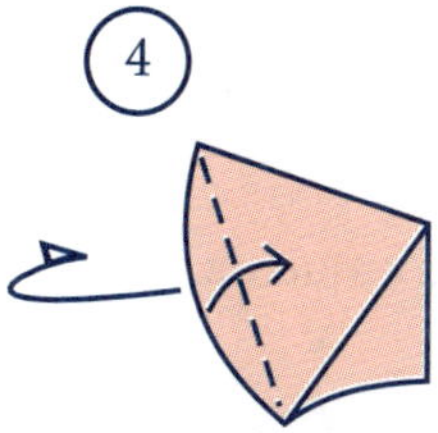

Dobre uma aba para frente e outra para trás.

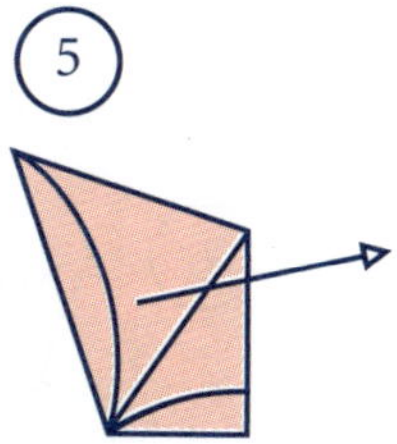

Desdobre tudo.

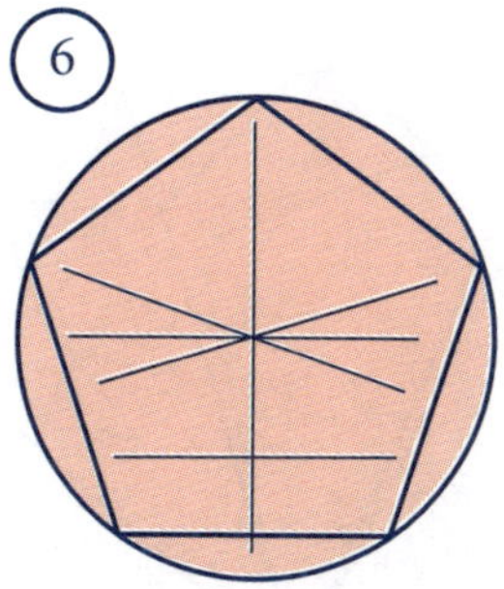

Os vincos terão formado o pentágono.

O PENTÁGONO JAPONÊS

Agora construiremos o pentágono pelo método tradicional japonês.

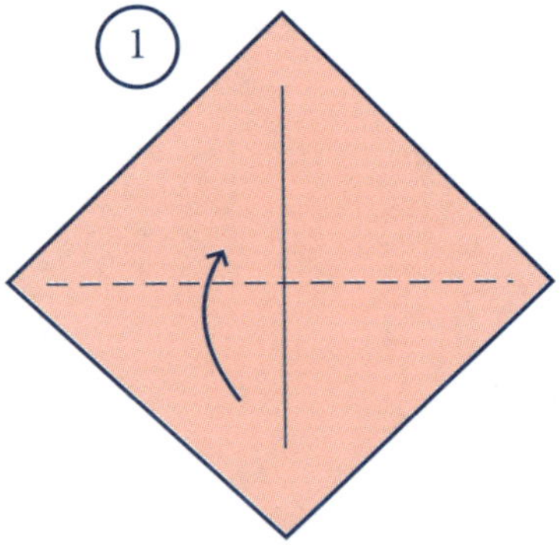

Vinque as diagonais de um quadrado. Dobre para cima.

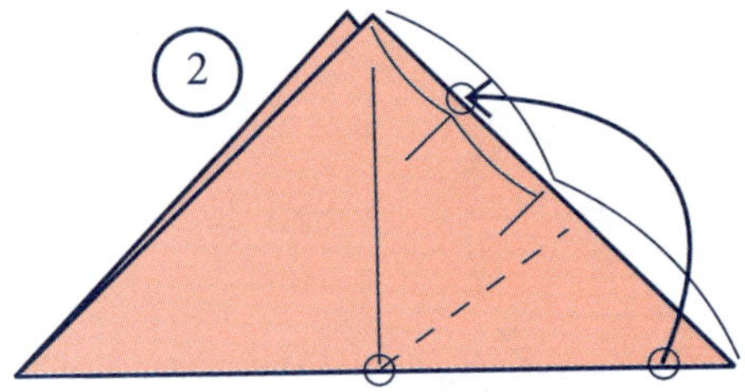

Divida um lado do triângulo conforme as indicações e dobre fazendo os pontos coincidirem.

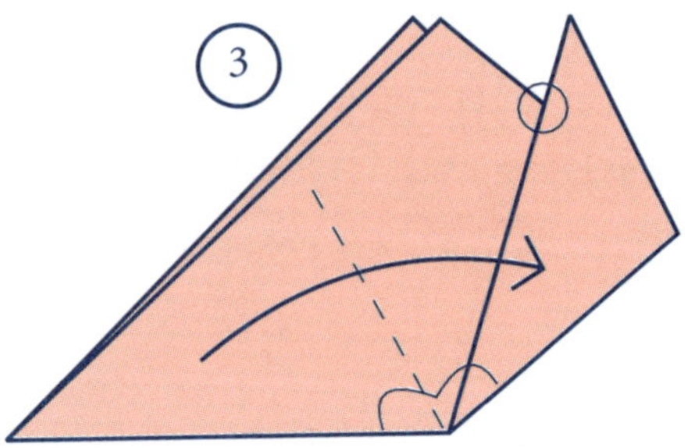

Dobre dividindo o ângulo inferior ao meio.

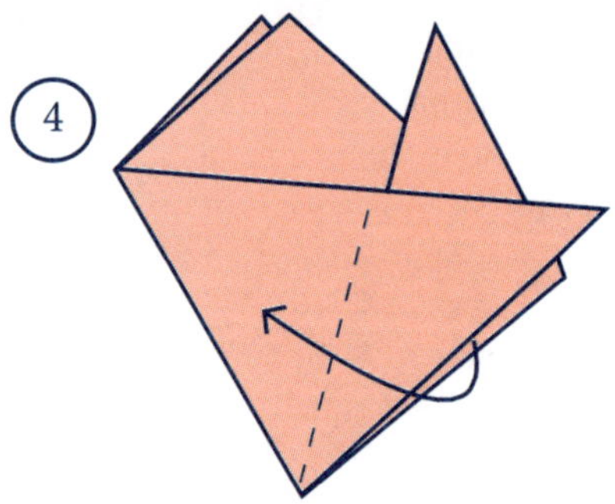

Dobre a aba da frente para a esquerda.

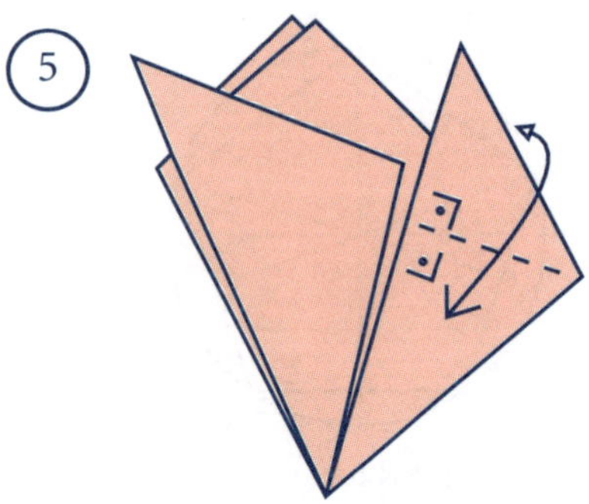

Vinque na perpendicular.

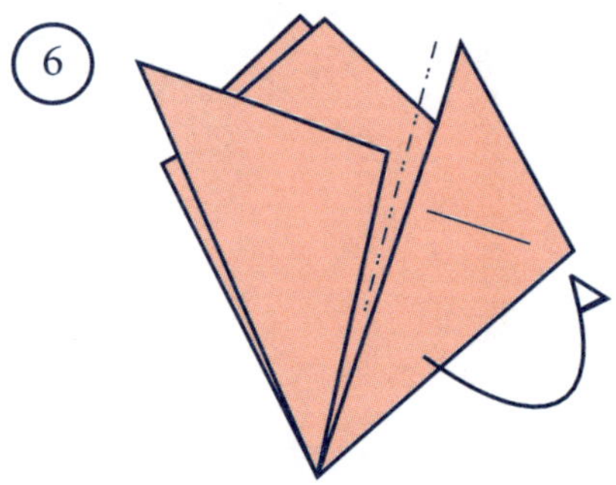

Dobre para trás.

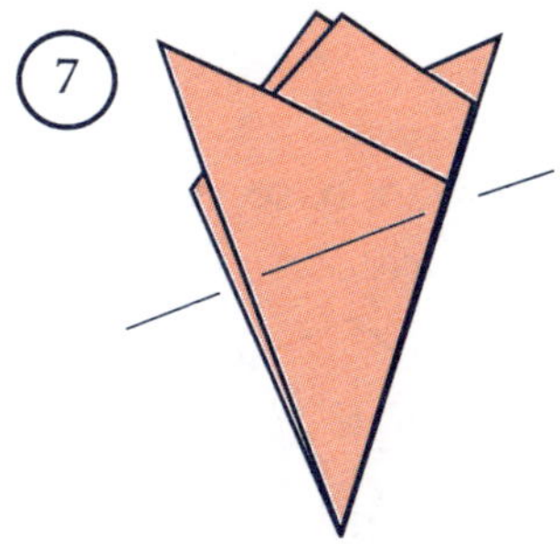

Com uma tesoura, corte no vinco feito na fase 4.

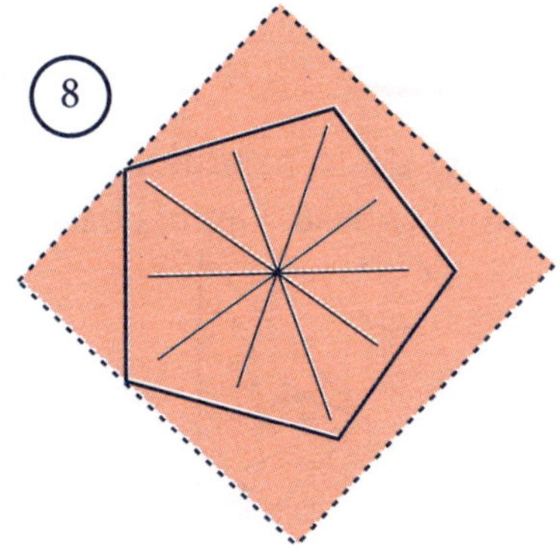

Abrindo o papel teremos o pentágono regular.

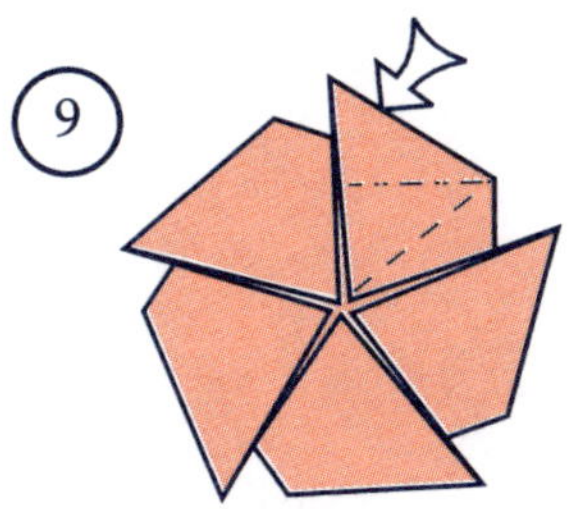

Dobrando os lados do pentágono para o centro, cada ponta forma uma orelha de coelho. Depois, faça dobras para dentro em cada uma delas.

Para unir os módulos, use como encaixe um quadrado com a diagonal igual ao lado do pentágono, inserindo-o onde está indicado.

TINA

A tina é composta de 16 módulos quadrados e um octógono regular para a base. A seguir veremos como construir essa base. Depois basta montar a tina com módulos coloridos.

1

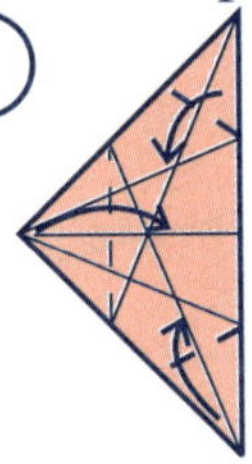

Dobre um quadrado ao meio por uma das diagonais e as 3 pontas do triângulo para o incentro (o cruzamento das bissetrizes).

2

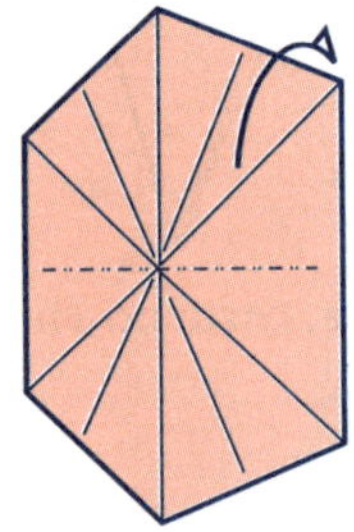

Dobre ao meio para trás.

3

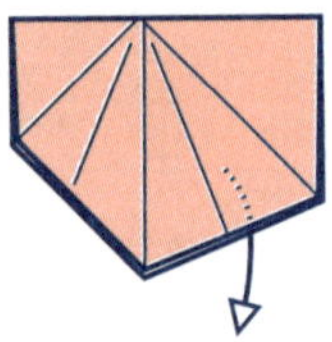

Desdobre uma ponta.

4

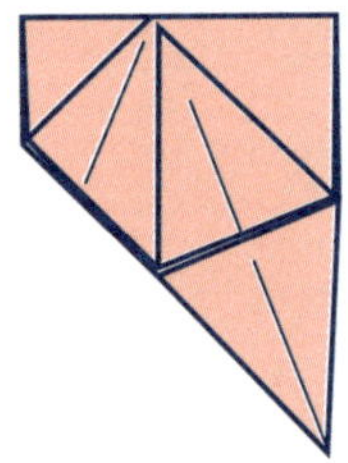

Este é um do oito módulos que serão utilizados para compor a base da tina.

5

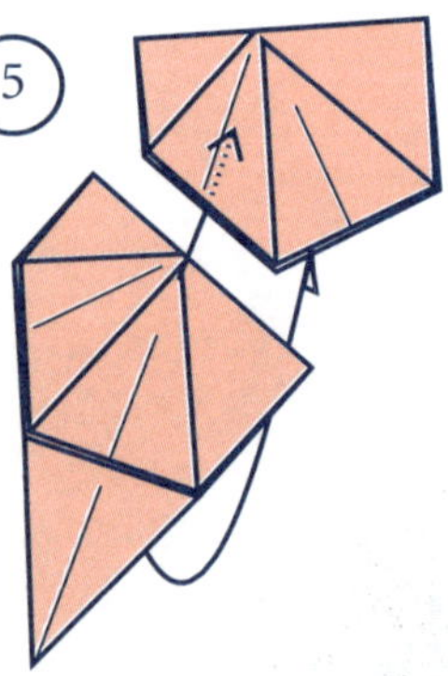

Encaixe um no outro conforme as indicações. A ponta maior prende um módulo ao outro.

6

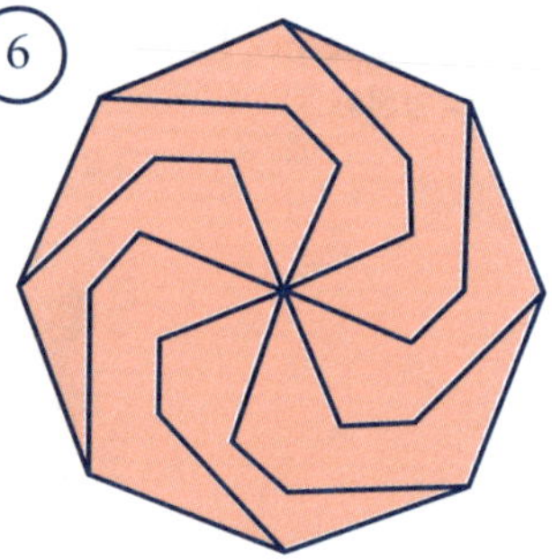

Use oito módulos prendendo uns aos outro até formar o octógono. Ele deve ficar bem firme.

É possível construir outros poliedros a partir de módulos. A seguir faremos três módulos que servirão para construir dois dodecaedros e um icosaedro.

1. Pirâmide

Use um quadrado com 12 cm de lado.

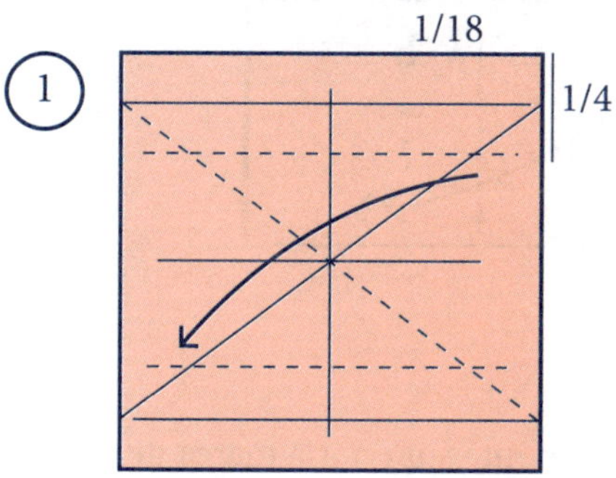

Vinque em todas as indicações e e dobre na diagonal.

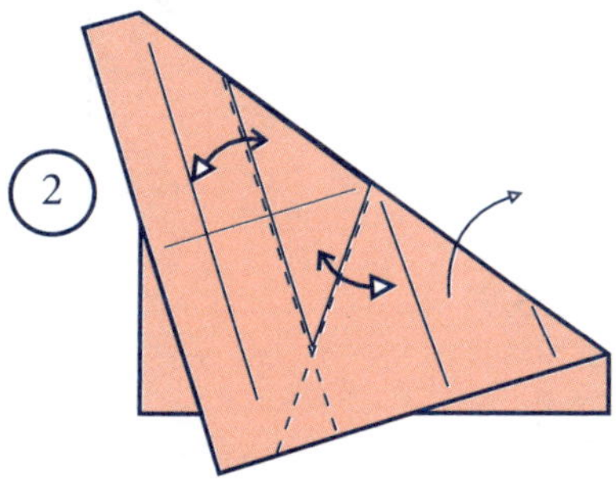

Vinque marcando um triângulo e abra a folha. Repita na outra diagonal.

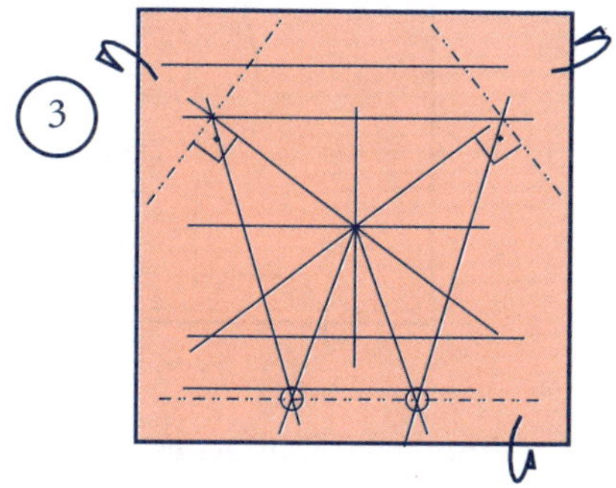

a) Dobre na interseção.
b) Dobre para trás (note o ângulo reto).

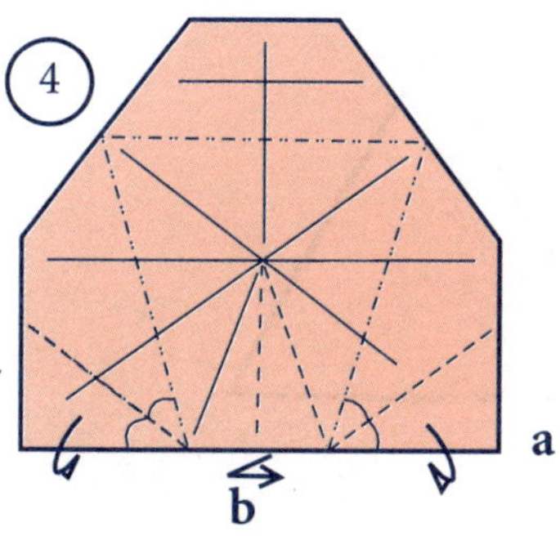

Reforce os vincos.
a) Dobre as duas pontas para trás.
c) Plisse o triângulo de baixo.

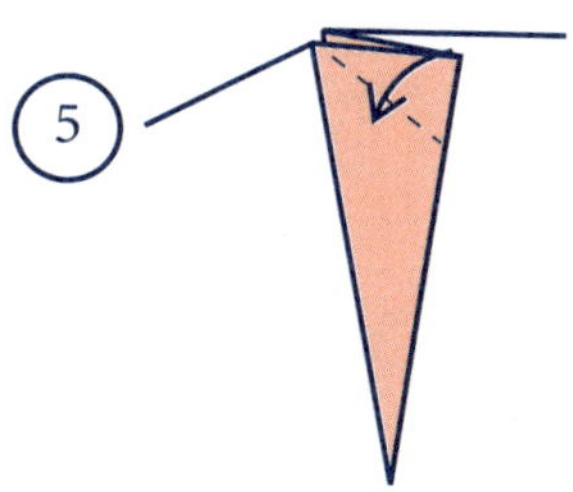

Detalhe.
Aba interna formada pelo plissado.
Dobre para prender as faces.

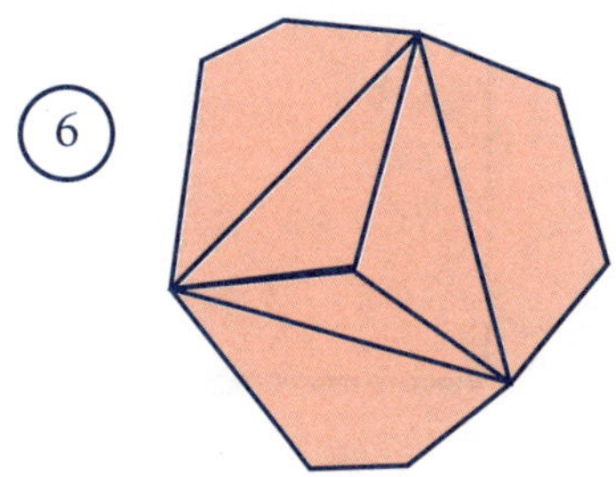

Pirâmide pronta.

2. Triângulo

Esta é uma nova maneira de construir um triângulo.
Use um quadrado com 15 cm de lado.

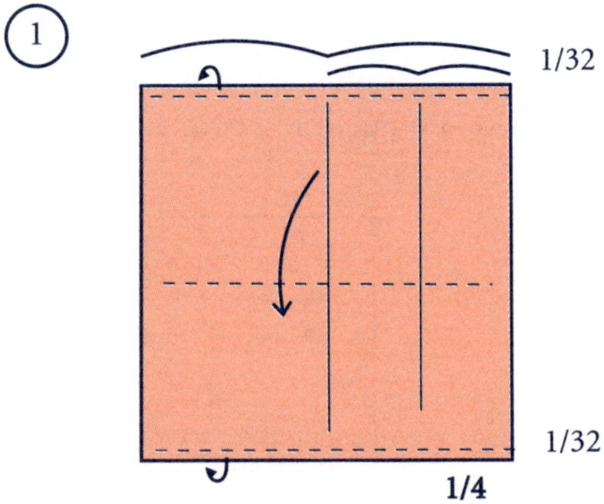

Vinque nas indicações. Dobre 1/32 em cada lado e depois dobre o quadrado ao meio.

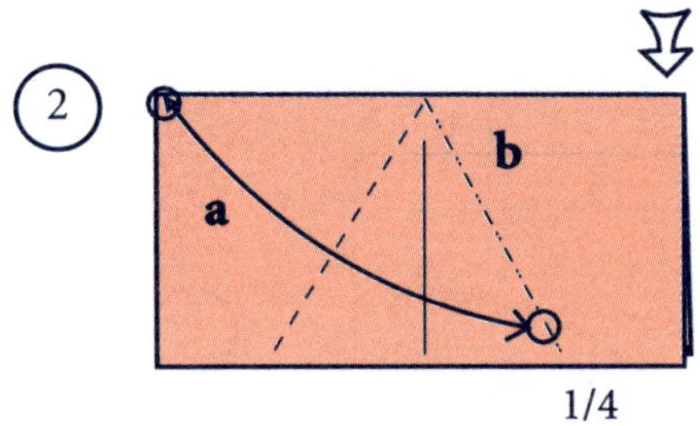

a) Dobre unindo a ponta superior à marca de 1/4.
b) Faça uma dobra para dentro.

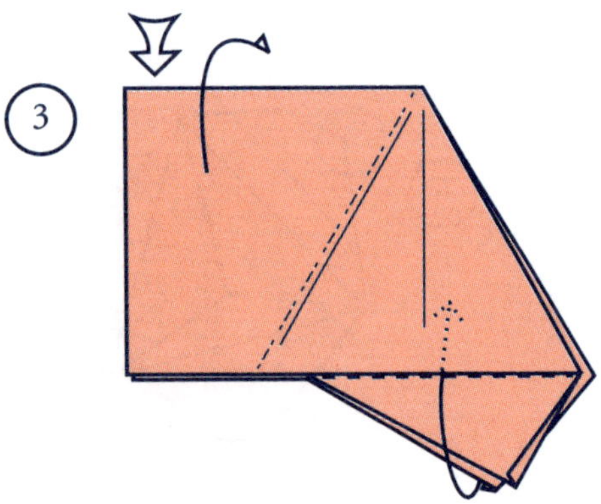

Dobre as duas pontas para dentro e repita a operação do lado esquerdo.

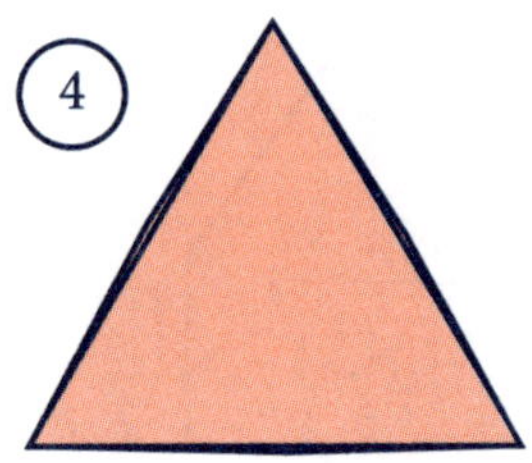

Triângulo equilátero.

3. Losango

Use um quadrado com 15 cm de lado.

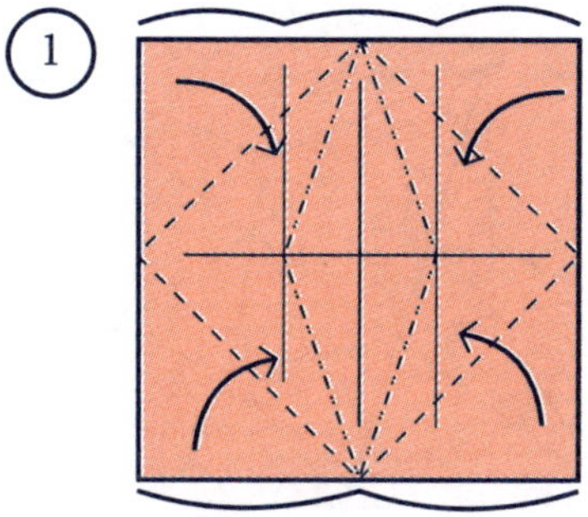

Vinque nas indicações e dobre as quatro pontas para o centro. Vire o modelo.

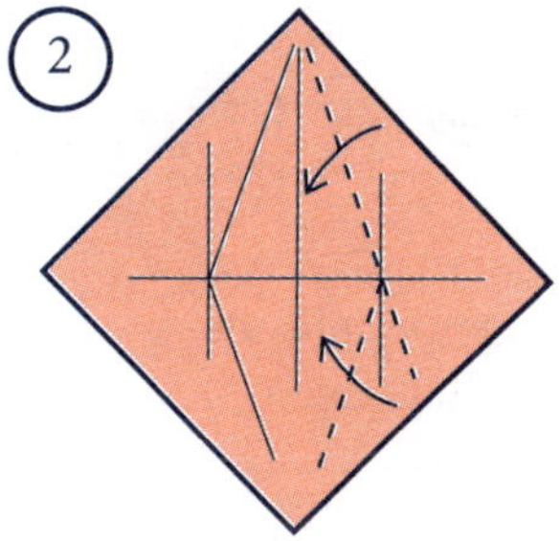

Reforce os vincos e faça uma dobra semelhante à orelha de coelho.

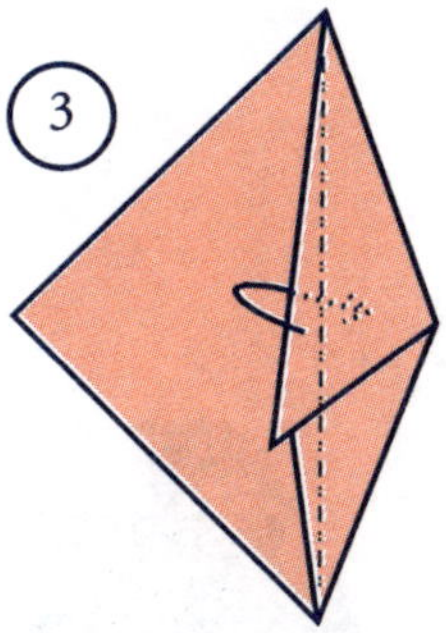

Dobre para dentro e repita a operação do outro lado.

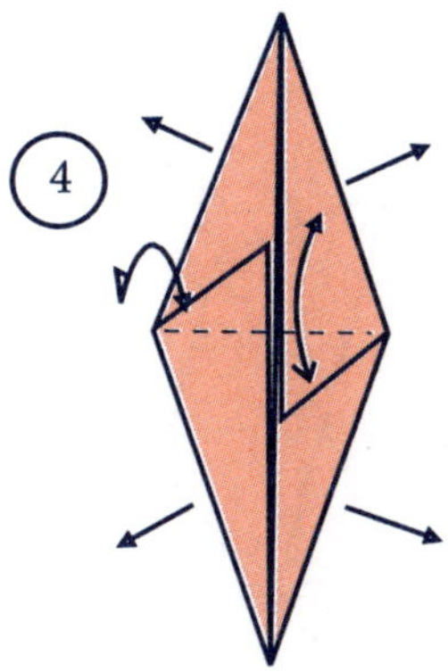

Vinque no meio e retire as quatro pontas que estão embaixo.

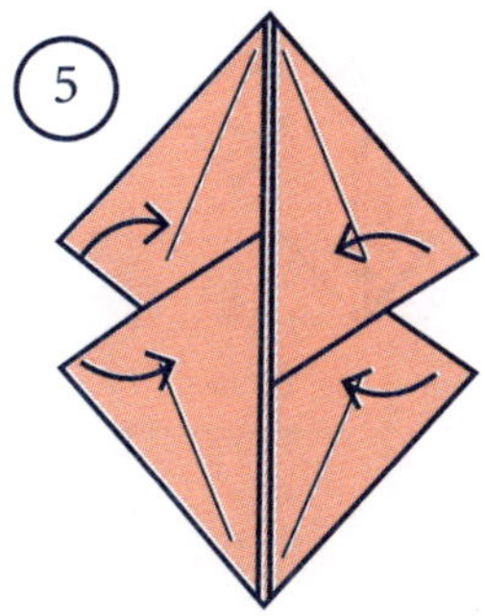

Dobre as quatro abas para frente.

Dodecaedros: estrelado e regular

1. Dodecaedro estrelado

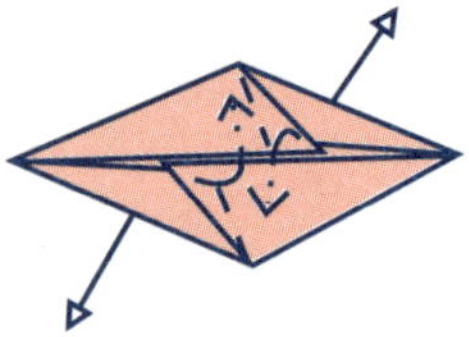

Usaremos apenas os módulos de losango. Desdobre duas abas e encaixe como na figura.

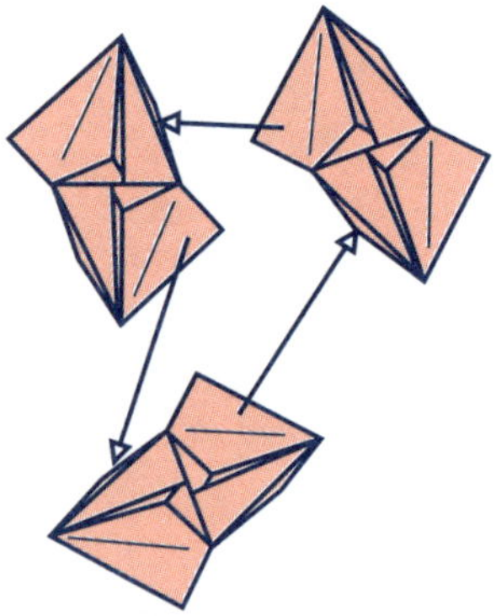

Dodecaedro estrelado

2. Dodecaedro regular

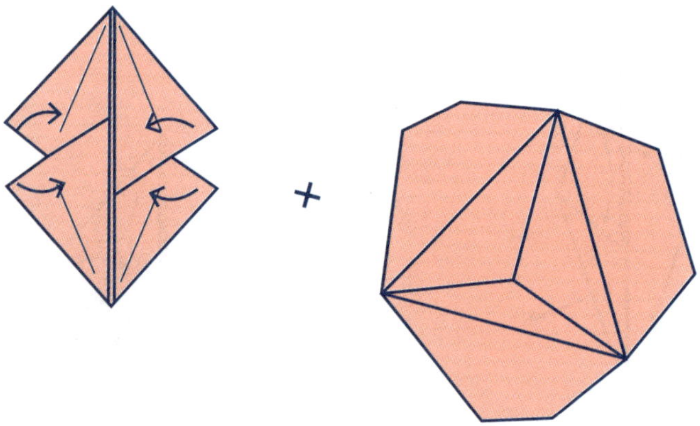

Usaremos os módulos de losango e de pirâmide. Una os módulos inserindo as abas da pirâmide nas “bolsas” do losango.

Dodecaedro regular

Icosaedro

Para construir o icosaedro, os três módulos serão usados. O triângulo equilátero servirá para fechar a base da pirâmide. A inversão da montagem do dodecaedro gera um icosaedro.

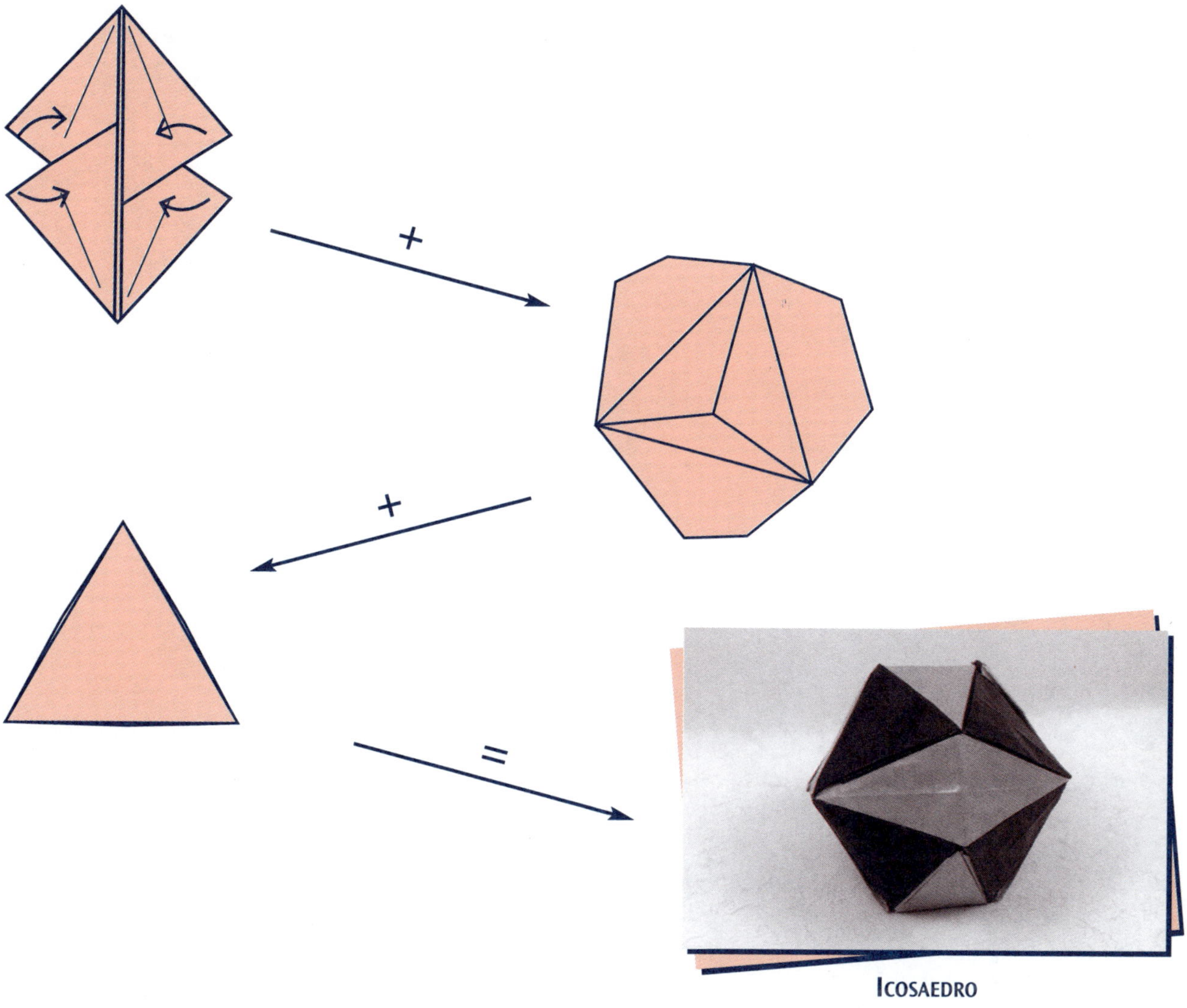

Icosaedro

CONVITE À CRIAÇÃO

O origami não é apenas um conjunto de figuras já prontas a serem copiadas. Qualquer pessoa pode inventar suas próprias peças. Para isso, é necessário certo conhecimento das técnicas básicas, incluindo as bases clássicas: casquinha de sorvete, balão, peixe, pássaro e rã.

A partir desse conhecimento é preciso experimentar, descobrir a liberdade de movimento que elas proporcionam, combinar bases, descobrir novos caminhos, etc. A melhor maneira de saber se o molho está bom ainda é experimentá-lo. Por isso, prezado leitor, tendo em vista os dois exemplos a seguir, convido você para a aventura da descoberta!

EXEMPLO 1

Certa vez, uma professora pediu que eu ilustrasse uma pequena história de como a vida saiu da água para a terra. Usando a base do peixe, dobrei a carpa, que é uma dobradura clássica. Fazendo um giro de 90º e invertendo a posição das nadadeiras, transformei o peixe num pingüim.

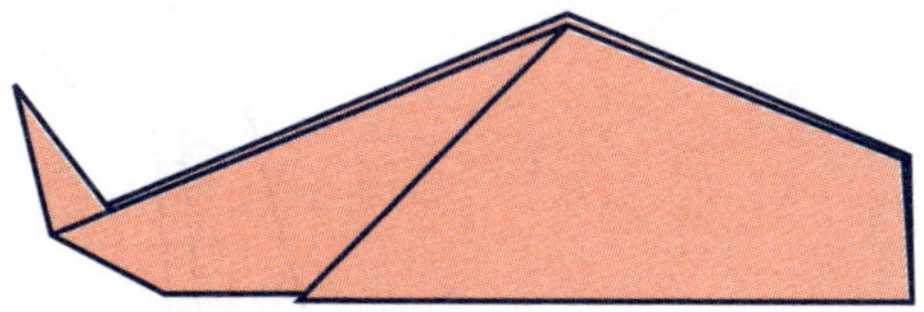

CARPA

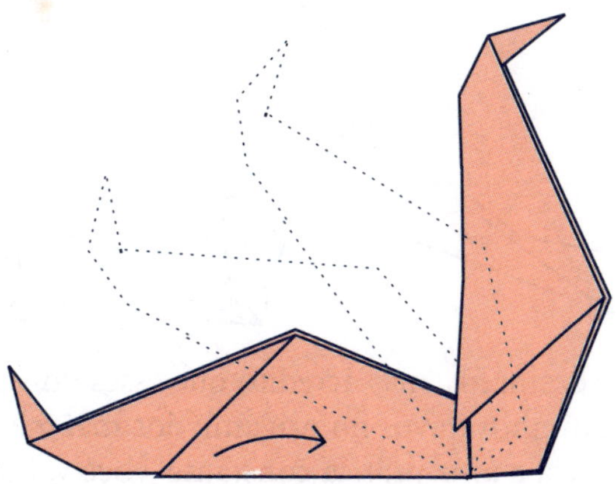

PINGÜIM

Exemplo 2

Em 1993, estudando uma base criada por John Montroll para a construir um brontossauro, consegui produzir um siri. Levou algum tempo mas valeu a pena! (John Montroll é um dos mais “férteis” criadores de peças e bases da atualidade).

Eu poderia dar um grande número de exemplos, mas acredito que esses dois são suficientes para ilustrar a possibilidade de descobrir caminhos novos no origami, dos mais simples aos mais complexos. Com determinação, paciência e uma prática constante, você vai chegar lá.
Bom divertimento!

Bibliografia

BIEDERMANN, Hans. *Dicionário Ilustrado de Símbolos*. São Paulo: Melhoramentos, 1994.

ENGEL, Peter. *Folding the universe*. New York: Vintage Books, 1989.

FUSE, Tomoko. *Origami boxes*. Tokio: Chikuma Shobo, 1989.

______. *Unit origami*. Tokyo, New York: Japan Publications, 1990.

GRUPO Riglos. *El libro de las pajaritas de papel*. Madrid: Alianza Editorial, 1988.

IMENES, Luis Marcio. *Geometria das dobraduras*. São Paulo: Editora Scipione,1988.

JACKSON, Paul. *Classic origami*. London: The Apple Press, 1990.

KASAHARA, Kunihiko. *Origami omnibus*. Tokyo, New York: Japan Publications, 1967.

______. *Origami made easy*. Tokyo, New York: Japan Publications, 1973.

______. *Creative origami*. Tokyo, New York: Japan Publications, 1973.

KASAHARA, Kunihiko; GRAY, Alice. *The magic of origami*. Tokyo, New York: Japan Publications, 1977.

KASAHARA, Kunihiko; TAKAHAMO, Toshie. *Origami for the connoisseur*. Tokyo, New York: Japan Publications, 1988.

KENNEWAY, Eric. *Complete origami*. London: Ebury Press, 1987.

LANG, Robert J. *The complete book of origami*. New York: Dover Publications, 1988.

______. *Origami animals*. New York: Crescent Books, 1992.

______. *Origami insects and their kingdom*. New York: Dover Publications, 1995.

LANG, Robert J.; WEISS, Stephen. *Origami zoo*. New York: Martin's Press, 1990.

LOYD, Sam. *The eighth book of tan*. New York: Dover Publications, 1968.

MONTROLI, John. *Origami for the enthusiast*. New York: Dover Publications, 1979.

______. *Animal origami for the enthusiast*. New York: Dover Publications, 1985,

______. *Prehistoric origami*. New York: Dover Publications, 1989.

______. *Origami sculptures*. New York: Dover Publications, 1990.

______. *African animals in origam*I. New York: Dover Publications, 1991.

______. *Origami inside out*. New York: Dover Publications, 1993.

______. *North American animals in origami*. New York: Dover Publications, 1995.

MONTROLL, John; LANG, Robert J. *origami sea life*. New York: Dover Publications, 1990.

READ, Ronald C. *Tangrams 330 puzzles*. New York: Dover Publications, 1965.

ROW, Sundara. *Geometric exercises in paperfolding*. New York: Dover Publications, 1966.

STEVE and Megumi Biddle's. *The new origami*. London: BCA, 1993.

ANSILL, Jay et al. *Origami monsters:* creative origami. London: Jay Ansill Cassell, 1992.

YOSHISAWA, Akira. *Origami museum animals*. Tokio: Kamakura Shobo Publishing, 1987.

Impresso em janeiro de 2004,
em papel offset 90g/m^2 e cuchê fosco 115g/m^2
nas oficinas da Lis Gráfica
Composto em Minion, corpo 10.5pt e OceanSans, corpo 17pt.

Não encontrando este livro nas livrarias,
solicite-o diretamente à editora.

Escrituras Editora e Distribuidora de Livros Ltda.
Rua Maestro Callia, 123 - Vila Mariana - 04012-100 - São Paulo, SP
Telefax: (11) 5082-4190 - www.escrituras.com.br
e-mail: escrituras@escrituras.com.br (Administrativo)
e-mail: vendas@escrituras.com.br (Vendas)
e-mail: arte@escrituras.com.br (Arte)